Entscheidung unter MOOSy

Informationsmanagement und strategische Unternehmensführung

Herausgegeben von
Prof. Dr. Franz Schober und Prof. Dr. Johannes Ruhland

Band 7

PETER LANG
Frankfurt am Main · Berlin · Bern · Bruxelles · New York · Oxford · Wien

Stefan-Philipp Zimmermann

Entscheidung unter MOOSy

Konzeption, prototypische Implementierung
und exemplarische Anwendung eines
objektorientierten Modellmanagementsystems
zur Unterstützung diskreter Simulation

PETER LANG
Europäischer Verlag der Wissenschaften

Bibliografische Information Der Deutschen Bibliothek
Die Deutsche Bibliothek verzeichnet diese Publikation in der Deutschen Nationalbibliografie; detaillierte bibliografische Daten sind im Internet über <http://dnb.ddb.de> abrufbar.

Zugl.: Freiburg (Breisgau), Univ., Diss., 2003

D 25
ISSN 1436-9494
ISBN 3-631-51484-0

www.peterlang.de

Geleitwort

Traditionell spielte die Informationstechnik (IT) bei der Entwicklung von Planungsmodellen zur Unterstützung betrieblicher Entscheidungen eine eher untergeordnete Rolle und beschränkte sich vor allem auf das notwendige „number crunching“ im Zusammenhang mit der Lösung komplexer Simulations- und Optimierungsmodelle. Seit Ende der 80-Jahre wird jedoch versucht, unter der Bezeichnung „Modellmanagementsysteme“ IT-gestützte Technologien zu konzipieren und zu implementieren, die den gesamten Modellierungsprozess vom Entwurf eines Modells über die Programmierung und die Lösungsdeduktion bis hin zur Interpretation und Präsentation der Ergebnisse unterstützen, in ähnlicher Form wie dies im Bereich des Software Engineering bereits seit längerer Zeit bekannt ist.

Mit dem vorliegenden Buch setzt sich der Verfasser das Ziel, ein Modellierungskonzept ($\mathrm{MOOS_Y}$) und ein darauf aufbauendes Modellmanagementsystem ($\mathrm{MOOS_Y^{SIM}}$) zu entwickeln, wobei eine stringente objektorientierte Sicht der Modellierung verfolgt wird. In der Objektorientierung unterscheidet sich der Beitrag von Zimmermann deutlich von den meisten bekannten Modellmanagementsystemen. Die Vorteile des objektorientierten Software Engineering lassen sich damit auf den Modellierungsprozess übertragen, insbesondere die übersichtliche, modulare und komponentenbasierte Generierung und Dokumentation der Modelle. Dabei kann es sowohl zu erheblichen Steigerungen der Modellierungsproduktivität als auch der Akzeptanz der Modelle durch das Management kommen. Zwar konzentriert sich der $\mathrm{MOOS_Y}$–Ansatz in der vorliegenden Form auf die Handhabung diskreter Simulationsmodelle, jedoch lässt er sich leicht auf andere Modellierungsparadigmen erweitern, wie z. B. auf Optimierungsmodelle, so dass auch die Paradigmenunabhängigkeit als ein wichtiges Kriterium neuerer Modellmanagementsysteme im Prinzip gelöst ist.

Es gelingt dem Verfasser in überzeugender Weise, seine Ziele in ein schlüssiges Konzept und ein lauffähiges prototypisches System umzusetzen und auf ein Beispiel zur Flexibilität der Produktions- und Absatzplanung anzuwenden. Aus methodischer Sicht kommen Ansätze aus der Wirtschaftsinformatik (insbesondere der entscheidungsunterstützenden Systeme), der Systemtheorie, der Programmierung und der Kognitionswissenschaft zum Tragen. Das Buch stellt somit auch einen wertvollen Beitrag zur interdisziplinären Forschung auf dem Gebiet der Modellierung dar. Darüber hinaus besitzt es durch die prototypische Implementierung von $\mathrm{MOOS_Y^{SIM}}$ große praktische Relevanz. Ich wünsche dem Buch von Zimmermann deshalb eine breite Aufnahme in Wissenschaft und Praxis.

Freiburg im Breisgau — Professor Dr. Franz Schober

Vorwort

Nach zweieinhalb Jahren freue ich mich, meine Dissertation mit der Entwicklung sowie der exemplarischen Implementierung und Anwendung des Modellierungsparadigmas $MOOS_Y$ zum Abschluß gebracht zu haben. Damit endet ein prägender Pfad auf meinem Bildungs- und Lebensweg.

Die freie geistige Betätigung, das selbstorganisierte Beschreiten und der manigfaltige Austausch waren für mich sehr lehrreiche und bereichernde Erfahrungen auf diesem Weg. Ob das konzeptionelle Spinnen von Ideen – was mich selbst manche Nacht zu stets bereitliegendem Stift und Papier greifen ließ – oder das Tüfteln und Meditieren vor den Sourcecode–Fenstern meiner Monitore; die vielseitigen Herausforderungen und die Ganzheitlichkeit der Aufgabe halfen mir über die Frustrationsphasen hinweg, die jeden Promoventen hin und wieder heimsuchen, und weckten immer wieder Ehrgeiz und Kreativität.

Es ist mir herzlicher Wunsch, denjenigen zu danken, die meine Promotion begleitet und mich in vielerlei Hinsicht sehr unterstützt haben.

Ich danke meinem Doktorvater, Herrn Professor Dr. Franz Schober, für die freiraumgebende und intensive Betreuung. Neben der konstruktiven Begleitung und vielen kreativen Diskussionen bot er mir die Möglichkeit zur umfassenden inhaltlichen Ausgestaltung.

Für Ihr großes und oft sehr spontanes Engagement bei der Vorkorrektur dieser Arbeit danke ich Herrn Dipl.–Vw. Thomas Mayer, Frau Melanie Müller M.A., Herrn Dr. Markus Raupp, Frau Patricia Schurich M.A. und Frau Dipl.–Vw. Sandra Walter. Frau Dipl.–Vw. Sandra Walter danke ich außerdem für den freundschaftlichen Austausch und die „Rückendeckung" – ganz besonders in der Endphase meiner Promotion. Herrn Dr. Markus Raupp danke ich zudem für den freundschaftlichen und fachlichen Austausch, der mir unter anderem eine große Hilfestellung bei der Abwicklung des Promotionsverfahrens war. Für die Übernahme unzähliger administrativer Tätigkeiten und den sehr herzlichen Beistand bedanke ich mich bei Frau Carla Li–Sai.

Mein Dank gilt all meinen Freunden und meiner Familie, die mich begleitet, mich aufgeheitert und mir bei diversen kulinarischen Männerabenden und Salsaparties einen wichtigen Ausgleich gegeben haben. Ich danke dabei, wenn auch unvollständigerweise, namentlich meinen Eltern, Frau Margareta Schmid–Zimmermann und Herrn Prof. Dr. Wolfgang Zimmermann, Herrn Georg Bender, Frau Dipl.–Psych. Ingrid Bleile, Frau Agnes Dykier, dem Esperanto–Team, Frau Henriette Heinrich, Herrn Dipl.–Min. Hartmut Olpp, Herrn Dr. Reinhold Rauh, Frau Bettina Roger–Gerstner, Frau Patricia Schurich M.A., Herrn Dr. Bernhard Setzer, Herrn Thorsten Thomas und Frau Dr. Christine Wittig.

Für den Druckkostenzuschuß danke ich der Wissenschaftlichen Gesellschaft in Freiburg im Breisgau.

Ich hoffe, mit der Entwicklung des Modellierungsparadigmas $\mathrm{MOOS_Y}$ und dessen prototypische Implementierung $\mathrm{MOOS_Y^{SIM}}$ einen anregenden und performanten Beitrag zu Wissenschaft und Praxis im Bereich der Modellierung und der wirtschaftsinformatischen Entscheidungsunterstützung geleistet haben zu können.

Freiburg im Breisgau — Stefan–Philipp Zimmermann

Inhaltsverzeichnis

Abbildungsverzeichnis

Tabellenverzeichnis

Abkürzungsverzeichnis

#f	Wahrheitswert für falsch, FALSE
#t	Wahrheitswert für wahr, TRUE
ANN	*Artificial Neuronal Networks*
CBIS	*Computer-based Information System*
DBMS	*Database Management System*
DSS	*Decision Support System*
EIS	*Executive Information System*
ERM	*Entity Relationship Model*
ES	*Expert System*
GDSS	*Group Decision Support System*
GE	Geldeinheit
GNU	*GNU ist Not Unix*
GSS	*Group Support System*
GUI	*Graphical User Interface*
HTML	*Hypertext Markup Language*
IT	Informationstechnik
LaTeX	TeX-basiertes Textsatzsystem von Leslie Lamport
LaTeX2ε	Versionsbezeichnung für LaTeX
KBS	*Knowledge-based System*
LISP	*List Processing*
MIS	*Management Information System*
MMS	*Model Management System*
MOOS_Y	*Modelling Object-based Open Systems*
$\text{MOOS}_\text{Y}^\text{SIM}$	MOOS_Y-basierter Prototyp einer Simulationsumgebung
NEX-Wert	Symbolischer Wert für Nicht-Existenz
OCL	*Object Constraint Language*
PDF	*Portable Document Format*

PLT	*Programming Languages Team*
R^5RS	*Revised^5 Report on the Algorithmic Language Scheme*
SGML	*Standard Generalized Markup Language*
SMS	*Simulation Management System*
SQL	*Structured Query Language*
TCP/IP	*Transmission Control Protocol/Internet Protocol*
TeX	Textsatzsystem von Donald E. Knuth
UIMS	*User Interface Management System*
UML	*Unified Modeling Languange*
XML	*Extensible Markup Languange*

Teil I.

Einführung

1. Die vorliegende Arbeit

1.1. Motivation und Ziel der Arbeit

Die vorliegende Arbeit befaßt sich mit der ganzheitlichen Entwicklung einer universellen computergestützten Simulationsumgebung; angefangen bei dem Aufbau eines theoretischen Modellierungsparadigmas namens $\mathrm{MOOS}_{\mathrm{Y}}$ (Modellierung objektbasierter offener Systeme, *modelling object-based open systems*) bis hin zur Softwareimplementierung des Prototypen $\mathrm{MOOS}_{\mathrm{Y}}^{\mathrm{SIM}}$ im Kontext entscheidungsunterstützender Systeme.

Die Simulation wird in den Wirtschaftswissenschaften oft als Stiefgeschwister der Optimierung angesehen. Sowohl die wirtschaftswissenschaftliche Ausbildung wie auch die Praxis nehmen sich der Simulation in geringem Maße an – und wenn, dann unter dem negativen Beigeschmack der Suboptimalität.

Die naturwissenschaftlichen Disziplinen stellen weniger kritisch auf den deskriptiven Charakter der Simulation ab. Sie sehen darin vielmehr die Möglichkeit, über die Dinge zu lernen und sich dadurch vorwärts zu bewegen. Die Simulation bildet eine fundamentale Methode der Forschung und Entwicklung.

Wirtschaftswissenschaftliches Experimentieren stellt *in praxi* oft ein Problem dar. Man stelle sich beispielsweise ein Experiment zum längerfristigen wirtschaftlichen Wachstum vor: der Versuchsaufbau bestünde aus mehreren Millionen Wirtschaftssubjekten, die Versuchsdauer würde Jahrzehnte beanspruchen und der Verlauf könnte inakzeptable Folgen für die Menschheit nach sich ziehen.

Wirtschaftswissenschaftliche Experimente lassen sich jedoch sehr wohl als nicht-reales, mentales Experiment vorstellen, der Simulation. In Analogie zu den Naturwissenschaften bilden Simulationen im wirtschaftswissenschaftlichen Bereich die Möglichkeit, anhand von Abbildungen der Realität, den Simulationsmodellen, über die Dinge zu lernen und sich weiter zu entwickeln.

Der Mensch ist aufgrund seiner kognitiven Beschränktheit nur in begrenztem Maße zu mentalem Experimentieren in der Lage. Um seine Möglichkeiten und Fähigkeiten in diesem Bereich auszubauen und damit das Anwendungsspektrum der Simulation *in praxi* zu erweitern, erwächst die Notwendigkeit, ihn informationstechnisch zu unterstützen.

Diese Arbeit versteht sich als Brückenschlag zwischen dem intuitiven, mentalen Erfassen wirtschaftlicher Sachverhalte und der informationstechnischen Operationalisierung zum Experimentieren – samt der anwendungsbezogenen Rückübertragung der gewonnenen Erkenntnisse. Simulation wird als potentialschaffende Synthese menschlicher Kreativität und maschineller Verarbeitungskapazität verstanden, die gemeinsam mit der Optimierung einen großen Stellenwert im Bereich der Wirtschaftswissenschaften besitzt.

Mit der Entwicklung des $\mathrm{MOOS_Y}$–Paradigmas wird ein gedanklicher Modellbaukasten geschaffen, der in Bezug auf seine Bausteine sowohl kognitiv zugänglich als auch maschinell gut operationalisierbar ist. Mit der Umsetzung der Simulationsumgebung $\mathrm{MOOS_Y^{SIM}}$ wird ein computerbasiertes, kognitiv ergonomisches Instrument im Prototyp geschaffen, welches das Synthesepotential der Simulation effektiv und effizient auszuschöpfen versucht.

Die Herangehensweise an die gestellte Aufgabe orientiert sich, wie auch andere moderne Ansätze zur Computerunterstützung des Menschen, am Anwender und sieht in der Technologie ein Mittel für dessen Zwecke. Gegenüber vielen spezifischen Entwicklungen aus dem Bereich der IT–basierten, insbesondere betriebswirtschaftlichen, Unterstützungssyteme, vereinigt diese Arbeit *a priori* wirtschaftswissenschaftliche und informationstechnische sowie sozial– und kognitionswissenschaftliche Aspekte.

Das $\mathrm{MOOS_Y}$–Paradigma stellt eine neue, intuitionsbasierte Variante zur strukturierten und operationalisierungsgeeigneten, systemtheoretischen Modellierung dar. Es basiert auf einem objektorientierten Ansatz mit der Besonderheit, Wirkungszusammenhänge getrennt bezüglich ihrer Struktur und der Wirkungsweise zu erfassen. $\mathrm{MOOS_Y}$ bietet aufgrund seines universellen Charakters die integrierte Modellierung auf verschiedenen semantischen Ebenen, beispielsweise Ablaufmodelle und Auswertungsmodelle für Ablaufmodelle.

Die computergestützte Simulationsumgebung $\mathrm{MOOS_Y^{SIM}}$ basiert vor dem Hintergrund ihres potentiellen Anwendungskontextes auf dem konzeptionellen Fundament entscheidungsunterstützender Systeme. $\text{MOOS}_\text{Y}^\text{SIM}$ verbindet konzeptionelle und praktische Stärken offener, entscheidungsunterstützender Systeme mit der universellen, vielseitigen Ausrichtung von MOOS_Y und einer kognitiv versierten Umsetzung. Es verfügt über eine konzeptbasierte grafische Benutzerführung, um die intuitionsbasierte Modellierung mit MOOS_Y passend zu unterstützen. Mit der prototypischen Implementierung von $\text{MOOS}_\text{Y}^\text{SIM}$ werden einerseits die Realisierung des interdisziplinären Konzepts beispielhaft und praktisch vorgeführt sowie andererseits der potentialbietende Grundstein zu deren Weiterentwicklung gelegt.

1.2. Gang der Arbeit

Die Abbildung 1.1 strukturiert den Gang der Arbeit.

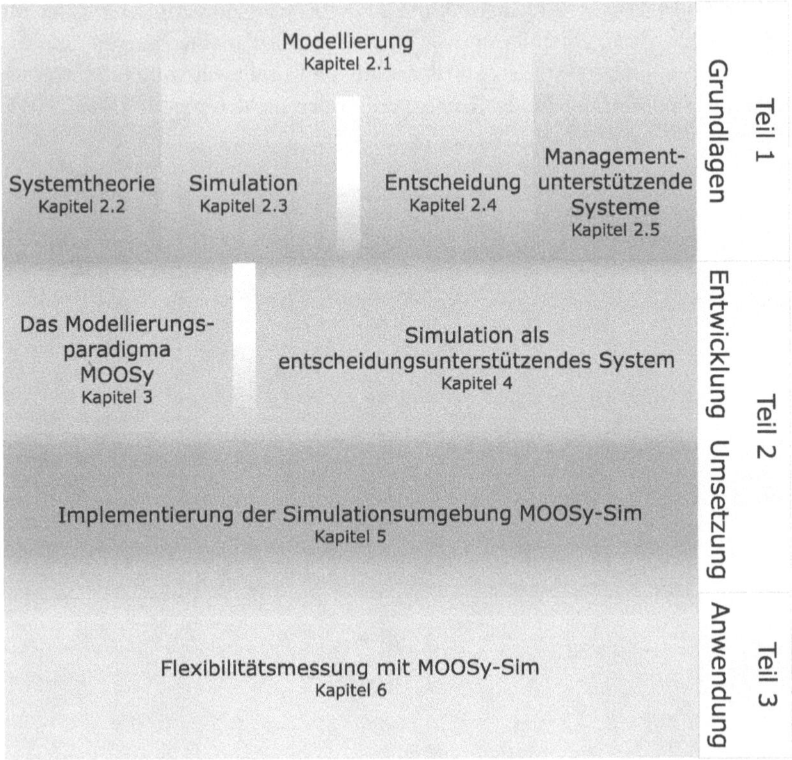

Abbildung 1.1.: Gang der Arbeit mit schematischem Aufbau der Kapitelstruktur

Im Kapitel 2 (Seiten 9 bis 39) werden die Grundbegriffe und -konzepte eingeführt, die in den Kontext dieser Arbeit eingehen. Neben der begrifflichen Abgrenzung vertieft dieses Kapitel bereits die wesentlichen, grundlegenden Konzepte.

Aufbauend auf der offenen Systemtheorie entwickelt das Kapitel II (Seiten 47 bis 84) das Modellierungsparadigma MOOS_{Y}. Im Anschluß werden Besonderheiten der Modellierung unter MOOS_Y herausgearbeitet und die Verbindung mit dem Konzept der Simulation hergestellt.

Im Rahmen des Kapitels 4 (Seiten 85 bis 106) wird, auf den Ansätzen zu entscheidungsunterstützenden Systemen basierend, eine Konzeption für ein universelles entscheidungsunterstützendes Simulationssystem vorgestellt und anschließend im Hinblick auf eine Simulationsumgebung für MOOS_Y spezifiziert.

Neben Anmerkungen zur Programmiersprache und zur kognitiv ergonomischen Programmgestaltung widmet sich das Kapitel 5 (Seiten 107 bis 152) der Softwareimplementierung der Simulationsumgebung $\text{MOOS}_\text{Y}^\text{SIM}$.

Das Kapitel 6 (Seiten 155 bis 196) schließt, nach Skizzierung eines theoretischen Ansatzes zur Operationalisierung von Flexibilität, die Entwicklung und Umsetzung von MOOS_Y und $\text{MOOS}_\text{Y}^\text{SIM}$ mit einem ganzheitlichen, einfachen Anwendungsbeispiel ab.

2. Grundbegriffe und –konzepte

Dieses Kapitel stellt – in der Analogie eines Puzzles gesprochen – die Teile vor, aus denen sich das theoretische Fundament dieser Arbeit zusammenfügt.

Modellierung und Simulation fungieren als Techniken und Konzepte zur theoretischen und praktischen Umsetzung der Systemtheorie, die sich im Anwendungskontext der Entscheidungsunterstützung als universeller Ansatz anbietet. Die Thematik der informationstechnischen Entscheidungsunterstützung im betriebswirtschaftlichen Kontext klären und strukturieren die Ausführungen zu den managementunterstützenden Systemen und erlauben diesbezüglich die grundsätzliche Positionierung einer universellen Simulationsumgebung im Bereich Modellmanagement.

Neben begrifflichen Abgrenzungen gehen die Abschnitte zweckmäßig vertiefend auf ihren jeweiligen Inhalt ein, so daß ein umfassendes Grundgerüst entsteht. Dieses vorgelagerte Grundgerüst unterstützt einen direkten und eng am Thema gefaßten Gang der nachfolgenden Kapitel.

2.1. Grundbegriffe zur Modellierung

Im folgenden werden Grundbegriffe zur Modellierung eingeführt und abgegrenzt.

Abstraktion und Generalisierung bilden wesentliche Modellierungstechniken. Gegenüber den oft unscharf abgegrenzten und überlappend verwendeten Begriffen Vereinfachung und Verallgemeinerung, wird hier präzise zwischen Abstraktion und Generalisierung unterschieden, um sie gezielt mit verschiedenen Modellierungsaktivitäten und Übergangsformen zu assoziieren.

Neben dem Abschnitt zu dem Begriff des Modells findet sich ein weiterer Abschnitt, der sich mit dem Begriff der Zeit sowie deren Operationalisierung befaßt.

2.1.1. Abstraktion und Konkretisierung

Die Abstraktion eines Sachverhalts bezeichnet dessen vereinfachte Darstellung, was die Abbildung 2.1 bildlich veranschaulicht. Ziel der Abstraktion ist es, die Komplexität eines Sachverhalts zu reduzieren. Mit der Reduktion des Detailliertheitsgrades geht ein Informationsverlust einher, so daß ein Abstraktum immer zu einem ungenaueren Abbild führt als dessen Konkretum. Die Abstrakta können gegenüber den Konkreta in einer anderen Beschreibungssprache formuliert werden, sie müssen nicht zwingend aus der gleichen Domäne entstammen (beispielsweise die sprachliche, ordinale Umschreibung „wenig" als Abstraktion für das metrische Intervall $]0,4]$). Bei einer Abstraktion können nicht nur Bestandteile eines Sachverhalts, beispielsweise Objekte, herausgelöst werden, sondern auch die Eigenschaften solcher Bestandteile, beispielsweise Attributs– und Wertemengen oder Skalenniveaus, vereinfacht werden.

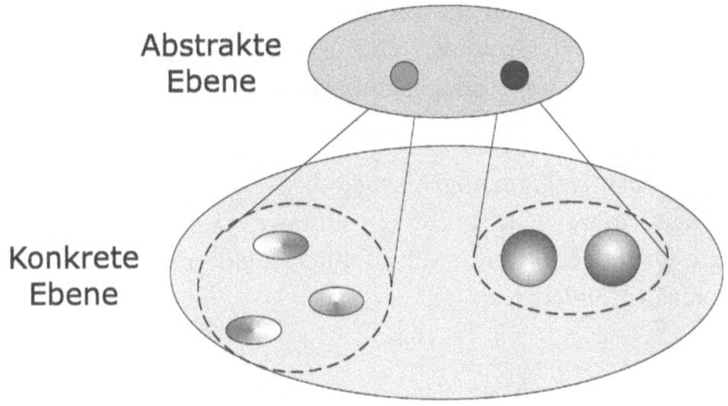

Abbildung 2.1.: Abstraktion

Das Inverse zur Abstraktion ist die Konkretisierung. Sie stellt eine Erweiterung beziehungsweise Verfeinerung eines Abstraktums dar.

Aufgrund der nachfolgenden Verwendung wird die Abstraktion formalisiert notiert. Der Übergang von einem Konkretum zu einem Abstraktum entspricht, als Relation formuliert, einer Funktion (Abbildung), die als Abstraktionsfunktion $\mathfrak{a}$ bezeichnet wird (zu relationen– und mengenalgebraischen Begriffen vgl. grundsätzlich Reinhardt und Soeder, 1998, S. 23–33 und Marinell, 2001, S. 1–13 sowie S. 41–53). Die Konkretisierung $\mathfrak{k}$ stellt keine Funktion (im Sinne der Umkehrfunktion der

Abstraktion), sondern eine linkseindeutige, bitotale Relation dar. Von einem Abstraktum läßt sich die Menge der entsprechenden Konkreta eingrenzen (sie führen alle bei Abstraktion des jeweiligen Konkretisierungsgegenstands wieder auf das Abstraktum), jedoch nicht eindeutig auf ein entsprechendes Konkretum schließen.

$$\begin{aligned} \text{Abstraktion} \quad \mathfrak{A} &= \mathfrak{a}(Sachverhalt, Abstraktionsgegenstand) \\ \text{Konkretisierung} \quad \mathfrak{K} &= \mathfrak{k}(Sachverhalt, Konkretisierungsgegenstand) \\ abstraktum &= \mathfrak{a}(\mathfrak{k}(abstraktum, x), x) \end{aligned}$$

Die vorangegangene Betrachtung bezieht sich auf den Mechanismus der Abstraktion und Konkretisierung, nicht auf deren Einsatz in einem Anwendungskontext.

Die Konkretisierung um den oder zumindest einen Teil des Abstraktionsgegenstands, der zum Herauslösen des Abstraktums aus einem realen Anwendungskontext führt, bildet hinsichtlich dieses Anwendungskontextes einen Spezialfall. Dieser Spezialfall drückt eine Verfeinerung in Richtung des realen Ausgangspunkts der Abstraktion aus. Eine derartige Konkretisierung könnte im Rahmen einer Modellierung (zweckbezogene Abstraktion und Generalisierung der Realität, vgl. Abschnitt 2.1.3 auf der nächsten Seite) das Ergebnis einer Modellvalidierung sein; das Verbessern der Realitätsnähe des Modells. Da im Rahmen dieser Arbeit die Validierung außerhalb des Fokus liegt, werden Abstraktion und Konkretisierung an dieser Stelle mechanistisch betrachtet und von den Mechanismen der Generalisierungen und Spezialisierung (vgl. Abschnitt 2.1.2 auf der nächsten Seite) getrennt.

$$\begin{aligned} \text{Beispiele:} \quad Y &= \{0, 1, 2, \ldots, 30\}, \; y \in Y \\ Y^{\mathfrak{a}} &= \mathfrak{a}(Y, \text{Dreiteilung in } \{wenig, mittel, viel\}), \; y^{\mathfrak{a}} \in Y^{\mathfrak{a}} \\ y^{\mathfrak{a}} &= \begin{cases} wenig & \text{falls } 0 \leq y < 10 \\ mittel & \text{falls } 10 \leq y < 19 \\ viel & \text{falls } 20 \leq y < 30 \end{cases} \\ X &= (preis, menge, zeit) \\ X^{\mathfrak{a}} &= \mathfrak{a}(X, preis) = X \setminus \{preis\} = (menge, zeit) \end{aligned}$$

Grundsätzlich entspricht die Abstraktion einer Menge einer Klasseneinteilung. Handelt es sich im Speziellen um eine Reduktion der Mengenelemente, also einer surjektiven Abbildung auf sich selbst, so entspricht dies der Bildung einer Differenzmenge.

2.1.2. Generalisierung und Spezialisierung

Die Generalisierung eines Sachverhalts bezeichnet dessen verallgemeinerte Darstellung, was die Abbildung 2.2 veranschaulicht. Ziel der Generalisierung ist es, die Spezifität von Sachverhalten zu reduzieren, indem man „gleichartige", spezifizierte Bestandteile zu einer Klasse zusammenfaßt, beispielsweise die Ersetzung von speziell ausgeprägten Werten durch einen bestimmten Wertebereich. Bei der Generalisierung ist ein Wechsel der Beschreibungssprache und eine Veränderung des Detailliertheitsgrades unzulässig, es handelt sich um eine Verallgemeinerung im eigentlichen und nicht im vereinfachenden Sinn. Der grundsätzliche Informationsgehalt geht beim Generalisieren nicht verloren.

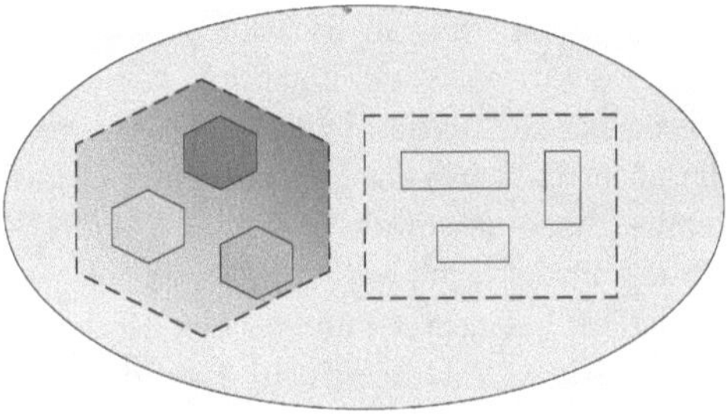

Abbildung 2.2.: Generalisierung

Das Inverse zur Generalisierung ist die Spezialisierung.

Aufgrund der nachfolgenden Verwendung wird die Spezialisierung formalisiert notiert. Eine Spezialisierung s entspricht einem Element ihrer Generalisierungsmenge G, also $s \in G$.

2.1.3. Modell

Ein Modell gibt ein zweckorientiertes Abbild der Realität oder anderer Modelle durch Herauslösen von Sachverhalten. Der Vorgang des Herauslösens beantwortet die Fragen „Was, warum und wie genau soll modelliert werden?“ und gibt dem Modell einen Zweckbezug und eine damit verbundene Detailtiefe. Durch den Zweckbezug und die Detailtiefe stehen Modelle stets in einem Anwendungskontext, in dem sie zu betrachten sind. Owsnicki-Klewe *et al.* (2000, S. 157) sprechen von der Domänen- und Aufgabenabhängigkeit eines Modells.

Der Begriff der Realität wird vereinfachend als das bezeichnet, was grundsätzlich wahrnehmbar ist. Es sei an dieser Stelle lediglich darauf verwiesen, daß durch subjektive Wahrnehmung Realität *per se* nicht als absolut existent, sondern selbst als individuell wahrgenommenes Abbild interpretiert werden kann (vgl. beispielsweise Wilms, 2001, S. 23, Thomas und Swaine Thomas, 1970, S. 572 oder Strube, 2001, S. 776ff). Dieser Aspekt wird im Rahmen der Arbeit nur bei entsprechendem Hinweis im Kontext und in soweit betrachtet werden, als daß Individuen durchaus unterschiedlich tiefe und breite Einblicke in das Wesen und die Einflußnahme von Dingen haben können.

Das Herauslösen von Modellen aus der Realität kann über die Abstraktion und die Generalisierung erreicht werden. Mit der Abstraktion trennt man einerseits die zweckrelevanten Sachverhalte von nicht relevanten ab und kann andererseits die Operationalisierbarkeit des Modells durch die Reduktion von Unsicherheiten und Komplexität erhöhen. Die Generalisierung bewirkt die Verallgemeinerung spezieller Realitätsbeobachtungen, so daß aus speziellen Sachverhalten allgemeine Modelle gewonnen werden können, die als konzeptioneller Rahmen ihrer speziellen Ausprägungen fungieren.

Modellbildung ist der Prozeß der zweckorientierten, erkenntnisbringenden, abstrahierenden und generalisierenden Darstellung der Realität oder anderer Modelle (ohne dabei auszuschließen, daß triviale Abstraktion und Generalisierung vorliegen können).

Neben den modellimmanenten Zielen gehören Kommunizierbarkeit und Operationalisierbarkeit zu den allgemeinen Zielen der Modellierung (vgl. Owsnicki-Klewe *et al.*, 2000, S. 157f). Die Kommunizierbarkeit fokussiert die kommunikative Übertragung und Verarbeitung eines Modells durch menschliche Akteure, die Operationalisierbarkeit zielt auf die Übertragung und Verarbeitung durch Algorithmen (auch mentale Prozesse) oder Maschinen ab.

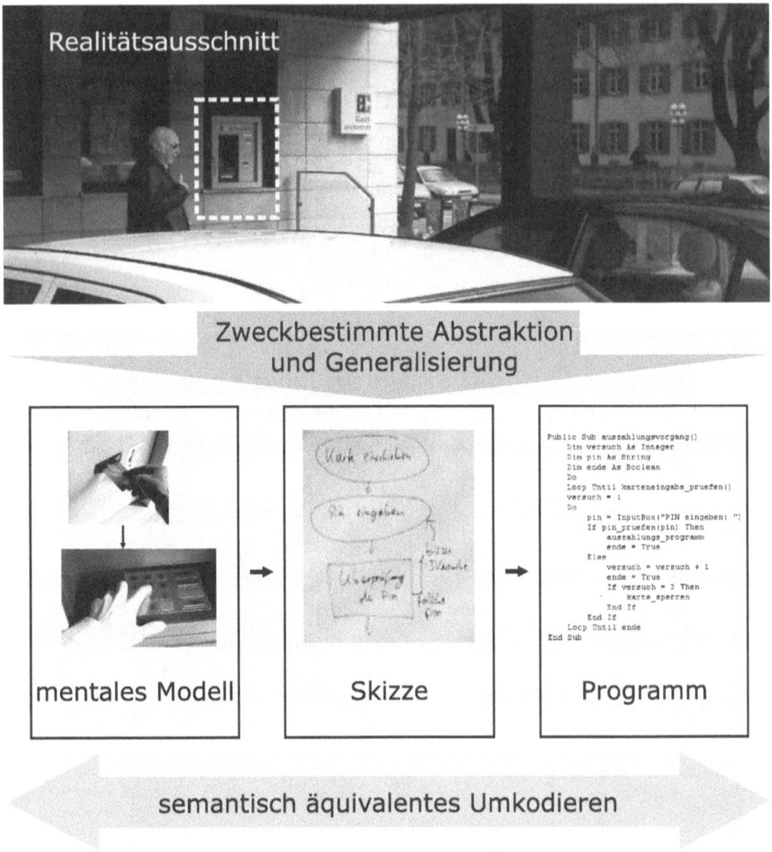

Abbildung 2.3.: Modellsemantikverändernde und -neutrale Übergänge bei rekursiver Modellierung

Modellbildung kann rekursiv erfolgen. Die Realität stellt in einem rekursiven Modellierungsprozeß den Ausgangspunkt der Modellierungskette dar. Mit jedem Modell über seinen Vorgänger kann durch weitere Abstraktion ein reduzierteres Modell erstellt werden, dessen Modellperspektive sich auf eine Teilperspektive des Vorgängers einschränkt. Ein Übergang ohne Reduktion bildet den Spezialfall, daß das Nachfolgermodell semantisch äquivalent zu seinem Vorgängermodell ist. Dieser

Fall läßt sich als den reversiblen Wechsel der Beschreibung oder als Umkodieren (vgl. Kohlas, 1976, S. 223) bezeichnen.

Die Trennung zwischen reduzierender und semantisch äquivalenter Modellierung hilft dem Modellierer zu unterscheiden, welche Modellierungsaktivitäten zu Annahmen und Einschränkungen führen und welche lediglich der Operationalisierung (beispielsweise zur Automatisierung) bzw. Darstellung (beispielsweise zur Kommunikation) dienen. Als Beispiel veranschaulicht die Abbildung 2.3 auf der vorherigen Seite die Modellbildung über Auszahlungsvorgänge an einem EC–Kartenautomaten. Der Modellierer verfolgt das Ziel, mit Hilfe des Modells ein Computerprogramm zur Nachahmung (Simulation) von Auszahlungsvorgängen zu nutzen. Dazu überträgt er ein mentales Modell über Auszahlungsvorgänge an einem EC–Kartenautomaten in eine handschriftliche Skizze, die wiederum von einem Programmierer in ein lauffähiges Computerprogramm umgesetzt wird.

In Verbindung mit Entscheidungssituationen dienen Modelle nicht nur passiv der Abbildung, sondern beeinflussen rückwirkend die Erkenntnisfindung des Modellierers (vgl. Stachowiak, 1983a, S. 112–113). Modelle können zudem als experimentelles Grundgerüst fungieren, was nachfolgend im Zusammenhang mit Simulation deutlich werden wird.

Die Erkenntnisförderung bei der Modellierung kann neben der Strukturierung und dem Herauslösen des zu Modellierenden (Erkenntnisfindung) einerseits durch das kommunizierbar machen (Erkenntnisübertragung) und andererseits durch experimentelles Variieren (Erkenntniserweiterung) erfolgen (Nonaka, 1994, S. 19–21, spricht anstatt von Erkenntnisübertragung von Externalisierung und betont dabei, mit Verweis auf Lakoff und Johnson, 1980, S. 5, den Beitrag der Metaphorik). Es sei abschließend festgehalten, daß der Modellierung (anwendungsbezogen) neben der Abbildungsfunktion eine Gestaltungsfunktion und eine Erkenntnisförderungsfunktion zukommt.

2.1.4. Zeit

Ziel dieses Abschnitts zu dem Phänomen der Zeit ist es, die Besonderheiten von Zeit (insbesondere Zeit im Modell) zu beleuchten und ein zweckmäßiges, formalisierbares Verständnis von Zeit im Kontext dieser Arbeit zu geben. Die Ausführungen sollen und werden weder einen philosophischen oder physikalischen

Diskurs führen, noch eine vollständige Einführung in die Temporallogik mit entsprechenden Axiomatiken aufbauen.

Die Zeit birgt einige Besonderheiten in sich (vgl. Habel *et al.*, 2000, S. 352), was ihr eine besondere Rolle als Modellkomponente zuspielt:

Eindimensionalität: Die Zeit besitzt eine Dimension.

Anisotropie: Zeit ist vorwärts gerichtet und besitzt somit eine nicht umkehrbare, ausgezeichnete Richtung.

Deixis: Zeit kann nicht aus unterschiedlichen Perspektiven heraus betrachtet werden, wie dies beispielsweise bei einem Gespräch zwischen Personen der Fall sein kann. Daher wird Zeit als von Allem gleich erfaßbar und gültig verstanden. Eine speziellere Auffassung von Zeit ist im Kontext dieser Arbeit nicht zweckmäßig (gemäß der Einsteinschen Relativitätstheorie variiert das Zeiterleben mit der Geschwindigkeit, beispielsweise zwischen Betrachter und Betrachtetem).

Primäre Lokalisierung von Ereignissen: Zeit läßt sich nicht, wie räumliche Objekte, direkt wahrnehmen, sie kann jedoch beispielsweise in Mengen überlappender und nachfolgender Ereignisse oder Zustände ausgedrückt werden.

Die Wesensmerkmale von Zeit führen zu besonderen Modellierungsansätzen, wie sie unter anderem in ontologisch unterschiedlichen Ansätzen der Temporallogik zu finden sind. Der Einteilung von van Bentham (1991) folgend unterteilen Habel *et al.* (vgl. 2000, S. 355ff) die modellhafte Darstellung von Zeit als Punktstruktur, Periodenstruktur und Ereignisstruktur.

Das Verständnis von Zeit als Ereignisstruktur eignet sich in Verbindung mit Systemtheorie und Simulation, da Abläufe als Wechsel von speziell ausgeprägten Zuständen bei Modellkomponenten ausgedrückt werden können, die zeitlich überlappend oder nacheinander stattfinden. Der Vorgang des Wechsels selbst wird dabei als Zeitpunkt – also ohne eigene Dauer – gesehen. Mit dem Ansatz der Zeit als Ereignisstruktur, genauer gesagt als strukturelle Ableitung von selbiger, wird der modellsemantischen Bedeutung der Zeit Rechnung getragen.

Der Grundidee folgend, Zeitstrukturen aus Ereignisstrukturen abzuleiten (vgl. Kamp, 1979), sei hier kurz das Konzept der Überlappung und der vollständigen zeitlichen Präzedenz vorgestellt (vgl. Habel *et al.*, 2000, S. 359f) und beispielhaft

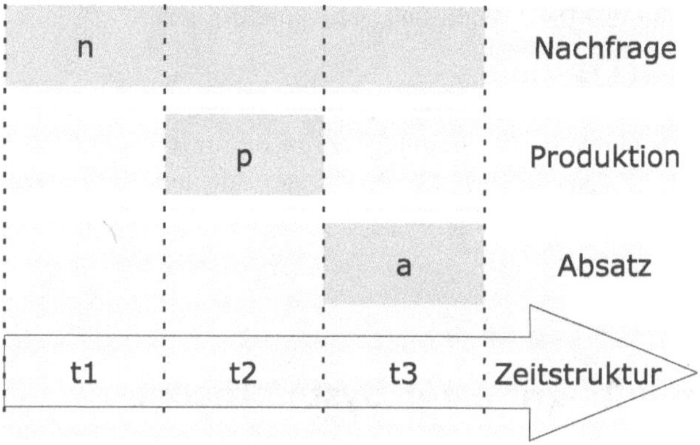

Abbildung 2.4.: Einfaches Beispiel einer Zustandsstruktur und einer möglichen, daraus ableitbaren Zeitstruktur

im Schaubild 2.4 visualisiert. Als Beispielmodell wird die in einer Periode vorhandene Nachfrage (n) nach Produkten betrachtet, die erst zur Produktion (p als fertige Produktion) und dann zum Absatz (a als abgesetzte Produkte) von zuvor produzierten Produkten führt. Anstelle von Ereignissen wird aus terminologischen Gründen der *terminus* des speziell ausgeprägten Zustands von Modellkomponenten (kurz: Zustand) verwendet.

Eine Zustandsstruktur $\mathcal{Z} = \langle Z, \circ, \prec \rangle \wedge (Z \neq \emptyset)$ besteht aus einer Menge von Zuständen $z \in Z$ und den binären Relationen der Überlappung $\circ$ und vollständigen zeitlichen Präzedenz $\prec$.

Die Überlappung $z1 \circ z2$ zweier Zustände $z1$ und $z2$ bedeutet, daß diese Zustände aus modellsemantischer Sicht Gleichzeitigkeit besitzen. Die Modellsemantik drückt dabei die modellbezogene Relativität des Begriffs der Gleichzeitigkeit aus und muß immer im Zusammenhang mit der Modellbildung betrachtet werden.

Die vollständige zeitliche Präzedenz besagt, daß zwei Zustände $z1$ und $z2$ mit $z1 \prec z2$ modellsemantisch nicht gleichzeitig existieren können. $z2$ folgt auf $z1$.

Für die daraus möglichen, ableitbaren Zeitstrukturen gilt, daß die Zeitpunkte streng geordnet sind und somit Zeitvariablen in Modellen mindestens ein ordinales Skalenniveau besitzen müssen.

Übertragen auf das Produktionsbeispiel ergibt sich aus

$(n \circ p) \wedge (n \circ a) \wedge (p \prec a)$

beispielsweise die folgende dreiteilige Zeitstruktur $t1 \prec t2 \prec t3$ der Modellausprägung: $t1$ (Nachfrage), $t2$ (Nachfrage mit fertiger Produktion) und $t3$ (Nachfrage abgesetzter Produktion).

2.2. Grundbegriffe zur Systemtheorie

Der Begriff der Systemtheorie umfaßt im Rahmen dieser Arbeit kybernetische und im klassischen Sinne systemtheoretische Begriffsbestimmungen, wie sie in einigen Theorieansätzen dieses Bereichs zu finden sind (vgl. übersichtgebend Wilms, 2001, S. 46–50). Dadurch werden verschiedene, für den weiteren Verlauf relevante Aspekte aus dem Bereich der Systemtheorie unter einem Begriff eingefangen.

Während die klassische Systemtheorie (vgl. von Bertalanffy, 1968) ihr Augenmerk auf hierarchische Teil–Ganzes–Beziehungen richtet, fokussiert die Kybernetik Information und deren dynamische Verarbeitung (vgl. Strube, 2001, mit Verweis auf Wiener, 1992). Dieser dynamische Aspekt findet in der Kybernetik zweiter Ordnung eine noch tiefgreifendere Betrachtung, da hier die Prämisse, dynamische Gleichgewichte zu modellieren, aufgegeben und die evolutorische Entwicklung berücksichtigt wird (vgl. Schiemenz, 1993, Sp. 4138). Eine Differenzierung der Ansätze bietet sich nicht an, da sowohl die dynamischen, kausalen und informationellen Aspekte der Kybernetik als auch der statische und hierarchische Konstellationsaspekt der klassischen Systemtheorie gemeinsam eine Rolle bei der betriebswirtschaftlichen Modellierung spielen (vgl. beispielweise Wöhe, 2002, S. 62). Der offene systemtheoretische Ansatz berücksichtigt Interdependenzen zwischen System und Umwelt, so daß diesen unterschiedlichen Betrachtungsschwerpunkten Rechnung getragen wird.

Die nachfolgenden Ausführungen verweisen an manchen Stellen auf den betriebswirtschaftlichen Kontext, um auf die Einsetzbarkeit *in praxi* aufmerksam zu machen.

2.2.1. Systemtheoretisches Modell

Mit dem Begriff System (griechisch: Gefüge, Zusammenstellung) wird ein Gebilde gegenüber einem es Umfassenden, der Systemumwelt, abgegrenzt. Das System als auch seine Umwelt sind dabei eine vereinfachende Projektion der Realität aus einer bestimmten, zielgerichteten Perspektive heraus (vgl. Schiemenz, 1993, Sp. 4128) und lassen sich beispielsweise in Form von Objektmengen modellhaft abbilden (vgl. bereits Hall und Fagen, 1956). Die Zielsetzung einer systemtheoretischen Modellierung drückt sich insbesondere in den folgenden zwei Aspeken aus:

Perspektive: Die Perspektive der Modellbildung beschreibt die Betrachtungsschwerpunkte des modellierten Realitätsausschnitts und findet im Systemzweck Ausdruck.

Abstraktions– und Generalisierungsniveau: Das Abstraktions– und Generalisierungsniveau bezeichnet den Detailliertheitsgrad und den Umfang, mit welchem die Modellbestandteile aus der Realität abgeleitet werden (vgl. Ballwieser, 1993, Sp. 49f). Das Ausmaß der Komplexitätsreduktion resultiert aus der Abwägung zwischen der realitätsgetreuen Wiedergabe von Wirkungszusammenhängen und dem Operationalisierungsniveau des Modells (im Sinne von Berechenbarkeit bzw. Entscheidbarkeit, vgl. Strube, 2001).

Die Perspektive ist das wesentliche konstituierende Merkmal einer systemtheoretischen Modellierung, da sowohl das System gegenüber seiner Umwelt als auch System und Umwelt aus der Gesamtheit der Realität zweckbestimmt herausgehoben und abgegrenzt werden. Sowohl das System als auch die Umwelt tragen in ihrer modellhaften Beschreibung ausschließlich die Merkmale, die im Rahmen der konstituierenden Perspektive als betrachtungsrelevant erachtet werden. Beispielsweise finden in einem betriebswirtschaftlichen Modell zur Messung von Flexibilität genau die Faktoren Berücksichtigung, die aus betriebswirtschaftlicher Sicht den Systemzweck (hier Flexibilitätsoperationalisierung) betreffen und die Zielsetzung (meist Unternehmenserfolg) beeinflussen (vgl. auch Meffert, 1969, S. 781).

Die notwendige Grenzziehung zwischen der Umwelt und dem System erfolgt über ein Gefälle der Spezifizierbarkeit (vgl. übersichtgebend Meyer, 1993, Sp. 4122). Das System ist aus der Modellperspektive heraus seiner Umwelt gegenüber besser spezifizierbar und weniger komplex (vgl. Luhmann, 1968, S. 120f). Die Umwelt besitzt ihrerseits eine geringere Komplexität als die Realität, so daß auch sie sich über ein Komplexitäts– bzw. Spezifizierbarkeitsgefälle abgrenzt. Dieser Aspekt weist auf den operationalisierenden Charakter von systemtheoretischen Modellen hin, was sich im betriebswirtschaftlichen Kontext als wichtige Eigenschaft erweist, insbesondere hinsichtlich Planungs- und Entscheidungsaufgaben.

2.2.2. Offenes systemtheoretisches Modell

Wie in der Abbildung 2.5 dagestellt, wird von sogenannten offenen systemtheoretischen Modellen ausgegangen, die explizit die Interaktionen zwischen dem System und der Umwelt berücksichtigen. Grundsätzlich wird das System als die Modellkomponente betrachtet, die unter Berücksichtigung des momentanen eigenen Zustands auf die Umwelt reagiert. Die resultierende, neue System-Umwelt-Konstellation kann wiederum eine Systemreaktion provozieren, – mit und ohne Gegenreaktion oder unabhängiger Veränderung der Umwelt.

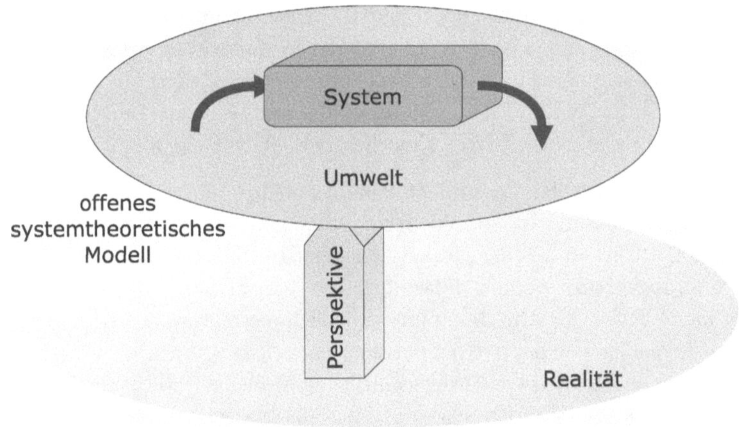

Abbildung 2.5.: Durch Modellbildung isoliertes System mit seiner Umwelt und den Wechselwirkungen

Die Art der Interaktion in einem offenen systemtheoretischen Modell kann unterschiedlich sein. Zum einen sind materielle und finanzielle Interaktionen möglich, wie es beispielsweise der klassische betriebswirtschaftliche Transformationsbegriff beschreibt, zum anderen kann auch Information Gegenstand der Interaktion sein (vgl. Schiemenz, 1993, Sp. 4132). Ungeachtet der spezifischen Art der Interaktion ist die jedem Systemmodell eigene Weise der systemischen Aufnahme, Verarbeitung und Weitergabe dieser Interaktionsgegenstände charakterisierend.

Die Zeit zeigt sich als inhärente Dimension offener systemtheoretischer Modelle, sie ist Bestandteil der Modellperspektive und wird oft als „relevanter Zeithorizont" eines Modells bezeichnet. Durch diese zeitliche Abgrenzung kann man ein offenes systemtheoretisches Modell als zeitlich abgeschlossen betrachten, was hinsichtlich des Modelleinsatzes und Rückschlüssen in der Realität stets bedacht werden muß. Im betriebswirtschaftlichen Bereich spielt die Wahl des Zeithorizonts für dynamische Modelle eine gewichtige Rolle für deren Praktikabilität (vgl. Kern, 1993, Sp. 4775 und 4779 oder Hilke, 1980, S. 104f). Rückt das dynamische Einschwingen des Systems in den Betrachtungsvordergrund (beispielsweise hinsichtlich langfristiger Gleichgewichtszustände), tritt die Kontinuität der Zeit an die Stelle der zeitlichen Abgeschlossenheit als Merkmal der Modellierung.

2.3. Grundbegriffe zur Simulation

Nachfolgend werden Grundbegriffe zur Simulation eingeführt und abgegrenzt. Die Simulation wird dabei mit den Begriffen Modell und Szenario konzeptionell verknüpft.

2.3.1. Simulation und Simulationsprozeß

Simulation bezeichnet das Experimentieren an Modellen an Stelle von realen Systemen (vgl. beispielsweise Page, 1991, S. 7) mit dem Ziel, die gewonnenen Erkenntnisse wiederum in der Realität umzusetzen. In Verbindung mit Entscheidungsprozessen können potentielle Auswirkungen von Alternativen modellhaft voruntersucht und ausgewählt werden, bevor es zu deren Umsetzung *in praxi* kommt.

Da eine Simulation stets in einem gewissen Anwendungskontext steht, ergibt sich für Simulation und Simulationsprozeß eine unterschiedliche begriffliche Weite. Im engeren Sinn besteht eine Simulation aus drei aufeinanderfolgenden Phasen (vgl. auch Page, 1991, S. 35), die im weiteren als Initialisierung, Ablauf und Auswertung bezeichnet werden.

Initialisierung: Die Initialisierung besitzt die Aufgabe, die Anfangszustände herzustellen, die zu Beginn des Simulationsablaufs herrschen sollen. Je nach Art der Simulation müssen im Rahmen der Initialisierung Probleme der Anfangswerte bei zeitbeschränkter Nachahmung kontinuierlicher Systeme (insbesondere bei intertemporalen Systeminterdependenzen) und die Einschwingphase bei dynamisch schwingenden Systemen berücksichtigt werden (vgl. zum Beispiel Liebl, 1995, S. 156f). Auf der Ebene der Implementierung müssen die Ablaufsteuerung und gegebenenfalls andere implementierungsspezifische Größen auf ihre Ausgangswerte zurückgesetzt werden.

Ablauf: Im Ablauf vollziehen sich die in der Ablaufsteuerung festgelegten Aktivitäten, bis die Ablaufsteuerung zeit- oder ereignisbedingt den Ablauf beendet. Während des Ablaufs verändern sich normalerweise die Zustände des nachgebildeten Systems.

Auswertung: Die Auswertung bildet das Pendant zur Initialisierung. Sie betrachtet die Endzustände nach dem Ablauf und ist für die Nachbereitung zuständig. Der Auswertung kommt neben der Dokumentationsfunktion bezüglich des Ablaufs und der erreichten Zustände auch eine Bewertungsfunktion zu. Die Bewertungsfunktion bringt normative Aussagen über die Ablaufgeschehnisse hervor und ist konzeptionell strikt von der wertungsfreien Dokumentation zu trennen.

Die enge Begriffsfassung beschreibt die Simulation als technischen Ablauf, ohne auf den Anwendungskontext einzugehen. Bei der kontextlichen Betrachtung der Simulation bettet sich die Simulation im engeren Sinn in einen anwendungsspezifischen Problemlösungsprozeß ein. Turban und Aronson (2001, S. 190f) schlagen für diesen Gesamtprozeß einen siebenphasigen, teils rückgekoppelten Prozeß vor, der sich funktional zu Modellierung, Simulationsexperiment und Ergebnisverwendung aggregieren läßt. Das in Abbildung 2.6 auf der nächsten Seite vorgeschlagene Schema folgt dieser Partitionierung, berücksichtigt allerdings mehr Rückkopplungseffekte (vgl. Kämper, 1991). Dieses Schema wird nachfolgend erläutert.

Der Anwendungskontext löst eine Modellbildung aus. Ziel ist es, ein Modell über die Problemstellung zu entwickeln, die als Basis für die Simulation dient. Die Phase der Modellkonstruktion ist mit der Modellüberprüfung rückgekoppelt. Die Überprüfung bezieht sich sowohl auf Modellstruktur und Wirkungszusammenhänge als auch auf die Zustandsdaten, die zugrundegelegt werden. Erst ein als ausreichend valide erachtetes Modell wird dem Simulationsexperiment zugeführt.

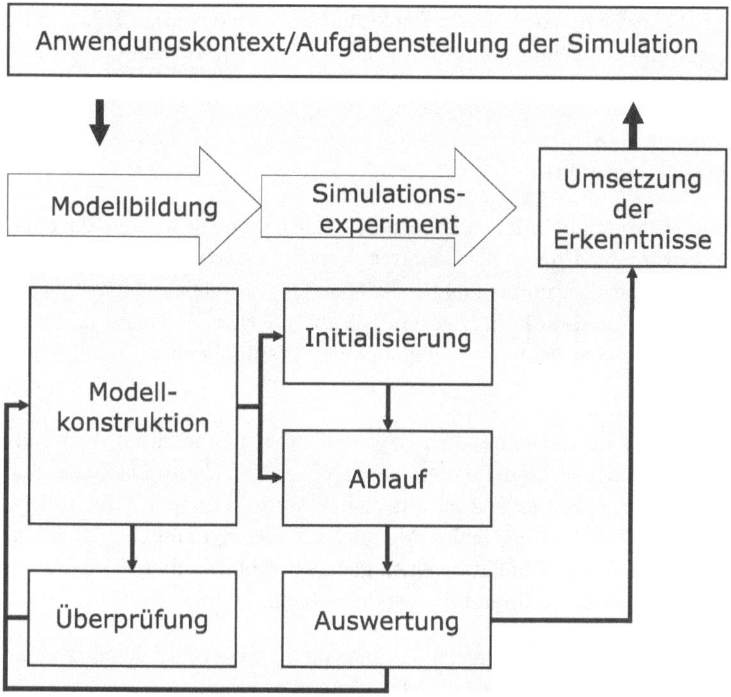

Abbildung 2.6.: Konzeptionelles Schema eines Simulationsprozesses

Das Simulationsexperiment durchläuft linear den zuvor erläuterten Simulationsprozeß im engeren Sinn. Die Initialisierung und der Ablauf richten sich nach den Ergebnissen der Modellkonstruktion. Nach Ablauf der Simulation gehen die Auswertungsergebnisse einerseits in die Rückübertragung und Umsetzung im Anwendungskontext und andererseits in die Modellbildung ein. Letztere Rückkopplung kann sowohl aus Gründen der Validierung (Abbildungsfunktion der Modellierung) erfolgen oder als experimentelle Variation (Gestaltungs- und Erkenntnisförderungsfunktion der Modellierung).

In der Literatur werden eine Vielzahl von Vor- und Nachteilen der Simulation, insbesondere im Kontrast zu analytischen Methoden oder Realexperimenten, diskutiert (vgl. unter anderem Fishman, 2001, S. 23–26, Liebl, 1995, S. 195–197, Page,

1991, S. 8f, Schoemaker, 1982b, Poole und Szymankiewicz, 1977, S. 235–237, im Kontext von entscheidungsunterstützenden Systemen Turban und Aronson, 2001, S. 189f, Robinson, 2001 und 2002, Paolucci *et al.*, 2002).

Nachfolgend werden zuerst einige Vorteile und im Anschluß einige Nachteile der Simulation aufgeführt.

Im Rahmen von Simulationen können Systeme behandelt werden, die aufgrund von Komplexität oder Ungewißheit analytisch nicht erfaßbar oder *in praxi* optimierbar sind. In diesem Zusammenhang existieren Operationalisierungmöglichkeiten für Zufall. Die Simulation besitzt gegenüber analytischen Ansätzen in der Regel eine intuitivere Nachvollziehbarkeit, eine höhere Verständlichkeit und einen geringeren Schwierigkeitsgrad.

Im Vergleich zum Realexperiment läßt sich bei der Simulation Aufwand und Gefahr vermeiden. Die Modellbasiertheit eröffnet einfache, umfassende und flexible Variationsmöglichkeiten. Die variable Zeitsteuerung ermöglicht Zeitraffer und Zeitlupe bei der Nachbildung realer Abläufe. Mit der dynamischen Behandlung von Dynamik erlaubt die Simulation einen genauen Einblick über Veränderungen sowie interaktive Eingriffe während des Modellablaufs.

Beobachtungsbedingte Lerneffekte und durch Experimentieren gewonnene Erkenntnisse bilden weitere wesentliche Vorteile der Simulation.

Die Simulation besitzt den Nachteil, daß im Normalfall keine Optimierung stattfindet (außer bei aufwendiger, vollständiger Suche im Lösungsraum, sofern möglich). Dennoch kann die Simulation zu einer Verdrängung optimaler und besserer analytischer Lösungen führen, wenn sie aufgrund von mentaler Beschränktheit oder besserer Nachvollziehbarkeit von Entscheidungsträgern bevorzugt wird.

Simulationen verursachen einen hohen Entwicklungsaufwand (beispielsweise Modellentwicklung und –validierung). Damit verbunden sind hohe Anforderungen sowie Koordinations- und Kommunikationsaufwand auf personeller Ebene (beispielsweise interdisziplinäre Teams). Neben Aspekten der Entwicklung stellt die Simulation hohe personelle Anforderungen bezüglich des Umgangs mit simulationsunterstützenden Systemen.

Die Eignung von Simulation sowie Vor– und Nachteile sind im jeweiligen Anwendungskontext einer Simulation vertiefend zu beurteilen.

2.3.2. Typisierung von Simulation

Simulation läßt sich anhand unterschiedlicher Kriterien typisieren. Auf der einen Seite kann der paradigmatische Aspekt der Zeitbehandlung herangezogen werden und auf der anderen Seite anwendungsbezogene Aspekte wie die Einsatzdomäne oder die Verwendungsart (vgl. zusammenfassend bei Robinson, 2002, S. 105).

In der kontextfreien Betrachtung von Simulation ergibt die Zeitbehandlung eine grobe Zweiteilung in zeit–kontinuierliche und zeit–diskrete Simulation.

Kontinuierliche Simulation: Die kontinuierliche Simulation behandelt die Zeit als stetige Größe. Zusammenhänge im Simulationsmodell können dabei in Form von Differentialgleichungen operationalisiert werden (vgl. *system dynamics*–Ansatz von Forrester, 1961).

Diskrete Simulation: Die diskrete Simulation behandelt die Zeit als diskrete Größe. Die Dynamik im Rahmen der Simulation kann hierbei auf äquidistanten Zeitpunkten (Evans, 1988, S. 25, bildet eine Analogie zu Zeitlupe und Zeitraffer bei einem Film) oder auf Änderungen basieren. Die änderungsbasierte Zeitsteuerung kann auf der Basis von Ereignissen (zeitpunktbezogene Zustandsänderung), Aktivitäten (zeitperiodenbezogene Zustandsübergänge) oder Prozessen (zeitlich geordnete Folge von Zustandsänderungen) umgesetzt werden (vgl. Fishman, 2001, S. 41, im Orginal Fishman, 1973, S. 24).

Im Rahmen dieser Arbeit wird das Konzept der diskreten Simulation umgesetzt. Die grundsätzliche Ausrichtung zielt dabei auf die Ereignissteuerung ab, wobei die anderen, auf Ereignissen aufbauenden Formen der Steuerung durch entsprechende Umsetzung ebenfalls realisiert werden können. Im weiteren Verlauf wird der Begriff der diskreten Simulation verwendet.

2.3.3. Szenario

Ein Szenario beschreibt eine spezifische Situation, die entweder existiert oder die aufgrund bestimmter Überlegungen konfiguriert wird. Szenarien leisten einen wichtigen Beitrag im Rahmen von Simulation und „Was–wäre–wenn“–Analysen (vgl. beispielsweise Turban und Aronson, 2001, S. 55f).

Mit Hilfe von Szenarien können neben den realen Begebenheiten auch hypothetische Situationen erforscht werden. Im Hinblick auf die Modellierung unterstützt die Bildung von Szenarien die drei zuvor konstatierten Funktionen von Modellen. Reale Szenarien ermöglichen die Validierung von Modellen und tragen zur Abbildungsfunktion bei. Konfigurierte Szenarien gehen in die gestalterische Variation bestehender Modelle (sowohl genereller als auch spezieller Art) ein und tragen neben der Gestaltungsfunktion insbesondere zur Erkenntnisförderungsfunktion bei.

Der Einsatz realer Szenarien bei der Simulation erlaubt es, vergangenheitsbasierte Entwicklungen im Rahmen des Simulationsmodells nachzubilden und zukunftsorientierte Prognosen abzugeben. Konfigurierte Szenarien erlauben einen hypothetischen Ausblick auf mögliche zukünftige Entwicklungen.

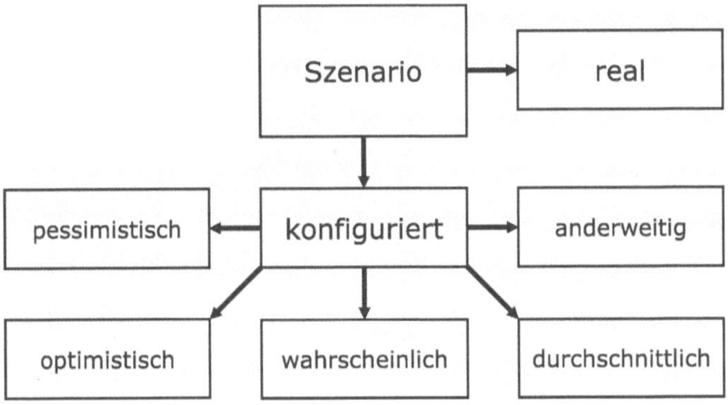

Abbildung 2.7.: Reale und konfigurierte Szenarien

In der Erweiterung von Turban und Aronson strukturiert die Abbildung 2.7 sechs wesensverschiedene Arten von Szenarien.

Reales Szenario: Ein Reales Szenario bildet reale Begebenheiten möglichst wirklichkeitsgetreu nach.

Pessimistisch konfiguriertes Szenario: Einem pessimistisch konfigurierten Szenario unterliegt ein Bewertungskalkül, nach dem real vorstellbare Modellausprägungen und -verhaltensweisen hinsichtlich der Güte in ihrem Anwendungskontext beurteilt werden. Ein pessimistisch konfiguriertes Szenario geht von der schlechtesten, vorstellbaren Situation aus. Die Untersuchung derartiger Szenarien gibt Auskunft über die schlechtesten zu erwartenden

Entwicklungen. Bei Entscheidungen bekommt man einen Eindruck von den schlimmsten, erwarteten Konsequenzen.

Optimistisch konfiguriertes Szenario: Einem optimistisch konfigurierten Szenario unterliegt ebenfalls ein Bewertungskalkül, nach dem real vorstellbare Modellausprägungen und -verhaltensweisen hinsichtlich der Güte in ihrem Anwendungskontext beurteilt werden. Ein optimistisch konfiguriertes Szenario geht von der besten, vorstellbaren Situation aus. Die Untersuchung derartiger Szenarien gibt Auskunft über die idealerweise zu erwartenden Entwicklungen. Bei Entscheidungen bekommt man einen Eindruck von den idealen Konsequenzen.

Durchschnittlich konfiguriertes Szenario: Einem durchschnittlich konfigurierten Szenario unterliegt Unsicherheit über tatsächliche Begebenheiten. Es existiert allerdings ein statistisches Kalkül, nach dem sich diese Unsicherheit in zu erwartende Durchschnitte übertragen läßt. Die Untersuchung derartiger Szenarien gibt Auskunft über die im Mittel über alle Entwicklungen zu erwartende Entwicklung. Bei Entscheidungen bekommt man einen Eindruck von den Konsequenzen, die ebenfalls als Mittel der zu erwartenden Konsequenzen interpretiert werden können. Im Gegensatz zu einem wahrscheinlich konfigurierten Szenario gibt ein durchschnittlich konfiguriertes keine Auskunft über die wahrscheinlichsten Begebenheiten – höchstens indirekt Hinweise (Erwartungswertkalkül, wenn möglich).

Wahrscheinlich konfiguriertes Szenario: Einem wahrscheinlich konfigurierten Szenario unterliegt Unsicherheit über tatsächliche Begebenheiten. Es existiert allerdings ein stochastisches Kalkül, nach dem sich die am wahrscheinlichsten auftretenden Begebenheiten bestimmen lassen. Die Untersuchung derartiger Szenarien gibt Auskunft über die am wahrscheinlichsten zu erwartende Entwicklung. Bei Entscheidungen bekommt man einen Eindruck über die wahrscheinlichsten Konsequenzen. Gegenüber einem durchschnittlich konfigurierten Szenario geht in ein wahrscheinlich konfiguriertes keine Information über das Spektrum möglicher Begebenheiten ein.

Anderweitig konfiguriertes Szenario: Ein anderweitig konfiguriertes Szenario fokussiert den experimentellen Umgang mit Szenarien. Während in den anderen konfigurierten Szenariotypen ein bestimmtes Kalkül *ex ante* angewendet wird, erlaubt die anderweitige Konfiguration ein freies Experimentieren. Lassen sich keine der vorigen Kalküle bilden, bietet die ungerichtete,

zufallsgesteuerte Konfiguration einen groben Ausblick auf potentielle Entwicklungen. In Bezug auf zugrundeliegende Modelle hilft die zufällige oder systematische Konfiguration verschiedener Szenarien, kritische Szenarien zu ermitteln, d.h. Szenarien, bei denen jegliche Form von Grenzwerten oder Wirkungsänderungen auftreten. Gerade bei komplexen Modellen lassen sich so *ex post* Erkenntnisse über gut zu bewertende und schlecht zu bewertende Szenarien gewinnen, die komplexitätsbedingt *ex ante* nicht bestimmt werden können. Diese Vorgehensweise läßt sich auf verschiedene Bewertungskalküle ausweiten.
Neben der menschlichen Konfiguration bietet gerade der Bereich der zufallsgesteuerten und systematischen Konfiguration ein großes Automatisierungspotential.

Der umfangreiche, kombinierte Einsatz konfigurierter Szenarien leistet einen wichtigen Beitrag zur Erkenntnisförderung über Modelle und Entwicklungen. Selbst in deterministischen Anwendungsumgebungen, in denen reale Szenarien sicher eingesetzt werden können, fördert der experimentelle Umgang das Verständnis über Modelle und deren Anwendungsumgebungen. Der der Erkenntnisförderung gegenüberstehende Aufwand zur Gestaltung und Anwendung von Szenarien läßt sich durch geeignete Methoden zur Mensch–Maschine–Interaktion und Automatisierung reduzieren.

2.4. Grundbegriffe zur Entscheidung

Vor der strukturierenden Zusammenstellung managementunterstützender Systeme werden die folgenden Abschnitte auf Begriff und Wesen von Entscheidungen eingehen sowie in diesem Zusammenhang auf Phasenkonzepte und Komplexität bei der Entscheidung verweisen. Auf eine Trennung von Entscheidungen und betrieblichen Entscheidungen wird verzichtet, da die betriebliche Entscheidung generell als Entscheidung gesehen werden kann, die lediglich hinsichtlich des Entscheidungsträgers und des Entscheidungsinhalts im betrieblichen Kontext steht (vgl. Kahle, 1998, S. 9), nicht jedoch durch weitere spezielle, entscheidungsbestimmende Wesensmerkmale ausgezeichnet ist.

2.4.1. Entscheidung und Entscheidungsunterstützung

Eine Entscheidung kann grundsätzlich als Wahlakt zwischen alternativen Handlungsmöglichkeiten verstanden werden. Sie bietet eine Vielzahl von Ansätzen zur Klassifikation. Kahle (1973, S. 19) topologisiert beispielsweise 14 verschiedene Merkmale von Entscheidungen, bei denen unter anderem personelle Aspekte, Determinierbarkeit und Dynamik als Kategorien einfließen. Einen weiteren Kategorisierungsansatz geben Szyperski und Winand (1974, S. 2), indem sie Entscheidungen über Aktionen, Entscheidungsregeln und Entscheidungsstrukturen differenzieren. Dieses Konzept differenziert zwischen einzelnen Handlungen als Entscheidungsergebnis und Handlungsstrategien sowie der Art der Umsetzung.

In der umfassenden Betrachtung von Entscheidungen und deren Unterstützung wird die detaillierte Differenzierung einzelner Arten von Entscheidungen vernachlässigt und das Augenmerk auf Eigenschaften von Entscheidungen gelenkt, die grundsätzlich Art und Umfang der Entscheidungsunterstützung beeinflussen.

Die Entscheidungsunterstützung zielt auf die Operationalisierung von Entscheidungssituationen ab, beispielsweise die computergestützte Implementierung und automatisierte Nutzung von Entscheidungsmodellen. Als subsummierendes Wesensmerkmal von Entscheidung in Bezug auf die operationalisierte Entscheidungsunterstützung wird die Bestimmbarkeit eingeführt. Ossadnik (1999, S.141–144) nennt in bezug auf diesen Punkt die Komplexität, Unsicherheit und Unschärfe als Probleme, mit denen Entscheidungsträger konfrontiert werden. Daran angelehnt werden nachfolgend vier entscheidungsimmanente und ein umsetzungsbedingter Bestimmbarkeitsfaktor aufgestellt. Ergänzend zu Ossadnik werden strukturelle Einflüsse von Informationen getrennt und zusätzlich auf die Entscheidungsumsetzung verwiesen, dem einzigen Aspekt, der nicht im Wesen der Entscheidung begründet liegt, sondern eine externe Einschränkung in der Unterstützbarkeit darstellen kann.

Zielkomplexität: Die Zielkomplexität beschreibt den Umfang des Wirkungsgeflechts, das die Bestandteile und Wirkungsbeziehungen einer Entscheidung hervorbringt. Mit Blick auf die Ziele einer Entscheidung bringen einerseits der Umfang des Zielsystems sowie andererseits die Interdependenzen der Ziele (insbesondere richtungsverschiedene hinsichtlich des Bewertungsrahmens, vgl. beispielsweise vertiefend Gäfgen, 1974, S. 122) und der damit verbundenen Komplexität der Auswirkungen verschiedener Alternativen auf das Zielsystem Zielkomplexität hervor. Zielkomplexität kann dazu führen, daß der Entscheidungsträger nur über unvollständiges Zusammenhangswissen verfügt.

Informationskomplexität: Informationskomplexität bezeichnet zum einen den Umfang der in der Entscheidung benötigten Informationen und zum anderen den der potentiellen Alternativen für die Entscheidung. Informationskomplexität kann dazu führen, daß der Entscheidungsträger nur unvollständig über speziell ausgeprägte Informationen verfügt.

Determinierbarkeit: Die Determinierbarkeit drückt aus, inwieweit der Entscheidungsträger über das Auftreten von Information und das Wirkungsgefüge sichere Aussagen fällen kann. Es lassen sich hinsichtlich der Operationalisierbarkeit drei Grade unterscheiden:

Sicherheit: Bei Sicherheit herrscht vollkommene und eindeutige Klarheit über Ausprägungen und Zusammenhänge.

Risiko: Bei Risiko liegt keine Eindeutigkeit über Ausprägungen und Zusammenhänge vor, jedoch ist die Menge aller Möglichkeiten sowie deren Eintrittswahrscheinlichkeit bekannt. Risikobehaftete Entscheidungen lassen sich beispielsweise mit statistischen Methoden wie beispielsweise dem Erwartungswertkalkül operationalisieren.

Ungewißheit: Bei Ungewißheit liegt keine Eindeutigkeit über Ausprägungen und Zusammenhänge, eventuell sogar keine Informationen über die Menge der Möglichkeiten oder deren Auftrittwahrscheinlichkeit vor. Entscheidungen unter Ungewißheit lassen sich daher wenig operationalisieren. Zur weitreichenderen Operationalisierung müssen ungewisse Entscheidungen unter Verlust an Realitätsnähe in Entscheidungen mit höherem Determiniertheitsgrad überführt werden.

Schärfe: Die Schärfe gibt den Grad der Operationalisierbarkeit bei der Formulierung von Entscheidungsproblemen und -zielen an. Eine scharfe Formulierung wäre beispielweise die Aussage, den Absatz von Tischen um 20 Prozent in einem Monat zu erhöhen. Unschärfe tritt dann auf, wenn Impräzision oder Vagheit ins Spiel kommen (vgl. zu den Begriffen Borgelt *et al.*, 2000, S. 293).

Impräzision: Impräzision bezeichnet die Uneindeutigkeit einer Formulierung. Bezugnehmend auf die Beispielaussage wäre es impräzise, den

Absatz von Tischen, Schränken oder Stühlen um 20 Prozent in einem Monat erhöhen zu wollen.

Vagheit: Vagheit bezeichnet den Mangel an Quantifiziertbarkeit einer Formulierung. Eine vage Aussage wäre es in bezug auf die Beispielaussage, den Absatz von Tischen in größerem Umfang in absehbarer Zeit erhöhen zu wollen.

Formalisierbarkeit: Der Aspekt der Modellierbarkeit fügt sich zwar nicht in den Kanon der anderen Aspekte, soll aber aus pragmatischen Gründen an dieser Stelle platziert sein. Um eine Entscheidung zu operationalisieren, muß eine Abbildungsmöglichkeit vorhanden sein, die den semantischen Gehalt der Entscheidung formal zu erfassen vermag. Bei der Verwendung von Modellparadigmen oder Implementierungen müssen stets die durch das Paradigma oder die Implementierung hervorgerufenen Einschränkungen berücksichtigt und auf Beeinträchtigungsfreiheit gegenüber der Entscheidung geprüft werden.

Übertragen auf die Modellierung als Instrument der Entscheidungsunterstützung resultieren aus den verschiedenen Wesensmerkmalen von Entscheidungen Aussagen über Art und Umfang der Gestaltsmöglichkeiten im Modell sowie über Art und Umfang der Bestimmbarkeit insbesondere hinsichtlich der Modellergebnisse und damit verbunden der modellsemantischen Aussagefähigkeit.

In der reversen Betrachtung resultieren aus der Verwendung bestimmter Paradigmen zur entscheidungsunterstützenden Modellbildung Einschränkungen hinsichtlich der Art der durch das Modell zweckmäßig unterstützbaren Entscheidungen aufgrund der semantischen Mächtigkeit des Paradigmas. Letzterer Punkt bildet für die universelle und vielseitige Entscheidungsunterstützung einen potentiellen Engpaß, den es von den Gegebenheiten einer Entscheidung zu unterscheiden und hinsichtlich der als wichtig erachteten Aspekte einer Entscheidung zu vermeiden gilt.

2.4.2. Entscheidungsprozeß

Neben verschiedenen Wesensmerkmalen läßt sich ein Entscheidungsprozeß in unterschiedliche Phasen aufteilen, wobei auch hier etliche Ansätze zu finden sind.

Zeitlich strukturierte Ansätze, wie der fünfphasige Prozeß aus Problemerkennung, Zielformulierung, Kreativität, Bewertung und Entschluß mit Realisation und Kontrolle (vgl. Korte, 1977, S. 53) besitzen den Nachteil, daß sie die Rückkopplung der einzelnen Phasen wenig betonen. Witte (1968, S. 632f und 646f) beobachtet, daß die zeitliche Strukturierung empirisch nicht haltbar ist und vielmehr unterschiedliche Phasen im Verbund zu verschiedenen Zeiten innerhalb des Entscheidungsprozesses auftreten. Anstelle der zeitlichen Einteilung schlagen Szyperski und Winand (1974, S. 8) die sachlogische Betrachtung der Aufteilung mit rückkoppelnder Abfolge vor. Irle (vgl. 1971, S. 53) erweitert den fünfphasigen Prozeß, indem nach dem Entschluß die Anregung der Ausführung, die Ausführung selbst und die Kontrolle explizit als Phasen ergänzt werden. Diese Erweiterung drückt die Diskrepanz zwischen Entscheidungsfindung und -umsetzung aus, aber auch die Notwendigkeit, eine erwünschte Entscheidung erfolgreich umsetzen zu müssen.

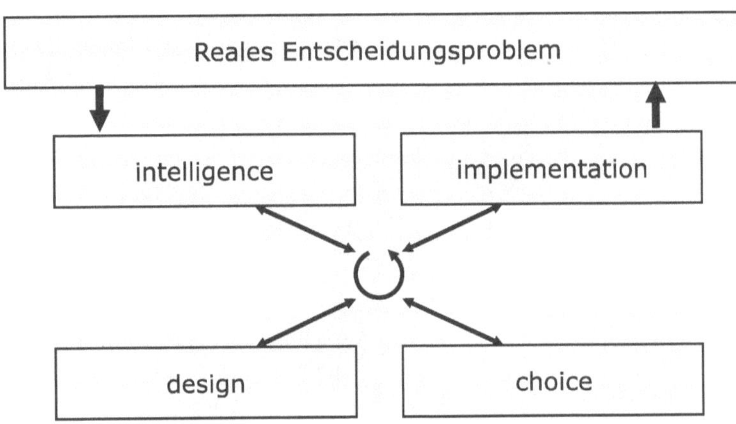

Abbildung 2.8.: Rückgekoppeltes Vier-Phasen-Schema eines Entscheidungsprozesses

In Verbindung mit managementunterstützenden Systemen wird häufig auf den auf drei Phasen zusammengefaßten Prozeß von Simon (1960, S. 1ff) verwiesen. In Ergänzung an die drei Phasen *intelligence*, *design* und *choice*, die die Entscheidungsfindung fokussieren, wird die Phase der Implementierung (*implementation*, vgl. beispielsweise Turban und Aronson, 2001, S. 42) explizit angehängt, die auf die Umsetzung der Entscheidung abzielt (vgl. auch die „reale Phase“ im dreiphasigen Prozeß bei Szyperski, 1971, S. 42f).

Das Vier–Phasen–Schema wird in Abbildung 2.8 auf der vorherigen Seite dargestellt und nachfolgend kurz erläutert. Das Schema ist nicht rein linear zu verstehen, für jede Phase sind Rückkopplungen auf die jeweils vorgelagerten Phasen grundsätzlich denkbar.

intelligence phase: In dieser Phase findet die Identifizierung und Definition des Problems statt. Bestandteile und Wirkungsbeziehungen der Aufgabenstellung sowie benötigte Informationen werden aus der Realität herausgelöst.

design phase: In dieser Phase findet die Modellbildung und gegebenenfalls die Modellformalisierung, sowie die Alternativensuche und –generierung statt.

choice phase: In dieser Phase vollzieht sich die Lösung des Entscheidungsproblems mit Hilfe des Modells. Es erfolgt die Ermittlung der als erwünscht bewerteten Alternative.

implementation phase: Diese Phase beendet den Entscheidungsprozeß aus pragmatischer Sicht. Erst die erfolgreiche Umsetzung der Entscheidung führt zu einem erfolgreichen Abschluß des Entscheidungsprozesses. In dieser Phase liegt die gewollte Lösung für ein Entscheidungsproblem bereits vor, jedoch muß sich diese Lösung durch ihre Umsetzbarkeit *in praxi* erst bewähren. Andernfalls sollte eine Rückkopplung auf frühere Phasen zur Ermittlung einer praktikableren Lösung ausgelöst werden.

2.5. Grundbegriffe zu management– und entscheidungsunterstützenden Systemen

Das Ziel der begrifflichen und konzeptionellen Auseinandersetzung mit dem Bereich der informationstechnischen, betrieblichen Führungs– und Entscheidungsunterstützung ist es, einen Überblick über unterschiedliche Arten von Aufgabenfeldern und Informationssystemen zu bieten. Auf eine detaillierte Diskussion variierender Nuancen in der Bestimmung und Abgrenzung einzelner Begriffe wird aus Gründen der Unzweckmäßigkeit im Rahmen dieser Arbeit verzichtet (vgl. beispielsweise Turban und Aronson, 2001, Gabriel *et al.*, 2002, Gluchowski *et al.*, 1997, Kleinhans *et al.*, 1992, Stahlknecht und Hasenkamp, 2002, Hansen und Neumann, 2001, *et al.*).

2.5.1. Managementunterstützende Systeme

Die Entscheidungsübernahme und Entscheidungsunterstützung zählt zu den wichtigen Aufgaben moderner Informationstechnologie im betrieblichen Kontext. Je nach Art der Aufgabe und des Umfangs des IT–Einsatzes finden sich unterschiedliche theoretisch und empirisch fundierte Konzepte zur Kategorisierung von IT–Systemen sowie Gestaltungsempfehlungen zu erfolgreicher Entwicklung und Anwendung derselben.

Ziel dieses Abschnitts ist es zum einen, eine grundlegende Orientierung über erfolgreiche IT–gestützte betriebliche Entscheidungsunterstützung zu bieten und zum anderen eine Modellierungs– und Simulationsumgebung im Kanon der entscheidungsunterstützenden Systeme zu positionieren. Aufgrund ansatz– und autorbedingter Diskrepanzen hinsichtlich der begrifflichen Tragweite, empfiehlt es sich den *terminus* „entscheidungsunterstützende Systeme“ allgemein als Systeme zu verstehen, bei denen menschliche Akteure und Informationstechnik in einem Entscheidungsprozeß zusammenwirken (Turban und Aronson, 2001, S. 14 sprechen von einem „*umbrella term*“).

Im Zusammenhang mit betrieblicher Informationstechnik findet sich für entscheidungsunterstützende Systeme der Oberbegriff „Managementunterstützende Systeme“, wobei auch hier definitorische Varianten auftreten (vgl. beispielsweise Turban und Aronson, 2001, S. 10 und Gabriel *et al.*, 2002, S. 184).

Im weiteren Verlauf der Arbeit wird, Turban und Aronson folgend, der Begriff der managementunterstützenden Systeme als Oberbegriff für jegliche Art von entscheidungsunterstützenden Systeme verwendet. Bestimmte entscheidungsunterstützende Systeme werden mit Hilfe gängiger, englischsprachiger Bezeichnungen präzisiert angesprochen, um Unschärfen hinsichtlich der allgemeinen Verwendung dieses Begriffs und der speziellen, als Fachausdruck etablierten Verwendung zu vermeiden.

Mit entscheidungsunterstützenden Systemen wird im Sinne eines Sammelbegriffs der Teil der managementunterstützenden Systeme bezeichnet werden, der für den Einsatz in Bereichen, in denen keine vollständig strukturierbaren Probleme vorliegen, bestimmt ist.

2.5.2. Arten von management– und entscheidungsunterstützenden Systemen

Ausgehend von der grundlegenden Arbeit von Gorry und Scott Morton (1971) werden die unterstützende Rolle der Informationstechnologie hinsichtlich der Entscheidungssituation differenzierter betrachtet und hieraus verschiedene Arten von managementunterstützenden Systemen, sowie Aspekte für deren erfolgreichen Einsatz abgegrenzt.

Gorry und Scott Morton (1971) unterscheiden betriebliche Entscheidungen anhand der Problemstrukturiertheit in den einzelnen Phasen des Entscheidungsprozesses (aufbauend auf Simon, 1960, S. 1ff, vgl. auch Klein, 1971, S. 32, 34) und anhand der Art der Managementaufgabe (aufbauend auf Anthony, 1965). In diesem Zusammenhang unterteilen sie IT–Systeme in Managementinformationssysteme (MIS, *management information systems*) und Entscheidungsunterstützungssysteme (DSS, *decision support systems*). Erstere eignen sich zur Unterstützung durchweg gut strukturierter Aufgaben mit eher operationalem Charakter, während letztere die Lösung zumindest in einem Teil der Entscheidungsphasen wenig strukturierbarer Aufgaben mit eher strategischer Ausrichtung verbessern. Aufgrund dieser Unterscheidung definieren Gorry und Scott Morton ihren Begriff der Entscheidungsunterstützungssysteme als interaktives Computersystem zur Lösung wenig strukturierter Probleme durch die informationstechnische Operationalisierung von Daten und Modellen. In einem ähnlichen Ansatz fokussieren auch Keen und Scott Morton (1978) den Aspekt der wenig strukturierten Probleme und betonen dabei die Steigerung der Entscheidungsqualität durch die Verknüpfung von menschlich–intellektuellen Ressourcen mit Computersystemen (vgl. auch Mußhoff, 1989, Sp. 255).

Das zweidimensionale Konzept von Gorry und Scott Morton stellt einen Ausgangspunkt für weiterführende Differenzierungsansätze dar. Beispielsweise betrachtet Murphy (1993) die Strukturierbarkeit genauer und bringt mit der Neuheit und der Spezifität der Aufgabe zwei weitere Dimensionen ins Spiel. Aufgrund der technologischen Entwicklung und neuer Anwendungsbereiche finden sich einige, weiterführende Ansätze (vgl. z.B. Shim *et al.*, 2002, S. 112–113).

Insgesamt bieten sich etliche Betrachtungsperspektiven zur Differenzierung im Bereich der informationstechnischen Entscheidungsunterstützung (vgl. Tabelle 2.1 auf der nächsten Seite).

Tabelle 2.1.: Wichtige Differenzierungsansätze bei DSS

Fokus	Autoren
Problemstrukturierbarkeit	Gorry und Scott Morton (1971)
Prozeduralität der Probleme	Bonczek *et al.* (1980)
Nutzerinteraktion	Mertens und Griese (1972)
Vertikale Position, Verdichtungsgrad	Kirsch und Klein (1977)
Personelle, organisatorische Tragweite	Hackathorn und Keen (1981) basierend auf Thompson (1967)
Entscheidungsgüte	Alter (1980)
Einmaligkeit der Entscheidung	Donovan und Madnick (1977)
	Moore und Chang (1980)
Art des Systems	Holsapple und Whinston (1996)
	Bonczek *et al.* (1980)
	Alter (1980)
Systemkomponenten	Sprague und Carlson (1982)
Art und Grad der Lernfähigkeit	Mirchandani und Ramakrishnan (1999)

Pearson und Shim (1995) teilen die Systeme anhand empirischer Befunde in fünf Typen. Ihre Untersuchung basiert auf dem systemtheoretischen Systematisierungsansatz für entscheidungsunterstützende Systeme von Ariav und Ginzberg (1985), die das Ziel verfolgen, einen grundlegenden und allgemeinen Ansatz zur Systematisierung zu bieten und damit bestehende, teils sehr spezifische Ansätze zu subsummieren (vgl. Ariav und Ginzberg, 1985, S. 1045). Pearson und Shim finden neben der Strukturierbarkeit der Aufgabe und der Art der Managementaufgabe weitere nutzer- und IT-systembezogene signifikante Faktoren zur Typisierung.

Die klassischen Ansätze zur Betrachtung von Entscheidungen und der Gestaltung unterstützender Systeme werden von moderneren Ansätzen als zu einseitig und eng kritisiert. Mitroff und Linstone (1993, S. 101–102) sehen in der klassischen, analytisch-mechanistischen Perspektive eine Unzulänglichkeit für die erfolgreiche Umsetzung einer Entscheidung. Ihrer Meinung nach benötigt es auch einer organisationalen und einer individuellen Perspektive, um die analytische Problemlösung erfolgreich zu implementieren. Für entscheidungsunterstützende Systeme ergeben sich aus diesem mehrperspektivischen Ansatz neue Aufgaben im Bereich der Unterstützung nicht-analytischer Prozesse (beispielsweise *group support systems*).

Im Zusammenhang mit einer erweiterten Betrachtungsperspektive entwickelt sich der Bedarf nach der Berücksichtigung eines komplexen Entscheidungsumfelds und der Verarbeitung „weicher" Informationen (vgl. z.B. Shim *et al.*, 2002, S. 113–114). Richard und Watts (2000, S. 10, 16) sehen erst ganzheitliche Entscheidungen, in die reine Ökonomie genauso wie Gesellschaft und Umwelt einfließen, als nachhaltig erfolgsversprechend an. Derart komplexe Aufgabenstellungen, insbesondere bei der strategischen Planung, verlassen den Horizont der technisch-rationalen Perspektive und damit auch das, was im Sinne von Gorry und Scott Morton als unstrukturiert bezeichnet wird, und führen zu einer Klasse von Problemen, die mit Hilfe analytischer Technik nicht lösbar sind (Rittel und Webber (1973) sprechen von „verzwickten" (*wicked*) Problemen).

Um einer ganzheitlichen, mehrperspektivischen Herangehensweise Rechnung zu tragen, schlägt Courtney (2001, S. 30–31) ein Konzept zur Gestaltung von Entscheidungsprozessen vor. Courtney differenziert, basierend auf den Arbeiten von Churchman (1971, 1982), fünf Typen von Organisationsformen. Er verknüpft diese Organisationsformen mit dem mehrperspektivischen Ansatz von Mitroff und Linstone, diskutiert die Art und die Komplexität der Lösungsfähigkeit von Entscheidungsaufgaben und ordnet ihnen Konzepte für unterstützende IT-Systeme zu. Den IT-Systemen kommen dabei unterschiedliche Aufgaben zu. Während im analytisch-rationalen Bereich sowohl die Entscheidungsvorbereitung als auch die Entscheidung selbst unmittelbar durch das IT-System erfolgen kann, leistet das IT-System im Aufgabenbereich mit sozialen Perspektiven und „weichen" Informationen einen mittelbaren Beitrag im Entscheidungsprozeß. Der Fokus rückt dabei auf die Unterstützung der menschlichen Akteure bei der Organisation, Kommunikation, Dokumentation und Präsentation.

Managementunterstützende Systeme lassen sich oft, wie auch im Falle dieser Arbeit, nicht ausschließlich in eine der abgrenzbaren Kategorien positionieren, sondern bilden hybride Systeme (auch *computer-based information system* (CBIS), vgl. Turban und Aronson, 2001, S. 20). Die hybride Struktur kann einerseits aus dem verknüpften Einsatz einzelner Systeme und andererseits aus einzelne Systeme integrierenden Gesamtsystemen resultieren.

2.5.3. Zusammenfassende Übersicht und Begriffe

Das Schaubild 2.9 faßt einige Aspekte zur Differenzierung von managementunterstützenden Systemen zusammen. Die im Schaubild verwendeten Abkürzungen werden nachfolgend kurz erläutert.

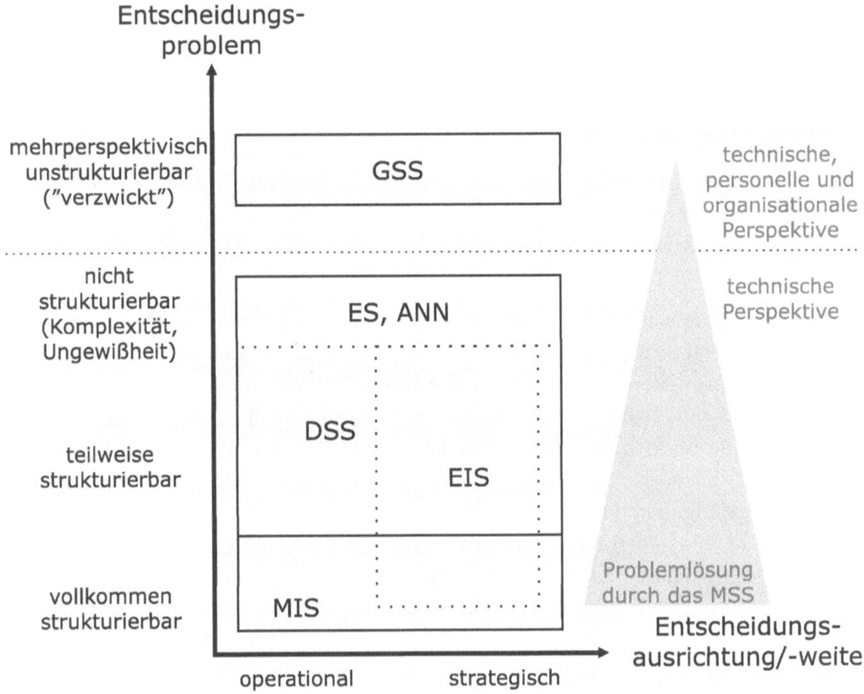

Abbildung 2.9.: Zusammenfassende Übersicht zur informationstechnischen Unterstützung unternehmerischer Entscheidungen

G(D)SS (group (decision) support systems): GSS unterstützen Gruppen in ihrem Entscheidungsprozeß. Der Schwerpunkt liegt dabei nicht in der analytischen Entscheidungsfindung, sondern in der Unterstützung der beteiligten Akteure.

ES (expert systems), ANN (artificial neuronal nets): ES und ANN stellen Anwendungen aus dem Bereich der künstlichen Intelligenz dar und finden ihren Einsatzbereich bei wenig strukturierbaren Entscheidungen.

DSS (decision support systems): DSS decken den Bereich der nicht vollkommen strukturierten Aufgaben ab. Sie verwenden Daten und Modelle zur Entscheidungsunterstützung. Der Begriff DSS fungiert oft als Sammelbegriff, für speziellere Systeme dieser Ausrichtung.

EIS (executive information systems): EIS sind datenorientierte Informationssysteme zur Führungsunterstützung.

MIS (management information systems): MIS finden sich im Bereich gut strukturierter und damit automatisierbarer Aufgaben. Diese datenorientierten Informationssysteme dienen zur standardisierten Datenaufbereitung und -ausgabe.

2.5.4. Modellmanagement

Das Management von Modellen spielt im Kontext entscheidungsunterstützender System eine wichtige Rolle. Der folgende Abschnitt befaßt sich mit wesentlichen Aspekten des Managements von Modellen und verweist dabei einerseits auf bestehende Systeme und andererseits auf MOOS_Y und $\text{MOOS}_\text{Y}^\text{SIM}$.

Eine genaue Positionierung des Modellmanagements im Kontext dieser Arbeit und in Verbindung mit entscheidungsunterstützenden Systemen erfolgt im Kapitel 4 auf Seite 85.

2.5.4.1. Aufgabenbereiche des Modellmanagements

Der Begriff Modellmanagementsystem (*model management system*) besitzt in der Literatur ein gewisses Spektrum hinsichtlich seines Fokusses und der Rolle in Bezug auf entscheidungsunterstützene Systeme. In Anlehnung an Muhanna und Pick (1994, S. 1096) werden hier, auf wesentliche Eigenschaften abstellend, Modellmanagementsysteme als Softwaresysteme zum Entwickeln, Speichern, Ausführen, Analysieren und Manipulieren von Modellen vorgestellt.

Da Modellmanagementsysteme teilweise als eigenständige Systeme betrachtet werden, kann es zur Aufgabenüberlagerung in Bezug auf ein komponentenseparierendes Konzept eines entscheidungsunterstützenden Systems mit Modellschwerpunkt kommen. Im Kapitel 4 auf Seite 85 werden derartige Überlagerung im konzeptionellen Design vermieden und überlagernde Aspekte, die im Rahmen dieses Abschnitts aufgeführt werden, konzeptionell an passender Stelle positioniert.

Entwicklungskomponente: Die Entwicklungskomponente eines Modellmanagementsystems beinhaltet neben der Modellformulierung Möglichkeiten zur Unterstützung und Verwaltung von (gegebenenfalls verschiedenen) Modellparadigmen sowie Funktionalitäten zur Modellvalidierung und -verifizierung.

Speicherungskomponente: Die Speicherungskomponente eines Modellmanagementsystems befaßt sich mit der Repräsentation von Modellen. Diese Repräsentation richtet sich an die Nutzersicht (externe Repräsentation), die logische Speicherungsorganisation und die physikalische Ebene (interne Repräsentation). Je nach Implementierung können derartige Aspekte auch in Abstimmung mit einem Datenbankmanagementsystem umgesetzt werden. Verteilte Speicherung sowie physikalische und logische Unabhängigkeit des Modellmanagements fallen in den Bereich der Speicherungskomponente.

Ausführungskomponente: Die Ausführungskomponente eines Modellmanagementsystems sorgt für die computergestützte Verarbeitung von Modellen. Dabei muß gegebenenfalls die Hin- und Rückübertragung zwischen anwendernahen und computerlauffähigen Repräsentationen in Kooperation mit der Speicherungskomponente erfolgen.

Neben der systeminternen Modellausführung kann die Ausführungskomponente auch die Steuerung externer Ausführungssysteme beinhalten.

Analysekomponente: Die Analysekomponente eines Modellmanagementsystems bietet Funktionalitäten zur Auswertung und Analyse von Modellen an. In der einfachsten Form kann dies die direkte Aufbereitung der Ergebnisse der Modellausführung für den Anwender sein. Darüberhinaus sind komplexe Analyseverfahren zur (semi)automatischen Modelluntersuchung wie beispielsweise „künstlich intelligente“ Sensitivitätsanalysen vorstellbar.

Manipulationskomponente; Die Manipulationskomponente eines Modellmanagementsystems deckt den Aufgabenbereich zur Kombination, Wiederverwendung und Variation von Modellen in jeglicher Hinsicht ab. Dies kann beispielsweise über die Modellorganisation mit Hilfe von Klassen- und funktionalen Hierarchien zur (De)komposition erfolgen.

2.5.4.2. Ansätze und Typisierung von Modellmanagementsystemen

Die wesentlichen Modellmanagementsysteme werden nachfolgend anhand ihrer Ausrichtung und weiterer Eigenschaften positioniert.

Schober (1994, S. 148–151) sieht im Modellmanagement die Kombination aus Entscheidungsmodellen und Architekturmodellen. Diese Kombination ist das, was normalerweise unter Modellmanagement im entscheidungsunterstützenden Kontext verstanden wird und auch im weiteren verfolgt wird.

Modellmanagementsysteme, die nur auf Architekturmodelle (also ohne Entscheidungsaspekt) abzielen, werden an dieser Stelle ausgeklammert. Sie finden sich beispielsweise im Bereich der Softwareentwicklung und des *e–commerse* meist in Verbindung mit UML und XML wieder (vgl. unter anderem Bernstein *et al.*, 2000, Bernstein, 2003, Madhavan *et al.*, 2001, Lewis *et al.*, 2003, Breton und Bezivin, 2001).

Bei Modellierungsansätzen und den entsprechenden Systemen können unterschiedliche Reichweiten der Modellierung differenziert werden (vgl. Muhanna und Pick, 1994, S. 1096–1098) und dabei verschiedene Schwerpunkte festgemacht werden. Die Unterscheidung in aufgabenspezifische, begrenzt–universelle und universelle Modellierung bildet in Verbindung mit den Schwerpunkten Modell–Verwaltung, Aufgabe–Modell–Verknüpfung, Modell–Verknüpfung und Modell–Daten–Verknüpfung die Grundlage der folgenden Unterteilung von Modellmanagementsystemen.

Ein aufgabenspezifisches Modellmanagementsystem ist für eine bestimmte Klasse von Aufgaben zugeschnitten (beispielsweise IFPS (Plus), *interactive financial planning system*, Gray, 1987, auch Execucom, 1992). Aufgrund dieser Spezifität liegt der Schwerpunkt auf der Aufgabe–Modell–Verknüpfung: der Auswahl, der Formulierung und der Validierung von aufgabegeeigneten Modellen sowie der Hin- und Rückübertragung zwischen anwendernahen, formaleren und solverspezifischen (computerlauffähigen) Modellrepräsentationen.

Ein begrenzt–universelles Modellmanagementsystem stellt ein System dar, das neben der Aufgabe–Modell–Verknüpfung auch den Bereich der Verwaltung und der Modell–Daten–Verknüpfung fokussiert. Das Anwendungsspektrum wird beispielsweise durch die Integration verschiedener Modellierungsparadigmen gegenüber aufgabenspezifischen Systemen wesentlich erweitert. Eine Trennung zwischen generellem Modellkonzept und dazugehörigen, speziell ausgeprägten Daten unterstreicht den universellen Charakter und erleichtern die Wiederverwendbarkeit und spezielle Variation. Diese Modell–Daten–Unabhängigkeit bildet einen Ansatz für die einfache und flexible Wiederverwendbarkeit von Modellen.

Structured modeling von Geoffrion (1987) ist der typische Vertreter für ein begrenzt–universelles Modellmanagementsystem mit OR–Ausrichtung, bei dem Modelle hierarchisch und mit Hilfe azyklischer Graphen strukturiert abgebildet werden. Zur Formulierung von Modellen schlägt Geoffrion (1992a, 1992b) eine generelle Modellierungssprache namens SML (*structured modeling language*) vor, die unter anderem in dem Prototypen FW/SM (Geoffrion, 1991) implementiert ist (LSM, *logical structured modeling*, stellt hierfür ein alternatives, prototypisch implementiertes Sprachkonzept von Chari und Krishnan, 1993, dar.). Im Bereich der mathematischen Modellformulierung bilden beispielsweise AMPL (*a mathematical programming language*, Fourer *et al.*, 1990), GAMS (*general algebraic modeling system*, Brooke *et al.*, 1998) oder LINDO (*linear interactive discrete optimization*, Schrage, 1991) weitere Vertreter universellerer Sprachen.

Ein universelles Modellmanagementsystem ist weder an bestimmte Paradigmen, Solver, Daten oder Modelle gebunden; es integriert Unterschiedliches. Der Schwerpunkt liegt auf der Modell–Verknüpfung, Modell–Verwaltung und Modell–Daten–Verknüpfung. Die Wiederverwendung und Kombination von unterschiedlichen Modellen bei Modell–Daten–, Paradigma– und Solverunabhängigkeit erlauben einen umfassend flexiblen Einsatz.

Zur Modellintegration bei universellen Modellmanagementsystemen formulieren Dolk und Kottemann (1993) ein generelles, auf SML ausgerichtetes Modellierungssprachkonzept namens CSML (*communicating structured modeling language*, vgl. zu SML und Integration auch Tsai, 1998). Bhargava und Kimbrough (1993) schlagen im Zusammenhang von Modellformulierungssprachen und Integration ein Konzept zur Entwicklung einer universellen Metasprache vor, um darin bestimmte Sprachen wie SML oder AMPL als Spezialierung einzubetten (*embedding language* und *embedded languages*). Der Prototyp SYMMS (*system–theoretic model management system*, Muhanna, 1993, 1994) ist frei von einer speziellen Modellformulierungssprache und setzt den Integrationsgedanken als universelles Modellmanagementsystem um. Weitere Ansätze zur Integration finden sich beispielsweise bei Basu und Blanning (1994, 1998), Chari (2002) oder Jeusfeld und Bui (1997).

Neben der Betrachtung universeller Sprachkonzepte bei einem universellen Modellmanagementsystem spielt auch die einfache An– und Wiederverwendbarkeit durch den Nutzer eine Rolle. BLOOMS (*basic language object orientated for modeling systems*, Gagliardi und Spera, 1997) und GBMS/SM (*graph–based modeling system on structured modeling*, Chari und Tarun, 1998) stellen zwei Implementierung von *structured modeling* mit graphischer Benutzerinteraktion dar. Sie trennen den lauffähigen Code von der benutzerfreundlichen Darbietung und verbessern dadurch den Umgang mit dem Modellmanagementsystem erheblich.

Mit der Betrachtung verteilter Systeme wird ein organisatorischer Aspekt implementierter Modellmanagementsysteme fokussiert. Die auf der MIDA–Architektur (*model–orientated integration of data and algorithms*) aufsetzende Implementierung von AMBAS–SOOM (*structured object orientated modeling*, Holocher *et al.*, 1997) bildet ein verteiltes System im Bereich des *structured modeling*. Für SYMMS schlägt Mayer (1998) eine Erweiterung zur verteilten und parallelen Verarbeitung vor. Weiteres zu verteilten Systemen findet sich beispielsweise bei Chari (1999, 2003) oder Ba *et al.* (1997a, 1997b).

Analysesysteme im Bereich des Modellmanagements können in Verbindung mit anderen Systemen wie *structured modeling*–Derivaten eingesetzt werden und lassen sich Steiger (1998) folgend in induktive und deduktive Systeme einteilen. Induktive Systeme wie LISA (Saltelli und Homma, 1992), Global Sensitivity Analysis (Wagner, 1995) oder INSIGHT (Sharda und Steiger, 1996) verarbeiten eine Vielzahl ausgeprägter Modelle um daraus neue Erkenntnisse zu gewinnen (beispielsweise durch Regressionsverfahren). Deduktive Systeme wie ANALYSE (Greenberg, 1993), I–KBS (Reddy, 1985) oder IFPS fokussieren ein oder zwei ausgeprägte Modelle, um paradigmaspezifische Modelldetails herauszuarbeiten.

2.5.4.3. MOOS$_Y$ und MOOS$_Y^{SIM}$ im Kontext des Modellmanagements

MOOS$_Y^{SIM}$ bietet in der derzeit aktuellen Fassung ein rudimentäres Modellmanagementsystem (vgl. Kapitel 5 auf Seite 107), das konzeptionell umfassend allerdings nur teilvollständig implementiert ist.

MOOS$_Y^{SIM}$ fußt, wie auch SYMMS, auf der Systemtheorie und stellt ein universelles Modellmanagementsystem mit Objektbasierung dar. Es realisiert Modell–Daten– und Solverunabhängigkeit. Paradigmaunabhängigkeit ist insofern gegeben, als daß das MOOS$_Y$–Paradigma als Metaparadigma verstanden werden kann, in dessen Rahmen unterschiedliche Paradigmen eingebettet werden.

Nachfolgend werden die in Abschnitt 2.5.4.1 auf Seite 39 vorgestellten Komponenten hinsichtlich Ihrer Umsetzung in $\text{MOOS}_{\text{Y}}^{\text{SIM}}$ angesprochen.

Entwicklungskomponente: Die Entwicklungskomponente beschränkt sich auf die semantisch reichhaltige und dokumentierte Formulierung von MOOS_{Y}-Modellen. Die Bereiche Modellvalidierung und -verifizierung werden im Rahmen dieser Arbeit ausgeklammert; sie bilden eine umfassende, zukünftige Erweiterungsmöglichkeit.

Speicherungskomponente: Die Speicherungskomponente ist auf dem Datenbankmanagementsystem von $\text{MOOS}_{\text{Y}}^{\text{SIM}}$ aufgesetzt und erfüllt prinzipiell (dem Konzept nach) die Forderungen der Unabhängigkeit, auch wenn diese im Prototyp nur teilweise realisiert sind. Das Aufsetzen auf dem Datenbankmanagementsystem gründet insbesondere auf der implementierungsbedingten Gleichbehandlung jeglicher Art von Daten und Modellen (Funktionalitäten).

Ausführungskomponente: Die interne Ausführungskomponente ist vollständig umgesetzt. Die Modellfunktionalitäten sind in $\text{MOOS}_{\text{Y}}^{\text{SIM}}$ bereits nach ihrer Eingabe lauffähig, da sie direkt in dynamischen Programmcode konvertiert werden. Die Simulationssteuerung sorgt für einen definitionsgemäßen Ablauf.

Die Kooperation mit externen Ausführungssystemen bildet eine zukünftige Erweiterungsmöglichkeit für die Implementierung.

Analysekomponente Die Analysekomponente ist in $\text{MOOS}_{\text{Y}}^{\text{SIM}}$ teilweise umgesetzt. Auswertungsmodelle können in voller Mächtigkeit der zugrundeliegenden Programmiersprache vom versierten Nutzer angelegt werden. Im Bereich der automatischen Analyse sind lediglich zwei beispielhafte Schnittstellen (mit interoperablem Charakter) zur Visualisierung und Dokumentation umgesetzt.

Die Kooperation mit externen Analysesystemen bildet eine zukünftige Erweiterungsmöglichkeit für die Implementierung.

Manipulationskomponente Für die Manipulationskomponente ist in $\text{MOOS}_{\text{Y}}^{\text{SIM}}$ die Grundlage gelegt (insbesondere im Rahmen der Speicherungskomponente). Sie ist jedoch nicht funktionsfähig umgesetzt.

Teil II.

Entwicklung von MOOS_Y und Implementierung der Simulationsumgebung $\text{MOOS}_\text{Y}^\text{SIM}$

3. Das Modellierungsparadigma MOOS$_Y$

In diesem Kapitel wird ein Modellierungsparadigma eingeführt, das sich zur Repräsentation, zur Implementierung und zum vielseitigem Einsatz offener systemtheoretischer Modelle eignet. Es trägt die Bezeichnung MOOS$_Y$: Modellierung objektbasierter offener Systeme (*modelling object-based open systems*).

MOOS$_Y$ stellt den Versuch dar, Aspekte der Systemtheorie mit Aspekten der Objektorientierung zu vereinen und dadurch ein mächtiges, flexibles aber auch gut handzuhabendes Paradigma zur Modellierung zu bieten. Es erlaubt sowohl ein hohes Maß an Intuitivität als auch an Operationalisierbarkeit mit bruchfreiem Übergang, so daß es sich für die Mensch–Maschine–Interaktion gut eignet. Die wenigen und klar abgrenzbaren Basiskonstrukte erleichtern dem Modellierer den Umgang mit MOOS$_Y$.

Um die Anwendbarkeit von MOOS$_Y$ möglichst wenig einzuschränken, orientiert sich das Konzept an der Idee der gestalterischen, flexiblen Modellierung (vgl. 2.1.3 auf Seite 12) und erlaubt beispielsweise die Umsetzung dynamisch–adaptiver Modelle. MOOS$_Y$ wird den konzeptionellen Ausgangspunkt bei der Entwicklung einer Simulationsumgebung bilden, die im Kanon der entscheidungsunterstützenden Systeme zu positionieren ist. Diese Umsetzung von MOOS$_Y$ wird an einigen Stellen aufzeigen können, daß MOOS$_Y$ als konzeptioneller Rahmen diverse Eigenschaften erfüllt, die bei Managementunterstützenden Systemen dieser Ausprägung als notwendig oder wünschenswert erachtet werden.

Der nachfolgende Abschnitt stellt die Grundlagen und den theoretischen Kontext des MOOS$_Y$–Paradigmas vor. Im Anschluß wird das MOOS$_Y$–Paradigma mit seinen Bestandteilen (Bausteinen) eingeführt und im Kontext von Modellierung und Simulation näher betrachtet.

3.1. Operationalisierung systemtheoretischer Modelle mit dem $MOOS_Y$–Paradigma

Den Ausgangspunkt der Modellierung mit $MOOS_Y$ bildet ein offenes systemtheoretisches Modell. In diesem Modell werden die Bestandteile des Systems und die der Umwelt aus der Realität herausgelöst. Zudem sind in dem Modell die Wirkungsbeziehungen zwischen den Bestandteilen und der Zeit enthalten. Die Zeitkomponente des Modells drückt einerseits den Zeithorizont und andererseits eine temporale Ordnung der Wirkungsbeziehungen aus. Die Anwendung des Generalisierungskonzepts ermöglicht die differenzierte Betrachtung eines Modells aus allgemeiner und speziell ausgeprägter Sicht. Dadurch lassen sich qualitative Aspekte (Wie ist das Modell beschaffen?) und quantitative Aspekte (Wie ist das Modell ausgeprägt?) isoliert betrachten.

Die Modellierung mit $MOOS_Y$ operationalisiert den systemtheoretischen Ansatz unter Berücksichtigung von Generalisierungs–Spezialisierungs–Beziehungen durch Objektbasierung und Formalisierung von Wirkungsbeziehungen.

Die Objektbasiertheit bezieht sich dabei auf die Modellstrukturen und –daten, um allgemeine und speziell ausgeprägte Modelle objektorientiert zu strukturieren und nutzt das Spektrum des Objektorientierten Paradigmas nur in Teilen (vgl. Booch, 1994 oder Oestereich, 2001b, Kapitel 2). Im Zusammenhang mit $MOOS_Y$ wird deshalb von Objektbasiertheit und nicht von Objektorientierung gesprochen, um die uneingeschränkte Assoziation mit dem Objektorientierten Paradigma zu verhindern.

Da in der allgemeinen, systemtheoretischen Modellbeschreibung bereits die modellspezifischen Abstraktionen und Generalisierungen enthalten sind, handelt es sich bei der objektbasierten Darstellung lediglich um den Wechsel zu einer formalisierten Beschreibung und nicht um einen Vorgang der objektorientierten Analyse. Der Beschreibungswechsel ist modellsemantisch äquivalent und ermöglicht die direkte beidseitige Interpretation von Änderungen im Modell.

Der objektbasierte Ansatz erlaubt, ebenso wie der systemtheoretische Ansatz, die intuitive Modellentwicklung, die einfache, weitreichende Modellvariation sowie zudem die methodenstete Implementierung in eine computergestützte Umgebung (vgl. Oestereich, 2001b, S. 26–32). Die Übertragung der systemtheoretischen Modellierung in ein formaleres $MOOS_Y$–Modell wie auch die Implementierung von

$MOOS_Y$–Modellen in eine computergestützte Umgebung gestaltet sich daher einfach und ohne Bruch.

Wirkungsbeziehungen werden bei $MOOS_Y$ relationenalgebraisch formalisiert. Dadurch können Wirkungsbeziehungen einerseits operationalisiert werden, andererseits schränkt die Relationenalgebra das Spektrum der modellierbaren Beziehungen weniger ein, als dies mit mathematischen Funktionen der Fall wäre. Da Funktionen eine Teilmenge der Relationen sind, verliert sich der höhere Operationalisierungsgrad durch die Verwendung von Funktionen (Rechtseindeutigkeit) nicht.

Die objektbasierte Repräsentation sowie unterschiedliche Transformationen von $MOOS_Y$–Modellen lassen sich ebenfalls mengen– und relationenalgebraisch formalisieren. Die einheitliche formale Darstellung mit Hilfe der Mengen– und Relationenalgebra ermöglicht die umfassende Implementierung und Automatisierung des $MOOS_Y$–Konzepts (beispielsweise Modelldynamik, Modellvariation auf Modellebene oder Sensitivitätsanalysen auf Simulationsebene).

3.2. Aufbau des $MOOS_Y$–Paradigmas

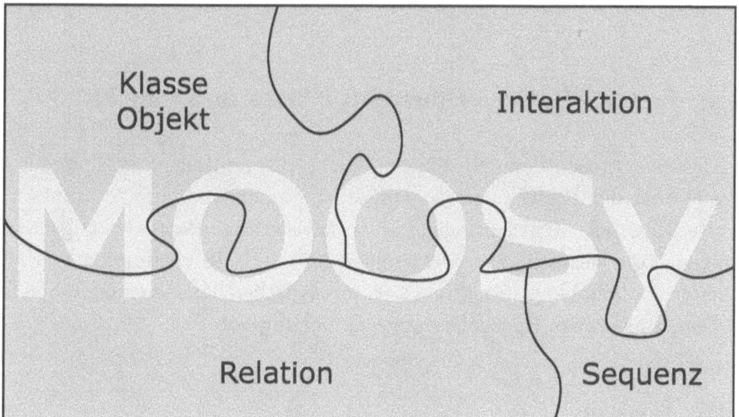

Abbildung 3.1.: Konzeptioneller Aufbau des $MOOS_Y$–Paradigmas ($MOOS_Y$–Puzzle)

Das $MOOS_Y$–Paradigma setzt offene systemtheoretische Modelle mit Hilfe von vier Konstrukten, den $MOOS_Y$–Bausteinen, um. Die Abbildung 3.1 auf der vorherigen Seite veranschaulicht die vier Bausteine sowie deren Verbindung miteinander.

$MOOS_Y$–Modelle bestehen aus Klassen, welche die statische Komponente eines Modells repräsentieren. Die Klassen werden im Hinblick auf die Dynamik des Modells in Interaktionen, dem Konstrukt für Wirkungsbeziehungen, organisiert. Die Ablauffolge der Interaktionen und der zeitliche Rahmen des Modells gehen in die Sequenz ein und schließen damit die Organisation der Dynamik ab. Die Relationen operationalisieren das Verhalten der Wirkungsbeziehungen im Modell und werden von der Struktur des Modells getrennt. Relationen können in Klassen und Interaktionen wirken, aber auch auf sich selbst (rekursiv) aufbauen.

Die Trennung zwischen generellem Modell und speziell ausgeprägtem Modell erfolgt in $MOOS_Y$ mit Hilfe des Objektkonzepts. Ein allgemeines Modell besteht aus Klassen, Interaktionen, Relationen und einer Sequenz. Ein speziell ausgeprägtes Modell (Zustandsmodell) drückt sich in einer Menge von Objekten aus den Klassen des dazugehörenden, generellen Modells aus.

Zur Darstellung von $MOOS_Y$–Modellen wird ein offenes systemtheoretisches Modell in eine Notation überführt, die sich Teilen der standardisierten UML-Notation (*unified modeling language* vgl. u.a. Oestereich, 2001a, oder Warmer und Kleppe, 1999) bedient.

3.2.1. Erster $MOOS_Y$–Baustein: Klasse und Objekt

Die Klassen repräsentieren einzelne, statische Bestandteile oder Sinneinheiten des Systems oder der Umwelt. Sie tragen einen Namen und eine Attributsmenge, in der gegebenenfalls Zusicherungen (Datentypisierung, Beschränkungen oder Ableitungen, vgl. beispielsweise Oestereich, 2001a, S. 38) beinhaltet sind. Klassen fungieren als Schablone für ihre Objekte. Zwischen Klassen und Objekten liegt eine Generalisierungs–Spezialisierungs–Beziehung vor.

3.2.1.1. Konzept

Die Gestaltung der Klassen gibt Auskunft über die Beschaffenheit der Bestandteile des Modells. Die Objekte geben ein spezielles Zustandsmodell im Rahmen des generellen Modells. Das Auftreten unspezifizierter Ausprägungen in Objekten wird in diesem Zusammenhang nicht ausgeschlossen.

Gegenüber der computerorientierten Datentypisierung wird Attributen ein Skalenniveau als „Datentyp“ zugewiesen, da das Skalenniveau aus problemorientierter Sicht einen wichtigen Anhalt über den semantischen Gehalt des Attributs gibt (vgl. Hammann und Erichson, 2000, S. 87–91 oder Hauser, 1981, S. 18; dem Konzept von Stevens, 1946, folgend). Eine technische Datentypisierung würde dieser Sicht nicht adäquat Rechnung tragen. Der folgenden Typisierung sind die im weiteren Verlauf benutzten Abkürzungen beigefügt.

Nominalskaliertes Attribut, nom: Nominalskalierte Attribute besitzen die Eigenschaft der Unterscheidbarkeit. Attributswerte können entweder gleich oder ungleich sein (beispielsweise rot, grün, gelb).

Ordinalskaliertes Attribut, ord: Ordinalskalierte Attribute besitzen die Eigenschaft der Unterscheidbarkeit und der Ordnung. Attributswerte können entweder vorgeordnet, gleichgeordnet oder nachgeordnet sein (beispielsweise wenig, mittel, viel).

Intervallskaliertes Attribut, int: Intervallskalierte Attribute besitzen die Eigenschaft der Unterscheidbarkeit und der Ordnung sowie ein Distanzmaß. Intervallskalen sind eindeutig bis auf positive lineare Transformation. Attributswerte können entweder größer, gleich oder kleiner sein (beispielsweise Zeit 1, Zeit 2, Zeit 3; Zeit 3 liegt zwei Zeiten nach Zeit 1).

Verhältnisskaliertes Attribut, ver: Verhältnisskalierte Attribute besitzen die Eigenschaft der Unterscheidbarkeit und der Ordnung sowie ein Distanzmaß. Verhältnisskalen sind eindeutig bis auf Ähnlichkeitstransformation. Attributswerte können entweder größer, gleich oder kleiner sein (beispielsweise 1, 2, 3; 3 ist das Dreifache von 1).

Unspezifiziertes Attribut, div: Unspezifizierte Attribute besitzen keine Skalenniveauspezifikation. Dies ist grundsätzlich denkbar, jedoch zu Gunsten einer präzisen Modellierung nicht empfehlenswert. Insbesondere Klassen sollten keine derartigen Spezifikationslücken aufweisen. Bei Relationen kann diese Unspezifiziertheit als Freiheitsgrad eingesetzt werden. Liegt ein unspezifiertes Attribut vor, ist bei der Verarbeitung grundsätzlich von dem niedrigsten, dem nominalen Skalenniveau auszugehen.

Die vorangegangene Typisierung betrachtet nur Skalenniveaus ohne Strukturausprägung. Attribute besitzen demnach aus struktureller Sicht nur atomare Werte. Beispielsweise wird der nominale Wert „(Apfel, Birne)“ als ein Wert verstanden. Diese Einschränkung kann diskutiert werden. Sie wird jedoch aufgrund der strukturellen Einfachheit aufrechterhalten, da mehrwertige Ausprägungen, wie beispielsweise der Apfel–Birne–Wert, auch über mehrere Objekte ausgedrückt werden können.

Strukturelle Aspekte werden bei der Schnittstellenkonzeption von Interaktionen und Relationen ein Rolle spielen (vgl. beispielsweise Abschnitt 3.2.2.1).

Neben der Datentypisierung des Attributs können Wertebereiche oder Relationen, aus denen sich ein Wert berechnet, angegeben werden.

Beschränktes Attribut: Beschränkte Attribute besitzen einen vorgegebenen Wertebereich.

Abgeleitetes Attribut: Abgeleitete Attribute leiten ihren Wert aus einer Relation ab, d. h. der Wert wird nicht von Außen zugewiesen. Die Ableitung kann beispielsweise eine Funktion aus den Werten anderer Attribute oder eine Relation für eine Störgröße sein. Als Besonderheit in $MOOS_Y$ sind abgeleitete Attribute in der Klassendefinition mit ihrer Ableitungsrelation zu versehen. Die genaue Spezifikation der Relation erfolgt im Rahmen des Modellbausteins Relation (siehe Abschnitt 3.2.3.1 auf Seite 62).

Das Konstrukt des Klassenattributs durchbricht aufgrund seiner klassenweiten Gültigkeit die Generalisierungs–Spezialisierungs–Beziehung zwischen Klassen und Objekten.

Klassenattribut: Klassenattribute liegen auf Klassenebene ausgeprägt vor. Jedes Objekt dieser Klassen besitzt dieses Attribut mit dem in der Klasse ausgeprägten Wert. Eine Änderung des Wertes auf Klassenebene führt bei nachfolgenden Objektzugriffen auf dieses Attribut zu dem veränderten Wert. Präzise betrachtet liegt bei der Änderung eines Klassenattributs eine Änderung hin zu einer neuen, strukturgleichen Klasse vor. Dieser Aspekt muß bei der Verarbeitung auch im Hinblick auf die Objekte der Klasse berücksichtigt werden.

$MOOS_Y$–Klassen besitzen Pflichtbestandteile hinsichtlich des theoretischen Rahmens offener systemtheoretischer Modelle.

Zeitattribut: Das Zeitattribut drückt den Zeitaspekt der Modellierung aus. Durch ihn können Objekte zeitlich lokalisiert werden. Es muß mindestens ordinal skaliert sein.

Das Zeitattribut bezieht sich bei der Simulation auf die dynamische Ablaufsteuerung. Ein ausgeprägter Wert in einem Zeitattribut entspricht dann einem Zeitstempel durch die Simulationsuhr.

Erzeugerattribut: Das Erzeugerattribut gibt Auskunft darüber, ob ein Objekt exogen gegeben ist oder ob es aus einer Wirkungsbeziehung hervorgegangen ist. Es besitzt in der Regel ein nominales Skalenniveau.

Auf das folgende Attribut für die Wahrscheinlichkeit kann als Pflichtattribut grundsätzlich verzichtet werden, wenn nur deterministische Modelle in Betracht kommen. Im Kontext der Arbeit wird jedoch nicht auf die Wahrscheinlichkeit als Pflichtbestandteil verzichtet, um die Möglichkeit zu deren Operationalisierung fest zu verankern. Dadurch läßt sich in einem Unterstützungsystem beispielsweise die automatische Verknüpfung von Wahrscheinlichkeiten beim Modellablauf implementieren.

Wahrscheinlichkeitsattribut (nicht zwingend): Das Wahrscheinlichkeitsattribut drückt aus, ob ein Objekt bestimmt ($p = 1$), wahrscheinlich ($0 < p < 1$), nicht ($p = 0$) oder unbestimmt (Nullwert, beispielsweise NULL oder `#f`) auftritt. Das Wahrscheinlichkeitsattribut ist im bestimmbaren Bereich verhälnisskaliert und auf das Intervall $[0; 1]$ beschränkt. Je nach Modell kann dem Wahrscheinlichkeitsattribut zusätzlich die Möglichkeit eines Nullwerts für Ungewißheit beigefügt werden.

3.2.1.2. Notation

Klassen werden als vertikal zweigeteilter Kasten dargestellt, wobei im oberen Teil der Klassenname und im unteren Teil die Attribute der Klassen notiert werden. Im Rahmen der objektbasierten Darstellung werden keine, modellsemantisch relevanten wie auch irrelevante, Objektmethoden formuliert, so daß die Notation auf eine weitere vertikale Unterteilung für Methoden verzichtet. Die Modelldynamik wird bei MOOS$_Y$ in Form von Interaktionen formuliert.

Grundsätzlich unterliegt die Notation keinen strengen, syntaktischen Beschränkungen. Es ist jedoch im Hinblick auf die Verwendung von computergestützten MOOS$_Y$–Implementierungen zweckmäßig, eine einheitliche, allgemein anerkannte und der Implementierung förderliche Notationsform wie die UML–Anlehnung zu nutzen.

Klasse
Attribut1
...

Die Notation von Zusicherungen bei MOOS_Y–Klassen lehnt sich in vereinfachter Form an der in UML integrierten OCL–Notation an (*object constraint language*, vgl. ausführlich Warmer und Kleppe, 1999). Die Datentypisierung erfolgt, wie bereits zuvor erläutert, nach Skalenniveaus. Da OCL für die Softwareentwicklung konzipiert ist und implementierungsspezifische Datentypen vorsieht (beispielsweise String oder Integer, vgl. u.a. Oestereich, 2001a, S. VIII, S. 45), eignet sich die dort vorgeschlagene Einteilung im Rahmen von MOOS_Y nicht.

Besitzt eine Klasse ein abgeleitetes Attribut, findet sich in der Zusicherung der Verweis auf eine Relation, die diese Ableitung beschreibt. Besitzt eine Klasse mehrere abgeleitete Attribute, so sind diese Attribute von oben nach unten in der abzuarbeitenden Reihenfolge zu notieren. Diese Einschränkung verhindert zirkuläre Bezüge und ermöglicht die sequentielle Verarbeitung. Simultane Input–Output–Abhängigkeiten sind im Rahmen der Relationen algorithmisch aufzulösen.

Abgeleitete Attribute sind durch einen vorangestellten Schrägstrich kenntlich gemacht.

Produktabsatz
zeitperiode: int
produkt: nom $\{P1, P2, P3\}$
menge: ver $\{\geq 0\}$
/preis: ver $\{\textit{p-a-relation}(menge, produkt)\}$
/preisb: ver $\{\textit{brutto-relation}(preis)\}$

Objekte tragen die Bezeichnung ihrer Klasse, jedoch steht ihnen ein Doppelpunkt voran und die Bezeichnung ist unterstrichen. Besitzt ein Objekt abgeleitete Attribute, so sind sie bei der Objekterzeugung (Instanziierung) und jeder Änderung des Objekts aufzulösen. Die Angabe einer Objektbezeichnung neben der Klassenbezeichung ist optional.

:Produktabsatz
zeitperiode = 1
produkt = P2
menge = 30
/preis = 80
/preisb = 92,80

oder

Zeit1P2:Produktabsatz
zeitperiode = 1
produkt = P2
menge = 30
/preis = 80
/preisb = 92,80

3.2.2. Zweiter MOOS$_Y$–Baustein: Interaktion

Interaktionen beschreiben die Modelldynamik, die aus den Wirkungsbeziehungen zwischen Klassen hervorgeht. In einem speziell ausgeprägten Modell bedeutet dies, daß ein Zustandsmodell zu einem neuen Zustandsmodell führt, in dem bestimmte Objekte zu einer bestimmten Modellzeit mittels einer Relation zur Ausprägung neuer Objekte führen. Außerdem besteht die Möglichkeit, daß Interaktionen Klassenattribute manipulieren, so daß nicht nur Zustandsübergänge auf spezieller Ebene erzeugt werden können, sondern auch das generelle Modell mutieren kann.

Interaktionen formalisieren die Wirkungsbeziehungen zwischen Klassen in einem dreistufigen Prozeß. Die Dreiteilung strukturiert die Wirkungsbeziehungen nach wirkenden Klassen, der Art der Wirkung und den eingewirkten Klassen (vgl. Abbildung 3.2).

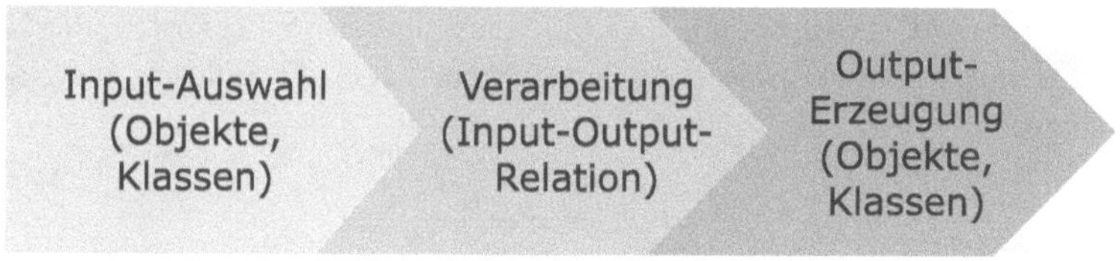

Abbildung 3.2.: Dreistufiger Aufbau einer MOOS$_Y$–Interaktion unter Beteiligung der anderen MOOS$_Y$–Bausteine

Die folgenden Abschnitte erläutern das Interaktionskonzept im Detail. Es sei aber an dieser Stelle darauf hingewiesen, daß für die Modellierung mit MOOS$_Y$ nur das grundsätzliche Verständnis dieses Konzepts benötigt wird und gerade formale Vertiefungen lediglich als Anhalt für mögliche computerbasierte Implementierungen dienen sollen.

Die im weiteren Verlauf dieser Arbeit entwickelte Implementierung $\text{MOOS}_\text{Y}^\text{SIM}$ wird der Forderung nach Einfachheit der MOOS_Y–Modellierung durch grafische Konzepte gerecht und hält einen großen Teil der formalen Repräsentation vom Modellierer fern.

3.2.2.1. Konzept der Input–Auswahl

In der Input–Auswahl wird spezifiziert, welche Objekte welcher Klassen in die Wirkungsbeziehung eingehen.

Bei genauerer Betrachtung teilt sich die Input–Auswahl konzeptionell in zwei Bereiche: die Struktur der wirkenden Faktoren und die Auswahl (Selektion) der ausgeprägten Objekte, die im Rahmen dieser Struktur einfließen.

Die Auswahl der Klassen und der jeweiligen Attribute oder Klassenattribute bildet die grundlegende Struktur der wirkenden Faktoren; sie kann formal als n–Tupel dargestellt werden (vgl. zur formalen Definition von n–Tupel zum Beispiel Reinhardt und Soeder, 1998, S. 31). Die Struktur kann im einfachsten Fall ein atomares n–Tupel aus der Vereinigung von atomaren n–Tupeln von Attributen oder Klassenattributen einzelner Klassen bestehen. Dabei kann eine Klasse durchaus in mehreren zu vereinigenden n–Tupeln wie auch mehrere Attribute einer Klasse in einem zu vereinigenden n–Tupeln enthalten sein.

Als Beispiel sei die Auswahl der Produktionsmenge, der Stückkosten, der Nachfragemenge und des Marktpreises aus den Beispielklassen Produktion und Nachfrage betrachtet:

$$
\begin{aligned}
input1 &= (Produktion.menge)\\
input2 &= (Produktion.stkosten)\\
input3 &= (Nachfrage.menge, Nachfrage.preis)\\
input &= input3 \cup input1 \cup input2\\
&\text{oder}\\
input &= (Nachfrage.menge, Nachfrage.preis,\\
&\quad Produktion.menge, Produktion.stkosten)
\end{aligned}
$$

Die Struktur kann aber auch nicht–atomare Bestandteile durch die Bildung von Unterstrukturen besitzen. Eine Unterstruktur dient dabei der Zusammenfassung mehrerer Attribute bzw. Klassenattribute einer Klasse zu einem einzelnen Bestandteil.

Als Beispiel sei die Auswahl der Produktionsmenge, der Stückkosten, der Nachfragemenge und des Marktpreises betrachtet, wobei die Attribute der Klassen zu Unterstrukturen zusammengefaßt werden, so daß die Auswahl aus zwei nicht–atomaren Bestandteilen besteht:

$$\begin{aligned} input1 &= ((Nachfrage.menge, Nachfrage.preis)) \\ input2 &= ((Produktion.menge, Produktion.stkosten)) \\ input &= input1 \cup input2 \\ &\text{oder} \\ input &= ((Nachfrage.menge, Nachfrage.preis), \\ &\quad (Produktion.menge, Produktion.stkosten)) \end{aligned}$$

Um die Bestandteile der Auswahl–Struktur zu typisieren, wird das Skalenniveau–Konzept mit der Atomarität kombiniert. Aufgrund begrifflicher Parallelen bei der Umsetzung des MOOS_Y–Konzepts in $\text{MOOS}_\text{Y}^\text{SIM}$ (vgl. Kapitel 5 auf Seite 107) werden für die Ausprägung der Atomarität die Begriffe Atom und Liste verwendet. Er ergeben sich folgende mögliche Ausprägungen für Strukturbestandteile:

Nominalskaliertes Atom, nom: Nominalskaliertes Attribut oder Klassenattribut

Ordinalskaliertes Atom, ord: Ordinalskaliertes Attribut oder Klassenattribut

Intervallskaliertes Atom, int: Intervallskaliertes Attribut oder Klassenattribut

Verhältnisskaliertes Atom, ver: Verhältnisskaliertes Attribut oder Klassenattribut

Atom, div: Attribut oder Klassenattribut ohne Skalenniveauspezifikation (Dies ist grundsätzlich denkbar, jedoch aus Gründen der präzisen Spezifikation nur gezielt zu verwenden.)

Nominalskalierte Liste, (nom,...): N–Tupel aus nominalskalierten Attributen oder Klassenattributen

Ordinalskalierte Liste, (ord,...): N–Tupel aus ordinalskalierten Attributen oder Klassenattributen

Intervallskalierte Liste, (int,...): N–Tupel aus intervallskalierten Attributen oder Klassenattributen

Verhältnisskalierte Liste, (ver,...): N–Tupel aus verhältnisskalierten Attributen oder Klassenattributen

Liste (nom,ver,...): N–Tupel aus Attribut oder Klassenattributen ohne Spezifikation des Skalenniveaus

Strukturliste (ord,(int,...),...): N–Tupel aus Attributen, Klassenattributen oder Listen (Für das Auftreten dieser Form gilt die notwendige Bedingung, daß nicht–atomare Attributsausprägungen zugrunde liegen.)

Die Auswahl der Objekte erfolgt klassenweise. Existieren mehrere Objekte zu einer Klasse, ergibt sich keine eindeutige Auswahl, sondern eine Menge von Auswahlen. Existieren zudem noch mehrere Klassen, müssen die Mengen von Auswahlen miteinander verknüpft werden. Um alle Kombinationsmöglichkeiten erfassen zu können, wird das Kartesische Produkt über die Auswahlmengen der Klassen gebildet. Eine Menge von ausgewählten Objekten oder das Kartesische Produkt über mehrere solcher Mengen stellt alle möglichen auszuwählenden Objekte oder Objektkombinationen zusammen, allerdings nicht unbedingt die modellgemäß erwünschten.

Um zu den modellgemäß erwünschten Kombinationen von Objekten in der Auswahl zu gelangen, müssen neben der Auswahlstruktur Auswahlkriterien festgelegt werden. Zum einen muß die Auswahl der Objekte einer Klasse beschränkbar sein und zum anderen die Kombinationen bei Kartesischen Produkten.

Als Beispiel sei die Auswahl der Produktionsmenge, der Produkttypen der Produktion und der Nachfragemenge nach den entsprechenden Produkttypen der Klassen Nachfrage (N) und Produktion (P) in der Zeit 1 betrachtet. Dabei erweist es sich als geschickt, die Auswahl nach Klassen sortiert aufzubauen, um übersichtlich klassenbezogene und auf das Kartesische Produkt bezogene Beschränkungen zu unterscheiden.

In der nachfolgenden Notation der Auswahl sind, ähnlich wie bei einer SQL–Datenbankabfrage, lediglich die Attribute der Klassen P und N angegeben, die tatsächlich ausgewählt werden sollen, auch wenn weitere Attribute an den Bedingungen der Auswahl beteiligt sind (hier *P.zeit*, *N.zeit* und *N.typ*).

$$\begin{aligned} input1 &= (P.menge, P.typ) && \wedge(P.zeit = 1) \\ input2 &= (N.menge) && \wedge(N.zeit = 1) \\ input &= input1 \cup input2 && \wedge(P.typ = N.typ) \\ &= (P.menge, P.typ, N.menge) && \end{aligned}$$

Diese Auswahl von Datenobjekten ist eine typische Datenbankfunktionalität. Objekte können aus Datensicht als Datensätze ihrer Klasse betrachtet werden, so daß sich eine Input–Auswahl mit datenbankorientierten Abfragekonzepten formulieren läßt. (Die $MOOS_Y$–Bausteine werden im Rahmen des Abschnitts 5.3 auf Seite 114 eingehend aus Datensicht behandelt.)

3.2.2.2. Konzept der Verarbeitung

Die Verarbeitung einer Input–Auswahl zu einem Output geschieht über eine Relation, auf die in der Interaktion lediglich verwiesen wird. Zu diesem Verweis auf eine Relation trägt die Verarbeitung noch die Information, ob die Input-Auswahl, sofern sie eine Menge bildet, elementweise oder als Ganzes in die Relation eingeht. Resultiert aus der Relation eine Menge von Ergebnissen, ist auch an dieser Stelle anzugeben, ob die Ergebnisse als Menge oder elementweise der Output–Erzeugung zufließen. Die elementweise Weitergabe kann zur Erzeugung von bis zu einem Objekt je Element führen.

Ist keine Transformation der Input–Auswahl durch eine Relation beabsichtigt, wird die Input–Auswahl mit ihrer entsprechenden Struktur direkt als Ergebnis an die Output–Erzeugung weitergegeben.

3.2.2.3. Konzept der Output–Erzeugung

Die Output–Erzeugung erzeugt, gegebenenfalls unter Berücksichtigung von Attributsbeschränkungen, entweder Objekte oder manipuliert Klassenattribute.

Gemäß der Verarbeitung ergibt sich eine Struktur für die Erzeugung. Die einzelnen Bestandteile der Struktur werden Attributen bzw. Klassenattributen der im Output vorgesehenen Klassen zugewiesen. Dabei gilt es, drei, möglicherweise unerwünschte, Effekte bei der Objekterzeugung zu beachten:

Unspezifiziertheit: Attribute einer Klasse, die keine Zuweisung im Output erhalten und nicht als abgeleitetes Attribut deklariert sind, bleiben unspezifiziert.

Überlagerung durch Ableitung: Zuweisungen an Attribute, die als abgeleitete Attribute deklariert sind, bleiben ohne Effekt, da die innere Ableitung die Zuweisung bei der Objekterzeugung überlagert.

Beeinflussung der Ableitung: Werden Klassenattribute durch die Erzeugung manipuliert, hat dies mit der Erzeugung sofortige Wirkung auf die Ableitungen von Attributen, die ab diesem Zeitpunkt auf dieses Klassenattribut zugreifen.

$MOOS_Y$ sieht die teilweise oder gänzliche Verhinderung der Objekterzeugung in einer Interaktion vor. Führt die Verarbeitung zu einem leeren Ergebnis, wird die Objekterzeugung insgesamt verhindert. Bei Verletzungen des Wertebereichs beschränkter Attribute kann entweder die jeweilige Erzeugung des potentiellen Objekts der betroffenen Klasse oder die jeweilige Erzeugung der potentiellen Objekte der betroffenen und nicht betroffenen Klassen unterbunden werden. Das Konzept der bedingten Erzeugung erlaubt dem Modellierer das Abbilden bedingter Wirkungsketten in $MOOS_Y$.

Die Möglichkeit der Konsistenzerhaltung wird bei $MOOS_Y$ nicht von vornherein erzwungen, um den gestalterischen Spielraum des Modellierers zu erweitern. Folgende zwei konsistenzgefährdende Fälle sind zu berücksichtigen:

Absolute Inkonsistenz: Bei Zuweisung von Werten außerhalb des Wertebereichs von beschränkten Attributen, kann es zur Inkonsistenz zwischen generellem und speziell ausgeprägtem Modell kommen, wenn die Beschränkungen beim Modellablauf nicht berücksichtigt werden.

Modellzeitbedingte Konsistenz: Bei der Mutation von Klassenattributen im Modellablauf ändert sich das generelle Modell und verliert dadurch seine Allgemeingültigkeit. Mit der Ereignung der ersten Veränderung eines Klassenattributs, das im Modellablauf zuvor Einfluß genommen hat, verliert das Modell seine Konsistenz. Objekte sind nur in dem Modellzeitintervall zu ihrer Klasse konsistent, in dem sich vor bzw. nach ihrer Objekterzeugung keine sie betreffende Klassenattributsmutation ereignet.

3.2.2.4. Notation

Interaktionen werden als vertikal viergeteilter Kasten dargestellt. Im oberen Teil werden die Bezeichnung und dann von oben nach unten folgend nacheinander Input, Verarbeitung und Output notiert.

Die Bezeichnung wird im folgenden mit einem großen Lambda–Zeichen (Λ) als Zeichen für Interaktionen versehen, um den dynamischen Charakter dieses Bausteins auszudrücken. Diese Auszeichnung ist rein syntaktischer Natur und frei gewählt, sie hat keine Auswirkung auf die Modellierung.

An dieser Stelle wird auf eine syntaktische Spezifikation verzichtet und lediglich darauf hingewiesen, daß eine formalere Darstellung als die natürlichsprachliche die Implementierung der Interaktion vereinfachen kann. Die genaue Formulierung der Interaktion sollte auf die zum Modellablauf verwendete Implementierung abgestimmt sein. Bietet eine Implementierung beispielsweise eine SQL–Schnittstelle, so eignet sich die Formulierung der Input–Auswahl als SELECT–Klausel. Existiert eine grafische Schnittstelle, so kann unter Umständen eine wenig formale Notation ausreichend sein.

Um semantisch gehaltvoll zu notieren, empfiehlt es sich, die Output–Struktur der verwendeten Relation nicht nur gemäß der Definition der Relation mit Struktur– und Skalenniveauangaben zu versehen, sondern auch mit sinngebenden Bezeichnungen im Kontext der Interaktion.

Als Beispiel sei ein einfacher Absatzvorgang betrachtet. Die Produktion hat in einer Periode verschiedene Produkte mit bestimmten Mengen hergestellt. Diese Produkte können in dem Maße abgesetzt werden, in dem in der Periode eine Nachfrage besteht.

Objekte der Klassen Produktion (P) und Nachfrage (N) gehen in die Auswahl ein, um, nach einem Abgleich, zur Erzeugung von Objekten der Klasse Absatz (A) zu führen. Der Output der Relation wird hier beispielhaft mit der Bezeichnung OUT angesprochen.

Λ–Absatzvorgang

Input–Auswahl

$$\left.\begin{array}{ll} ver & inp1 = (P.anzahl) \\ nom & inp2 = (P.typ) \end{array}\right\} \quad \text{mit } P.zeit = aktPeriode$$

$$\left.\begin{array}{ll} ver & inp3 = (N.menge) \\ int & inp4 = (N.zeit) \end{array}\right\} \quad \text{mit } N.zeit = aktPeriode$$

$$\begin{array}{ll} inp & = inp4 \cup inp3 \cup inp1 \cup inp2 \\ & = (N.zeit, N.menge, P.anzahl, P.typ) \end{array} \quad \text{mit } P.typ = N.typ$$

Input–Output–Relation

$$AbgleichRelation(inp)$$

$$Output \left\{ \begin{array}{lll} OUT.zeit, & OUT.menge, & OUT.typ \\ int & ver & nom \end{array} \right.$$

Output–Erzeugung

$$\begin{array}{rcl} A.anzahl & = & OUT.menge \\ A.typ & = & OUT.typ \\ A.zeit & = & OUT.zeit \end{array}$$

3.2.3. Dritter $MOOS_Y$–Baustein: Relation

Relationen stellen die Transformation von Inputs zu Outputs dar. Im Rahmen von $MOOS_Y$ gibt es drei Kontexte, in denen Relationen zum Einsatz kommen: Abgeleitete Attribute, Verarbeitungsphase von Interaktionen und Relationen selbst.

Die konzeptuelle Isolierung von Relationen aus Klassen und Interaktionen drückt die Trennung zwischen Struktur und Transformationen im Modellablauf aus. Die getrennte Handhabung ermöglicht dem Modellierer einerseits differenzierte Einsicht in den Modellablauf und andererseits den flexiblen, weil unabhängigen, Umgang mit der Modelldynamik.

3.2.3.1. Konzept

Den konzeptionellen Ausgangspunkt für den Modellbaustein Relation bildet die Relationenalgebra, um $MOOS_Y$ ein mächtiges Instrument zur Modellierung von Dynamik zu geben.

Mathematische Funktionen bilden einen Spezialfall der Relationenalgebra und bieten aufgrund ihrer Eigenschaften einen hohen Operationalisierungsgrad an (vgl. beispielsweise Marinell, 2001, S. 47). Da eine Funktion eine rechtseindeutige Abbildung ist, bietet sie im Gegenzug definitionsgemäß nicht die Möglichkeit, unterschiedliche Ergebniswerte aus einem Eingabewert hervorzubringen. Gerade diese Eigenschaft kann bei der getreuen Modellierung mit Ungewißheiten oder Störgrößen einen wichtigen Beitrag leisten (beispielsweise die schwankende Produktion einer Maschine bei gleichem Sollwert aufgrund zufälligen Produktionsausfalls). Um nicht durch das Paradigma bedingt zur Abstraktion derartiger realer Gegebenheiten gezwungen zu werden, erlaubt das MOOS$_Y$–Paradigma sowohl die Verwendung von Funktionen (als Spezialfall der Relationen) als auch von Relationen.

Aus diesem relationenbasierten Konzept ergeben sich zwei mögliche Ablaufverhalten von Modellen:

Vorhersehbare Modelle: Vorhersehbare Modelle führen bei der mehrfachen Ausführung von Modellabläufen unter einem beliebigen, gleichen Anfangszustand (speziell ausgeprägtem Zustandsmodell zu Beginn des Modellablaufs) zu einer einheitlichen Folge mit einheitlichen Zuständen bis hin zum Endzustand nach dem Modellablauf.

Nicht vorhersehbare Modelle: Nicht vorhersehbare Modelle können bei mehrfacher Ausführung von Modellabläufen unter gleichem Anfangszustand zu unterschiedlichen Folgen und unterschiedlichen Zuständen führen. Durch, *ceteris paribus*, mehrfache Ausführung können zum Beispiel die Auswirkungen von Störgrößen beobachtet und gemessen werden.

Die MOOS$_Y$–Relation besteht aus einer Spezifikation der Übergabe– und Ausgabeparameter sowie einem Verarbeitungsteil.

Im Spezifikationsteil werden die Übergabe– und Ausgabeparameter anhand des Skalenniveau–Struktur–Schemas definiert (vgl. 3.2.2.1 auf Seite 57). Diese Spezifikation bildet die Schnittstelle zu dem Kontext, in dem die Relation eingesetzt wird.

Der Verarbeitungsteil beschreibt den relationsgemäßen Übergang von den Übergabeparametern zu den Ausgabeparametern. Dieser Übergang kann in Bezug auf die Implementierung entweder implementierungsintern oder –extern ablaufen.

Implementierungsinterner Übergang: Bei einem implementierungsinternen Übergang wird die Algorithmik im Rahmen der Implementierung ausgeführt. Es werden keine externen Systeme verwendet.

Implementierungsexterner Übergang: Bei einem implementierungsexternen Übergang fungiert die Relation lediglich als aufrufende und das Ergebnis weiterleitende Schnittstelle zu externen Systemen, die den eigentlichen Übergang erzeugen (beispielsweise Solver–Programme).

3.2.3.2. Notation

Relationen werden, ähnlich wie Interaktionen, als vertikal viergeteilter Kasten dargestellt, wobei im oberen Teil die Bezeichnung und dann von oben nach unten Übergabeparameter, Verarbeitung und Ausgabeparameter notiert werden. Die Bezeichnung wird im folgenden mit einem kleinen Lambda–Zeichen (λ) als Zeichen für Relationen versehen, um den dynamischen Charakter dieses Bausteins auszudrücken. Diese Auszeichnung ist rein syntaktischer Natur und frei gewählt, sie hat keine Auswirkung auf die Modellierung.

Bei den Übergabe– und Ausgabeparametern sind Bezeichnungen sowie Struktur– und Skalenniveauangaben zu notieren.

Die Bezeichnung der Parameter sollte durchaus kontextfrei, also anwendungssemantisch neutral, erfolgen, da eine Relation in unterschiedlichen Kontexten zum Einsatz kommen kann.

Die Spezifikation der Skalenniveaus kann als Mindest–Spezifikation gesehen werden. Dies bedeutet, daß Übergabeparameter ein mindestens so hohes Skalenniveau besitzen müssen, wie es die Relation vorsieht. Parameter höherer Skalenniveaus werden im Kontext der Relation mit dem niedrigeren Skalenniveau behandelt. Ist das Skalenniveau irrelevant, so kann hier der unspezifizierte Typ div gezielt Verwendung finden. Unspezifizierte Typen sind im Zweifel nominal zu verarbeiten, um Fehler zu vermeiden.

Die Dreiteilung, insbesondere die Unterscheidung zwischen Verarbeitung aus Ausgabe, trennt Struktur und Wirkung der Relationen. Der Übergabe– und Ausgabeteil bestimmt jeweils von oben nach unten die Struktur und Reihenfolge der Parameter.

Im Verarbeitungsteil werden die Ausgabewerte abgeleitet. Die Abarbeitung erfolgt in einer von oben nach unten zu lesenden linearen Folge, sofern sie hinsichtlich der $MOOS_Y$–Implementierung operationalisiert notiert wird. Je nach Komplexität der Relation können dabei Hilfsvariablen eingesetzt werden. Die operationalisierte Notation der Verarbeitung ist nicht vom Modell sondern von der $MOOS_Y$–Implementierung bestimmt.

Im Verarbeitungsteil kann entweder eine symbolische Notation erfolgen, oder eine direkt in die Implementierung übertragbare. Letztere entzieht sich unter Umständen den Fähigkeiten des Modellierers, so daß die Formulierung einer Relation unter Umständen als Arbeitsanweisung mit präzise definierten Übergabe– und Ausgabeschnittstellen für einen Implementierer fungiert.

Als Beispiel sei eine sehr einfache Relation in zwei Varianten formuliert, die in den Kontext der Beispielinteraktion aus Abschnitt 3.2.2.4 auf Seite 61 passen könnte. Mit den Bezeichnungen IN bzw. OUT werden die Übergabe– bzw. Ausgabeparameter kenntlich gemacht.

Die erste Variante zeigt eine Verarbeitung mit geringerem Spezifikationsniveau und symbolischer Notation.

λ–AbgleichRelation		
div		$IN.zeitwert$
int		$IN.menge1$
int		$IN.menge2$
nom		$IN.kategorie$
$/minwert$	$=$	$MIN(IN.menge1, IN.menge2)$
$/OUT.zeitwert$	$=$	$IN.zeitwert$
$/OUT.kategorie$	$=$	$IN.kategorie$
$/OUT.minmenge$	$=$	$minwert$
div		$OUT.zeitwert$
int		$OUT.minmenge$
nom		$OUT.kategorie$

Die zweite Variante zeigt eine Verarbeitung mit höherem Spezifikationsniveau und symbolischer Notation.

λ–**AbgleichRelation**		
ord		*IN.zeitwert*
ver		*IN.menge*1
ver		*IN.menge*2
nom		*IN.kategorie*
/minwert	=	*MIN*(*IN.menge*1, *IN.menge*2)
/OUT.zeitwert	=	*IN.zeitwert*
/OUT.kategorie	=	*IN.kategorie*
/OUT.minmenge	=	*minwert*
ord		*OUT.zeitwert*
ver		*OUT.minmenge*
nom		*OUT.kategorie*

Die Notation dieser Beispielrelation erscheint im Verhältnis zur geringen Komplexität sehr ausladend. Um die Notation zu verkürzen, kann der Verarbeitungsteil und der Ausgabeteil zusammengezogen werden. Dabei muß allerdings auf die Verwendung von Hilfsvariablen verzichtet und eine möglichst auf die Implementierung hin operationalisierte Notation der Relation verwendet werden.

Nachfolgend wird eine verkürzte Variante mit verkürzter Input–Notation, höherem Spezifikationsniveau und implementierungsspezifischer Notation vorgestellt.

λ–**AbgleichRelation**			
	ord		*zeitwert*
	ver		*menge*1
	ver		*menge*2
	nom		*kategorie*
ord	*/OUT.zeitwert*	=	*zeitwert*
ver	*/OUT.minmenge*	=	`(min menge1 menge2)`
nom	*/OUT.kategorie*	=	*kategorie*

3.2.4. Vierter MOOS$_Y$–Baustein: Sequenz und Zeithorizont

Die Sequenz regelt den Ablauf des Modells. Zusammen mit dem Zeithorizont bildet sie das dynamische Gerüst eines MOOS$_Y$–Modells.

3.2.4.1. Konzept

Die Sequenz ist die Folge von Interaktionen, die im Rahmen einer zeitlichen Periode des Modells ablaufen.

Die Aufgabe des Modellierers ist es, die Interaktionen so zu ordnen, daß jede Interaktion benötigten Vorgänger–Interaktionen nachgeordnet ist. Interaktionen, die nicht zeitlich aufeinander aufbauen, können dabei in einer beliebigen Reihenfolge angeordnet werden. Beeinflussen sich Klassen nacheinander gegenseitig, so ist für jede der Beeinflussungen eine Interaktion anzulegen. Simultane Beeinflussungen sind über eine Interaktion zu regeln, in der die Beeinflussenden sowohl Input– als auch Output–Komponente sind. Eine derartige Interaktion wird in der Sequenz lediglich in den zeitlichen Gesamtkontext positioniert; das Simultanitätsproblem ist über die Relation dieser Interaktion zu lösen.

Ähnlich wie bei der hierarchischen Aggregation und Zerlegung, kann man mit Hilfe von Teilsequenzen zeitliche Submodelle aus Interaktionen aggregieren und diese rekursiv so lange miteinander verketten, bis eine Gesamtsequenz des Modells entsteht. Dabei muß allerdings die Bedingung erfüllt sein, daß in zwei Submodellen keine bidirektionalen Zeitabhängigkeiten vorliegen, d. h. alle Interaktionen eines Submodells besitzen entweder nur unabhängige oder vorgelagerte Interaktionen in dem anderen Submodell oder nur unabhängige oder nachgelagerte Interaktionen. Im ersten Fall ist das erste Submodell zeitlich nach dem zweiten zu positionieren, im anderen Fall vor dem zweiten.

3.2.4.2. Notation

Für die Notation der Sequenz und des Zeithorizonts wird eine als Sequenz–Graph bezeichnete Abbildung eines gerichteten Graphen vorgeschlagen.

Grundsätzlich läßt sich der Sachverhalt der Modelldynamik verkürzt in zwei Zeilen ausdrücken, was nachfolgend beispielhaft dargestellt ist.

Sequenz: $Produzieren \rightsquigarrow Kontrollieren1 \rightsquigarrow Kontrollieren2$,

Zeithorizont: *Periode* 1 ... 10

Der Nachteil der verkürzten Notation ist die Uneindeutigkeit und der Informationsverlust über zeitliche Abhängigkeiten. Um diese explizit zu berücksichtigen, muß die Sequenz zusätzlich mit den modellimmanenten, zeitlichen Abhängigkeiten versehen werden.

Unter der Annahme, daß Kontrollieren1 und Kontrollieren2 zeitlich nicht voneinander abhängen und lediglich die fertige Produktion benötigen, läßt sich die Problematik der Uneindeutigkeit an dem vorangegangenen einfachen Beispiel zeigen.

Die Sequenzen

$Produzieren \rightsquigarrow Kontrollieren1 \rightsquigarrow Kontrollieren2$

und

$Produzieren \rightsquigarrow Kontrollieren2 \rightsquigarrow Kontrollieren1$

stellen beide modellpragmatisch korrekte und gleichwertige Sequenzen dar, d. h. sie erzeugen unter gleichen Bedingungen äquivalente Zustandsmodelle.

Mit Hilfe eines einfachen, gerichteten und geschlossenen Graphen, im weiteren Sequenz–Graph genannt, läßt sich die Modelldynamik vollständig abbilden. Im Sequenzgraph lassen sich deutlich zeitlich aufeinanderfolgende Gruppen von Interaktionen erkennen. Dieser Spezialfall der Teilsequenzbildung wird im weiteren als Phaseneinteilung bezeichnet, die entsprechenden Teilsequenzen als Phasen. Im Rahmen der Phaseneinteilung können die Phasen nummeriert werden.

Zu obigem Modell ergibt sich der Sequenz–Graph 3.3 auf der nächsten Seite.

Der Zeithorizont ist aufgrund seiner ansitropen Eigenschaft und der diskreten Verwendung mindestens als streng geordnete Menge (vgl. u. a. Reinhardt und Soeder, 1998, S. 43) zu formulieren, was einem ordinalen Skalenniveau entspricht. Dem Skalenniveau nach höhere Repräsentationen erlauben die rechnerische Weiterverarbeitung von Zeitabständen in den Relationen.

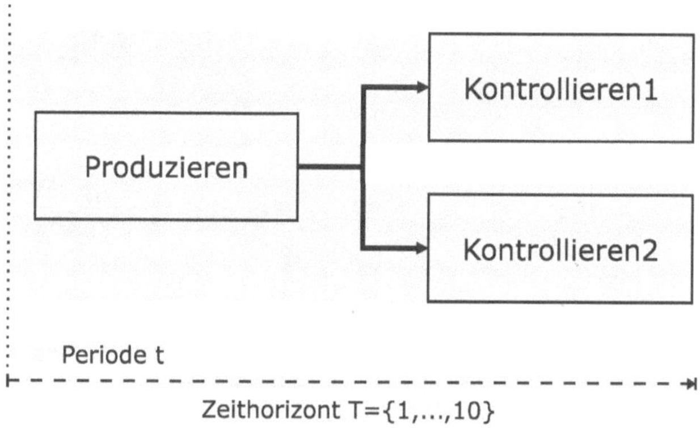

Abbildung 3.3.: Einfaches Beispiel für einen Sequenz–Graphen

3.3. Modellieren mit MOOS$_Y$

Nach der Einführung des MOOS$_Y$–Paradigmas wird im folgenden ein Vorgehensmodell zur effektiven Modellierung entwickelt. Die Modellierung offener systemtheoretischer Modelle mit MOOS$_Y$ läßt sich in die wenig formale systemtheoretische Analyse und Gestaltung, die formalere MOOS$_Y$–Repräsentation und die formale Implementierung teilen (siehe Abbildung 3.4 auf der nächsten Seite).

Die Formulierung des offenen, systemtheoretischen Modells durch den oder die Modellierer isoliert die als relevant erachteten Begebenheiten aus der Realität und ergibt eine externe Repräsentation. Die externe Repräsentation ist nicht an irgendwelche Notationen oder Formalismen gebunden. Dementsprechend kann ein Modellierer sehr direkt und uneingeschränkt ein Abbild seiner mentalen Repräsentation über das zu Modellierende geben. Kognitive Ressourcen des Modellierers werden dabei nicht mit der gleichzeitigen Transformation des zu Modellierenden in einen externen Formalismus belegt. Erstellen mehrere Modellierer ein komplexes Modell, bedarf es keiner syntaktisch einheitlichen Externalisierung, solange die Schnittstellen der einzelnen Modellteile präzise und konsistent gehalten sind. Eine klassische, wenig formale Form der Modellierung wäre die Beschreibung eines Modells in Form eines natürlichsprachlichen Textes.

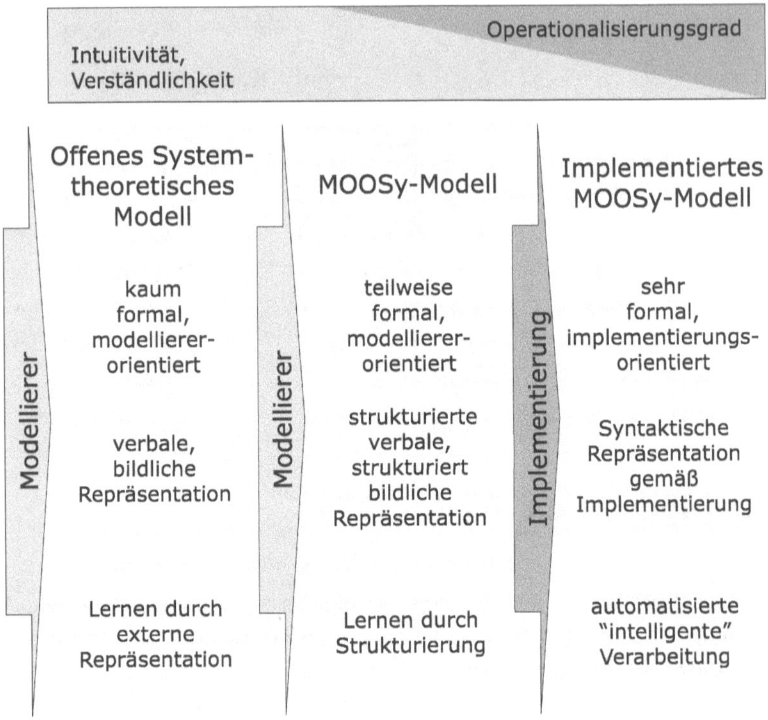

Abbildung 3.4.: Mehrstufige Betrachtung des Modellierungsprozesses mit $MOOS_Y$

Existiert eine wenig formale aber vollständige Modellrepräsentation, kann diese in einem zweiten Schritt in $MOOS_Y$–Bausteine transformiert werden. Dieser Schritt kann auch parallel mit der systemtheoretischen Analyse und Gestaltung erfolgen, insbesondere bei geübten Modellierern, die das $MOOS_Y$–Paradigma internalisiert haben und somit keine kognitive Einschränkung durch $MOOS_Y$ erfahren.

Der Transformationsprozeß in das $MOOS_Y$–Paradigma stellt eine modelltheoretisch funktionale Separation dar. Die Bestandteile und Aspekte der Modellbeschreibung werden zu einer semantisch äquivalenten Ansammlung von $MOOS_Y$–Bausteinen gruppiert. Ein Seiteneffekt dieser Strukturierung ist das Erzeugen von Detailwissen über das Modell aus $MOOS_Y$–Sicht. Da die Bausteine ihrem Wesen nach voneinander unabhängig sind, können isolierte Erkenntnisse über statische Komponenten (Klassen und Objekte), Ablaufstruktur (Interaktionen und Sequenz), Abläufe selbst (Relationen in Klassen und Interaktionen) und Rahmenbedingungen (Zeithorizont, vorgegebene Zustandsmodelle) gewonnen werden. Neben diesen analytischen Erkenntnissen können im gestalterischen Bereich die einzelnen Bausteine als wesensverschiedene Stellschrauben bei der Modellmanipulation benutzt und interpretiert werden.

Der Übergang der $MOOS_Y$–Modellierung zu einer entsprechenden $MOOS_Y$–Implementierung operationalisiert Modelle für die computergestützte Verarbeitung. Dieser Übergang kann beispielsweise in der Verarbeitung einer benutzerorientierten, also kognitiv ergonomischen, Eingabeschnittstelle umgesetzt werden, um die technische Transformation so weit wie möglich von dem Modellierer fern zu halten. Es handelt sich um einen größtenteils automatisierbaren Prozeß, da der Übergang zur Modellimplementierung lediglich ein Beschreibungswechsel hin zu einer der Syntax nach technischen Spezifikation innerhalb des $MOOS_Y$–Paradigmas darstellt.

3.3.1. Modellformulierung

In einer mehrstufigen Betrachtung des Modellierungsprozesses im Rahmen des $MOOS_Y$–Paradigmas ergeben sich Vorteile für den Aufbau und die Interpretation komplexer Modelle, insbesondere im Hinblick auf die kognitive Belastung des Modellierers.

Nachfolgend wird der Weg von der intuitiven Modellformulierung bis hin zur Modelloperationalisierung beschrieben. Desweiteren wird mit dem Konzept des $MOOS_Y$–Graphen ein beispielgebender Ausblick auf semantische Unterstützungsmöglichkeiten durch implementierte $MOOS_Y$–Modelle gegeben.

3.3.1.1. Intuitive Modellformulierung

Die Modellierung eines offenen systemtheoretischen Modells unterliegt im Detail keiner strikten Vorgehensweise. Entscheidend für eine vollständige Modellspezifikation ist, daß eine Beschreibung die statische Struktur, die Dynamik und den Zeithorizont (zeitliche Modellperspektive) beinhaltet. Verwendet man das Modell als Gestaltungsgrundlage, bedarf es zusätzlich Angaben über Möglichkeiten und Einschränkungen der Beeinflußbarkeit.

Der nachfolgende, intuitiv entwickelte Fragenkatalog bietet eine Möglichkeit, die Modellaspekte vollständig einzufangen.

1. Welche Bestandteile sind in dem Modell relevant?
2. Wie sehen die Bestandteile im Detail aus, gehören sie zum System oder zur Umwelt?
3. Welche Wirkungsbeziehungen existieren zwischen welchen Bestandteilen?
4. Wie sehen diese Wirkungsbeziehungen im Detail aus?
5. Wie sieht die zeitliche Abfolge der Wechselbeziehungen innerhalb einer Zeitperiode aus?
6. Was ist der relevante Zeithorizont?
7. Was ist im Rahmen des Modells gegeben (Technologie), was beeinflußbar (Strategie)?

Mit der Beantwortung der ersten beiden Fragen wird der statischen Struktur des Modells auf den Grund gegangen. Damit wird festgelegt, welche Komponenten im System und in der Umwelt grundsätzlich vorkommen und wie diese Komponenten im Detail aufgebaut sind. Zu dem generellen Aufbau der Komponenten sind auch die im Modellablauf einzusetzenden speziellen Ausprägungen von Komponenten zu fixieren.

Die Dynamik wird mit der Beantwortung der Fragen drei bis fünf spezifiziert. Neben der Festlegung, zwischen welchen System- und Umweltkomponenten eine Wirkungsbeziehung besteht und wie diese im Detail ausgeprägt ist, sollte die zeitliche Ordnung der Wirkungsbeziehungen untersucht und strukturiert werden. Für die Verarbeitung des Modells ist eine azyklische Auflösung der Wirkungsfolge notwendig. Wirkungsbeziehungen unterscheiden sich im Hinblick auf ihren Modellablauf in vorhersehbare und nicht vorhersehbare. Vorhersehbare Wirkungsbeziehungen führen bei Kenntnis der Ausgangslage zur einem eindeutigen Zustand nach dem Wirken. Diese Eindeutigkeit läßt sich formal in Form von Funktionen ausdrücken. Nicht vorhersehbare Wirkungsbeziehungen besitzen diese Eigenschaft nicht und lassen sich in Ermangelung der Eindeutigkeit nicht als Funktion sondern nur als Relation formalisieren.

Sind die Wirkungsbeziehungen innerhalb einer Zeitperiode wirkungsbedingt nach Vorgänger, zeitlicher Nebenläufigkeit und Nachfolger geordnet, ergibt sich die erforderliche schwach geordnete Menge der Wirkungsbeziehungen. Da das Analysieren der Wirkungsfolge komplex sein kann, insbesondere wenn mehrere Modellierer nebenläufige, vernetzte Teilmodelle formulieren, bietet es sich an, diesen Vorgang in der Implementierung durch Algorithmen zum Test auf Zyklenfreiheit und zum topologischen Sortieren zu automatisieren (vgl. beispielgebend Saake und Sattler, 2002, S. 419–422).

Die Beantwortung der sechsten Frage grenzt die zeitliche Perspektive des Modells ab und schließt damit die Abgrenzung des Modells in sachlicher wie auch zeitlicher Dimension gegenüber der Realität ab.

Nach Beantwortung der siebten Frage ist der Handlungsspielraum abgesteckt, in dessen Rahmen ein bestehendes Modell variiert werden kann. Die Frage nach Gegebenheiten und Stellschrauben bei der Variation eines Modells, hilft die Begriffe Technologie und Strategie zu positionieren. Technologie kann in diesem Zusammenhang als die im Modell unveränderlichen Bestandteile der Komponenten und Wirkungsbeziehungen verstanden werden, während Strategie die im Modell bewußt gesetzten und beeinflußbaren Bestandteile bezeichnet. Dieser Unterscheidung folgend können Variationen von Technologie und Strategie differenziert betrachtet werden.

3.3.1.2. Modelltransformation in das $MOOS_Y$–Paradigma

Ausgehend von einer Modellbeschreibung gemäß des Fragenkatalogs aus Abschnitt 3.3.1.1 auf Seite 71 wird die semantisch vollständige Übertragung in das $MOOS_Y$–Paradigma vorgestellt. Das Schema 3.5 auf der nächsten Seite veranschaulicht die Beziehung zwischen den Fragen und den $MOOS_Y$–Bausteinen.

Die Statik des Modells findet sich in den Klassen und Objekten wieder. Die Ableitungsfunktion oder –relation von abgeleiteten Attributen geht zudem in den Baustein Relation ein. Die Aspekte der Dynamik fließen in die Bausteine Interaktion (Struktur einer Wirkungsbeziehung), Sequenz (Folge der Wirkungsbeziehung) und Relation (Wirkungsfunktion oder –relation) ein. Die Übertragung des Zeithorizonts vervollständigt die Sequenz.

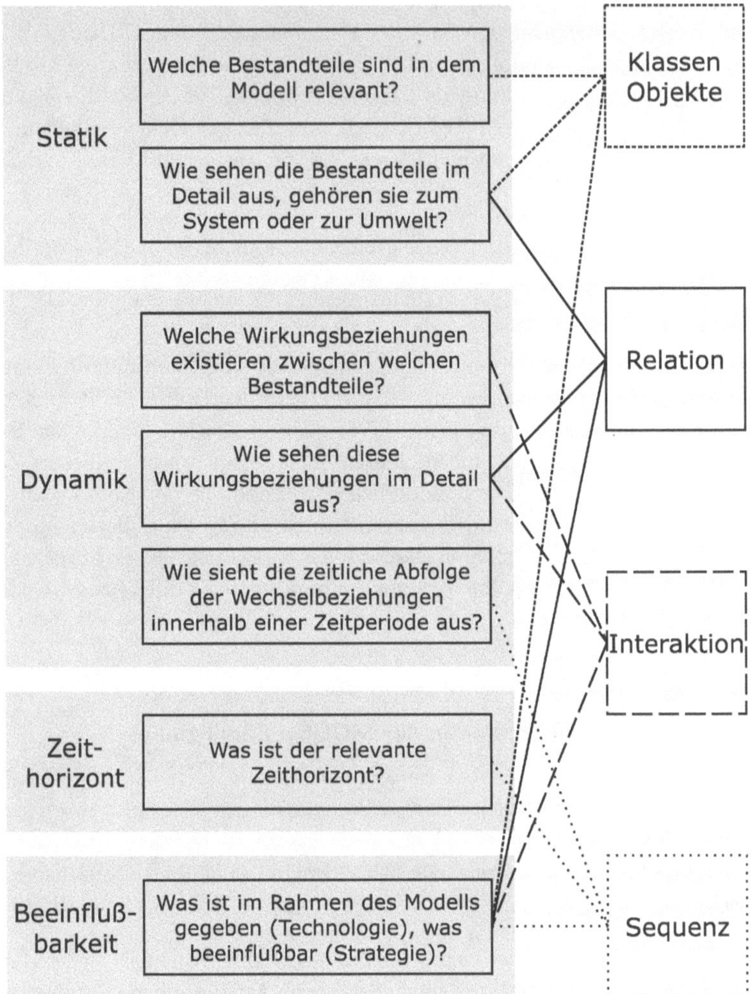

Abbildung 3.5.: Bidirektionale Zusammenhänge zwischen dem systemtheoretischen Fragenkatalog und den $MOOS_Y$–Bausteinen

Die Beeinflußbarkeit betrifft je nach Art alle Bausteine. Soll das Modell nach der computergestützten Implementierung gemäß den Vorgaben zur Beeinflußbarkeit automatisch variiert werden, ist die explizite Formulierung und Spezifizierung derselben im Rahmen der Implementierung notwendig. Andernfalls können derartige Vorgaben als Anmerkung in der Notation eines $MOOS_Y$–Modells vermerkt werden, um die manuelle Variation zu leiten.

In bezug auf die Wiederverwendbarkeit von Modellbausteinen wird bereits an dieser Stelle darauf hingewiesen, daß die Informationen zur Beeinflußbarkeit im Rahmen einer computergestützten Implementierung nicht direkt mit der Umsetzung der $MOOS_Y$–Bausteine erfolgen sollte, sondern in Zusammenhang mit organisationsunterstützenden Bausteinen der Implementierung, die ein $MOOS_Y$–Modell durch Verweise auf seine $MOOS_Y$–Bausteine organisiert.

Die weiterführende Operationalisierung eines $MOOS_Y$–Modells sollte durch eine computergestützte Implementierung automatisch erfolgen. Der Modellierer leistet dabei lediglich die Übertragung von der nicht implementierten $MOOS_Y$–Repräsentation in die $MOOS_Y$–Benutzerschnittstelle der Implementierung.

3.3.1.3. $MOOS_Y$–Graph

Eine detaillierte (informationsreiche) graphische Repräsentation der Modelldynamik in Verbindung mit den System– und Umweltkomponenten ergibt die Zusammenführung der Bausteine Klasse, Interaktion und Sequenz. Eine solche Darstellung wird nachfolgend als $MOOS_Y$–Graph bezeichnet. Die Erstellung von $MOOS_Y$–Graphen kann zum Verständnis und zur Kommunizierbarkeit von Modellen beitragen. Sie visualisieren Informationen zur statischen und dynamischen Modellstruktur. Dabei ist die Art der Wirkungsbeziehungen nicht enthalten. Diese Informationen tragen $MOOS_Y$–Relationen, die nicht in den $MOOS_Y$–Graphen einfließen.

Ausgangspunkt für die Erstellung eines $MOOS_Y$–Graphen ist eine nach System und Umwelt strukturierte Anordnung der Klassen. Diese Anordnung bildet man zweimal nebeneinander oder untereinander ab. Eine der Anordnungen dient als Repräsentant der aktuellen Modellperiode, die andere als Repräsentant jeglicher nicht aktueller Perioden. Die nummerierten Interaktionen werden in die Anordnung für die aktuelle Modellperiode eingezeichnet. Dabei sind Verbindungslinien von den in der Input–Auswahl einer Interaktion enthaltenen Klassen hin zu dem

Interaktionssymbol und weg zu den von dieser Interaktion erzeugten Klassen zu erstellen. Bei Klassen der Input–Auswahl, die als Beschränkung auf ihr Zeitattribut die aktuelle Modellperiode besitzen, wird die Verbindungslinie aus dieser Klasse in der Anordnung der aktuellen Modellperiode erzeugt. Bei einer nicht exakt die aktuelle Modellperiode selektierenden Zeitbeschränkung wird die Verbindungslinie aus dieser Klasse in der Anordnung der nicht aktuellen Modellperiode erzeugt und die Verbindungslinie mit der jeweiligen Zeitbeschränkung beschriftet.

Der so erzeugte $MOOS_Y$–Graph gibt anhand der (phasen)nummerierten Interaktionen einerseits Aufschluß über den periodenmäßigen Modellablauf und andererseits anhand der zwei Anordnungen Einsicht in die intertemporalen Abhängigkeiten in den Interaktionen, genauer gesagt in deren Input–Auswahlen.

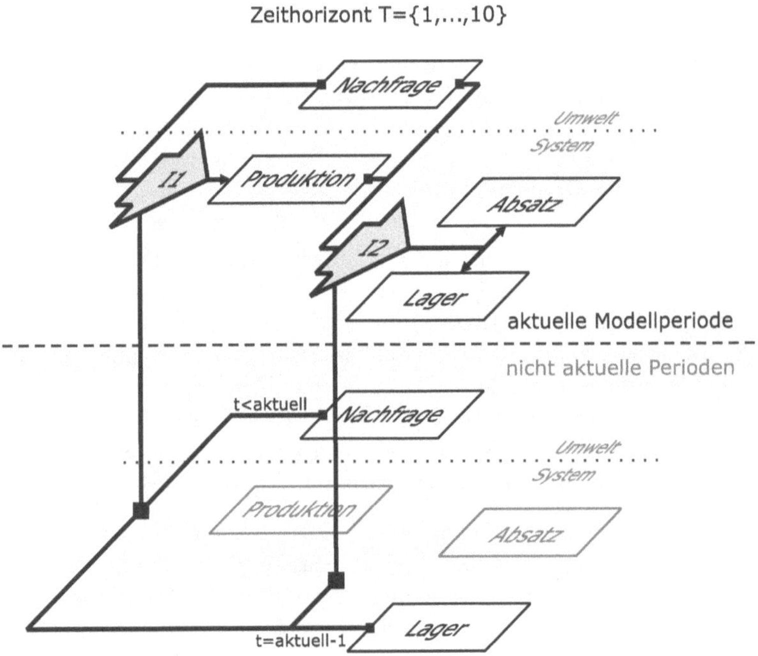

Abbildung 3.6.: Beispiel für einen $MOOS_Y$–Graphen mit intertemporalen Verflechtungen hinsichtlich der Modellzeit

Kommen in einem Modell Interaktionen zum Einsatz, die Klassenattribute manipulieren, empfiehlt es sich, diese Interaktionssymbole von dem Symbol für rein objekterzeugende Interaktionen zu unterscheiden. Die visuelle Unterscheidbarkeit hilft, potentielle, modellimmanente Manipulationen des generellen Modells schnell zu lokalisieren.

Da MOOS$_Y$–Graphen vollständig strukturiert aus den drei Bausteinen erzeugt werden können und sie im Gegensatz zu diesen komplexer zu formulieren sind, sei an dieser Stelle für Implementierungen von MOOS$_Y$ empfohlen, die Erzeugung der MOOS$_Y$–Graphen samt verbalen Erläuterungen automatisch generieren zu lassen.

Als Beispiel wird folgende verbale Modellbeschreibung im Schaubild 3.6 auf der vorherigen Seite umgesetzt:

Ein Modell besteht aus vier Klassen. Die Produktion, der Absatz und das Lager bilden das System, die Nachfrage die Umwelt.

Die phasenverschiedenen Interaktionen Produzieren (I1) und Absetzen–und–Lagern (I2) regeln die Modelldyamik.

Das Produzieren nimmt die aktuelle Nachfrage, alle Vergangenheitswerte der Nachfrage und das Lager der Vorperiode als Input–Auswahl auf. Das Lager der Vorperiode und die aktuelle Produktion versuchen den Bedarf für Absatz und Lager umzusetzen.

Die Interaktion Absetzen–und–Lagern wählt die aktuelle Produktion und Nachfrage aus, um die Produktion bedarfsgemäß auf Absatz und Lager zu verteilen.

Aus einem Prognosemodell für die Produktionsplanung soll neben der aktuell abzudeckenden Nachfrage auch ein Zukunftswert für die Lagerstrategie ermittelt werden, um den mengenmäßigen Bedarf für Absetzen–und–Lagern zu spezifizieren. Diese Information läßt sich dem Schaubild nicht entnehmen, da die Prognosestrategie Teil einer MOOS$_Y$–Relation ist, die an der Verarbeitung innerhalb der Interaktion I1 beteiligt ist, und damit nicht in bildliche Information umgewandelt werden kann.

Das Modell wird in einem Zeithorizont von zehn Perioden betrachtet.

3.3.2. Modellvariation

Neben dem Zweck der zielgerichteten, strukturierten Repräsentation der Realität bietet die Modellierung die gestalterische Möglichkeit, Mutationen, Abstraktionen und Konkretisierungen eines Modells ohne größeren Aufwand zu untersuchen. Unter Modellveränderungen sind dabei der exogene, gestalterische Eingriff des Modellierers zu verstehen und nicht modellimmanente Mutationen, wie beispielsweise die bedingte Änderung von Klassenattributen durch Interaktionen.

Die Abstraktion und die Mutation bilden ein Instrumentarium zur zweckbezogenen Analyse bestehender Modelle (beispielsweise die Suche nach Engpässen). Die Konkretisierung und die Mutation bilden ein Instrumentarium zur zweckbezogenen Gestaltung von Modellverbesserungen.

Die folgenden Abschnitte beleuchten unterschiedliche Formen – die Mutation, die Konkretisierung und die Abstraktion – sowie Unterformen der Modellvariation samt Verweis auf die jeweilig betroffenen $MOOS_Y$–Bausteine. Besitzt ein Modell Informationen zu Technologie und Strategie (Beeinflußbarkeit), bilden diese Informationen eine Vertiefungsmöglichkeit in der Betrachtung von Variationen.

3.3.2.1. Variation durch Mutation

Als Mutationen werden die Variationen abgegrenzt, bei denen die Struktur von Klassen sowie die Gesamtheit an Klassen und Interaktionen nicht erweitert oder reduziert werden, d. h. es gibt keine grundsätzlichen Änderungen in der Modellstruktur. Hinsichtlich der von der Mutation betroffenen Modellebene (spezielle oder generelle) wird die konzeptionelle Mutation von der speziellen unterschieden:

Konzeptionelle Mutation: Konzeptionelle Mutationen betreffen das generelle Modell. Klassen können durch Änderung von Klassenattributen oder Beschränkungen, Interaktionen durch Änderung der Input–Auswahl oder der Output–Erzeugung, Relationen durch algorithmische Änderungen und Sequenzen durch Reorganisation der Interaktionsfolge mutiert werden.

Spezielle Mutation: Spezielle Mutationen beziehen sich auf die ausgeprägten Objekte. Die Änderung der Attributswerte von Objekten hat keine Auswirkung auf das generelle Modell sondern nur auf speziell ausgeprägte Zustandsmodelle. Die Änderung wirkt direkt auf ein Zustandsmodell und indirekt auf die nachfolgenden Zustandsmodelle des Modellablaufs. Beziehen sich Änderungen auf Zeitattribute, liegt eine zeitliche Änderung, andernfalls eine sachliche Änderung vor.

Bei konzeptionellen Mutationen fällt auf, daß diese Änderungen gleichzeitig eine leichte Abänderung der Abstraktion in der Modellperspektive widerspiegeln. Entscheidend ist im Gegensatz zur Variation durch Abstraktion oder Konkretisierung die Beibehaltung des Abstraktionsniveaus (Detailliertheitsgrades).

3.3.2.2. Variation durch Konkretisierung

Die Variation durch Konkretisierung nimmt gegenüber der Mutation Einfluß auf das Abstraktionsniveau, indem der Detailliertheitsgrad der Modellierung erhöht wird. Konkretisierungen betreffen immer das generelle Modell und wirken sich über die Änderung des generellen auf die speziellen aus. Sie stellen eine konzeptionelle Erweiterung der grundlegenden Modellstruktur oder einzelner Bausteine dar.

Komponentenerweiternde Konkretisierung: Komponentenerweiternde Konkretisierungen stellen eine qualitative Verfeinerung der bestehenden Modellkomponenten dar. Klassen werden durch weitere Attribute und gegebenenfalls benötigter Ableitungsrelationen, Interaktionen durch eine umfangreichere Input–Auswahl, Verarbeitung in Verbindung mit der betroffenen Relation und Output–Erzeugung, Relationen durch Erweiterung der Schnittstellen und Algorithmik verfeinert.

Statikerweiternde Konkretisierung: Statikerweiternde Konkretisierungen sind Strukturerweiterungen durch das Integrieren von neuen Klassen, gegebenenfalls mit Relationen für abgeleitete Attribute, in das bestehende Modell. Dadurch läßt sich zum Beispiel eine grundlegende Erweiterung der Modellperspektive um weitere Domänen umsetzen. In einem betriebswirtschaftlichen, technischen Produktionsmodell könnte das die Erweiterung um das Personal sein. In diesem Beispiel zeigt sich, daß eine Statikerweiterung oft eng mit einer Komponentenerweiterung der Interaktionen und Relationen in Verbindung steht. In dem um das Personal erweiterten Produktionsmodell liegt die Annahme nahe, daß die Interaktionen und Relationen um personelle Aspekte erweitert werden, um der Erweiterung auch in der Dynamik Rechnung zu tragen.

Dynamikerweiternde Konkretisierung: Dynamikerweiternde Konkretisierungen sind Strukturerweiterungen durch das Integrieren von neuen Interaktionen, gegebenenfalls mit zugehörigen Relationen, sowie durch Einbettung in die Sequenz. Benutzen neue Interaktionen noch nicht vorhandene Klassen in der Input–Auswahl oder der Output–Erzeugung, zieht die Dynamikerweiterung eine Statikerweiterung mit sich.

3.3.2.3. Variation durch Abstraktion

Die Variation durch Abstraktion nimmt ebenfalls Einfluß auf das Abstraktionsniveau, indem der Detailliertheitsgrad der Modellierung reduziert wird. Abstraktionen betreffen immer das generelle Modell und wirken sich über die Änderung des generellen auf die speziellen aus. Sie stellen eine konzeptionelle Reduktion der grundlegenden Modellstruktur oder einzelner Bausteine dar.

Komponentenreduzierende Abstraktion: Komponentenreduzierende Abstraktionen stellen eine qualitative Aggregation der bestehenden Modellkomponenten dar. Klassen werden durch das Entfernen von Attributen und gegebenenfalls deren Ableitungsrelationen, Interaktionen durch die Vereinfachung der Input–Auswahl, Verarbeitung in Verbindung mit der betroffenen Relation und Output–Erzeugung, Relationen durch Reduktion der Schnittstellen und Algorithmik vereinfacht.

Statikreduzierende Abstraktion: Statikreduzierende Abstraktionen sind Strukturreduktionen durch das Entfernen von Klassen, gegebenenfalls mit den Relationen für abgeleitete Attribute, aus dem bestehenden Modell. Dadurch läßt sich zum Beispiel eine grundlegende Einschränkung der Modellperspektive umsetzen. In einem betriebswirtschaftlichen Modell könnte das die Reduktion auf technische Aspekte sein. In diesem Beispiel zeigt sich, daß eine Statikerweiterung oft eng mit einer Komponentenreduktion der Interaktionen und Relationen in Verbindung steht. In dem auf die technische Sicht reduzierten Betriebsmodell liegt die Annahme nahe, daß die Interaktionen und Relationen auf technische Aspekte reduziert werden, um der Einschränkung auch in der Dynamik Rechnung zu tragen.

Dynamikreduzierende Abstraktion: Dynamikreduzierende Abstraktionen sind Strukturreduktionen durch das Entfernen von Interaktionen, gegebenenfalls mit zugehörigen Relationen, sowie durch Austragen aus der Sequenz. Benutzen die zu entfernenden Interaktionen Klassen in der Input–Auswahl oder der Output–Erzeugung, die im Anschluß nicht mehr verwendet werden, ist das Entfernen dieser Klassen (Statikreduktion) zu erwägen.

3.4. Simulation mit MOOS$_Y$

Die Simulation ist ein wichtiges Hilfsmittel bei der Untersuchung von Modellen. Aufgrund seiner Beschaffenheit eignet sich das MOOS$_Y$–Paradigma zum Durchführen von Simulationen. Dem Simulationsprozeß folgend (vgl. Abschnitt 2.3.1 auf Seite 21) teilt sich eine Simulation in die drei Phasen der Initialisierung, Modellsimulation und Modellauswertung.

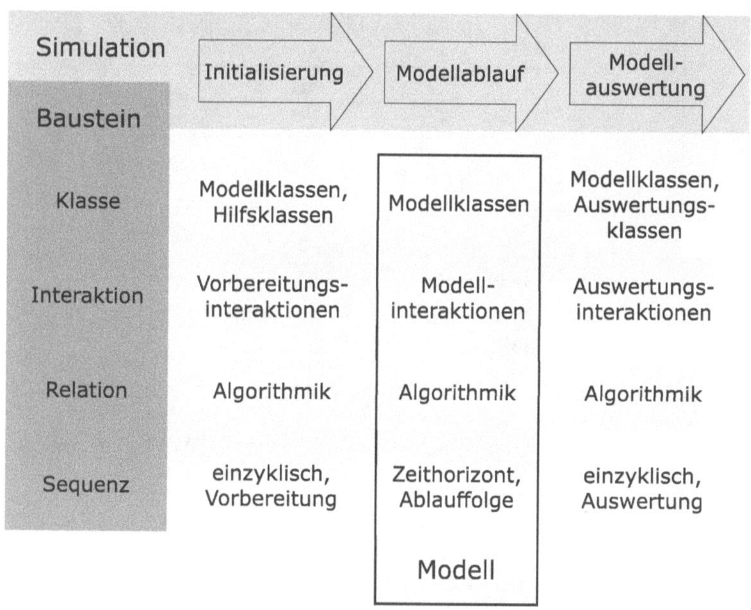

Abbildung 3.7.: Betrachtung der vier MOOS$_Y$–Bausteine eines generellen Modells in der Semantik einer Simulation

Die Verwendung von MOOS$_Y$ für Simulationen bietet den Vorteil, daß die drei Phasen ohne Konzeptbruch abgebildet werden können. Den MOOS$_Y$–Bausteinen kommt dabei eine phasenspezifische Semantik zu (vgl. Abbildung 3.7 auf der vorherigen Seite). Eine Simulation zerfällt in drei aufeinander folgende MOOS$_Y$–Modelle, wie es in dem Ablaufschema 3.8 dargestellt ist. Das eigentliche Modell wird zwischen ein simulationsspezifisches Vorbereitungs– und Auswertungsmodell gebettet.

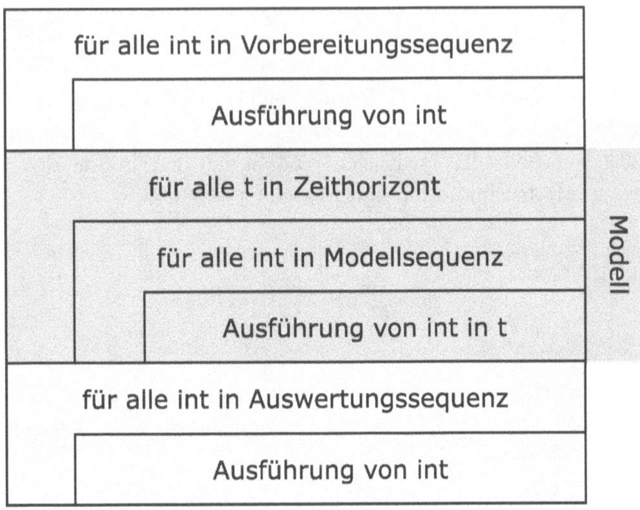

Abbildung 3.8.: Nassi–Shneiderman–Diagramm einer Simulation in Verbindung mit MOOS$_Y$

Nachdem die Modellbildung unter MOOS$_Y$ bereits ausführlich erläutert wurde, beleuchten die folgenden Abschnitte Besonderheiten des Vorbereitungs– und Auswertungsmodells.

3.4.1. Besonderheiten des Vorbereitungsmodells im Simulationskontext

Das Vorbereitungsmodell erstellt durch seinen Ablauf das speziell ausgeprägte Zustandsmodell aus Objekten der Modellklassen, das als Anfangszustand für den Modellablauf fungiert.

Die Abkopplung des Vorbereitungsmodells von dem eigentlichen Modell unterstützt und operationalisiert hinsichtlich der Modellvariation die konzeptionelle Mutation von Klassenattributen sowie die spezielle Mutation.

Neben den modellspezifischen MOOS$_Y$-Modellklassen besitzt ein Vorbereitungsmodell eigene Bausteine (vgl. Abbildung 3.7 auf Seite 81). Die Verwendung von Hilfsklassen kann zur vereinfachenden Separation des Vorbereitungsablaufs eingesetzt werden, um Zwischenschritte in Form von ausgeprägten Zuständen einzufangen.

Die Interaktionen tragen in Verbindung mit ihren Relationen direkt oder indirekt als Zwischenschritt zur Erzeugung des anfänglichen Zustandsmodells bei. Je nach Art der Relation kann die interne (Erzeugung, Transformation) Informationsgenerierung von der externen Informationsgewinnung (Extraktion, manuelle Eingabe) unterschieden werden.

Erzeugung von Anfangszuständen: Bei der Erzeugung von Anfangszuständen bringt die Algorithmik die Werte hervor, nach denen die Objekte der Modellklassen erzeugt werden. Treten nur Interaktionen dieses Typs auf, resultiert daraus ein rein synthetisch generierter Anfangszustand für den Modellablauf. Die Realitätsnähe derart erzeugter Anfangszustände hängt von der verwendeten Algorithmik ab.

Transformation zu Anfangszuständen: Bei der Transformation zu Anfangszuständen manipuliert die Algorithmik vorgegebene Objekte zur Erzeugung des Anfangszustands.

Extraktion von Anfangszuständen: Bei der Extraktion von Anfangszuständen regelt die Interaktion den Zugriff auf externe Quellen, ohne algorithmisch Einfluß zu nehmen.

Manuelle Eingabe von Anfangszuständen: Die manuelle Eingabe von Anfangszuständen erfolgt ebenfalls ohne algorithmische Einflußnahme durch die Interaktion. Sie regelt lediglich die manuelle Eingabe von Werten, die an der Erzeugung des Anfangszustands direkt oder indirekt beteiligt sind.

Die Sequenz regelt den Vorbereitungsablauf und wird bei einem Simulationsablauf einmal und zuerst ausgeführt, um das zur Simulation benötigte, anfängliche Zustandsmodell zu erzeugen.

Liegt ein Modell sowohl in genereller wie auch in spezieller Form simulationsbereit vor, kann im Rahmen einer Simulation vollständig auf ein Vorbereitungsmodell verzichtet werden. Zielt eine Simulation potentiell auf die anfangs genannten Mutationen ab, empfiehlt es sich auch bei gegebenen Zuständen, eine triviale Transformation zur Vorbereitung zu implementieren.

3.4.2. Besonderheiten des Auswertungsmodells im Simulationskontext

Das Auswertungsmodell erstellt durch seinen Ablauf ein speziell ausgeprägtes Zustandsmodell aus Objekten der Auswertungsklassen. Die Abkopplung des Auswertungsmodells trennt die Bewertung von dem zugrundeliegenden Modell, so daß die Bewertung unabhängig (weiter)entwickelt und flexibel eingesetzt werden kann – auch in Verbindung mit unterschiedlichen Hauptmodellen.

4. Simulation als entscheidungsunterstützendes System

Dieses Kapitel befaßt sich mit dem konzeptionellen Aufbau von entscheidungsunterstützenden Systemen und dessen Übertragung auf den Anwendungsbereich der diskreten Simulation. Anschließend fließen diese Überlegungen in eine Grundkonzeption für die auf dem MOOS_Y–Paradigma basierende universelle Simulationsumgebung $\text{MOOS}_\text{Y}^\text{SIM}$ ein.

Der konzeptionelle Aufbau eines entscheidungsunterstützenden Systems im allgemeinen und in Verbindung mit Simulation verweist dabei immer wieder auf die kognitive Beschränktheit der menschlichen Komponente und auf Möglichkeiten zu deren Handhabung und Reduzierung, um den entscheidungsunterstützenden Beitrag des Systems zu betonen. (vgl. in diesem Zusammenhang beispielsweise Marakas 2003, S. 52, 65–68, Turban und Aronson 2001, S. 10 in Verbindung mit Harrison, 1999, Clemen, 1991, Simon, 1977, Adams, 2001, Miller, 1956).

4.1. Konzeptioneller Aufbau entscheidungsunterstützender Systeme

Systeme zur Entscheidungsunterstützung werden typischerweise aus verschiedenen Subsystemen zusammengesetzt (vgl. beispielsweise Turban und Aronson, 2001, S. 100f oder Marakas, 2003, S. 8–10). Die Subsysteme unterteilen sich in den menschlichen Nutzer und in vier unterschiedliche Computersysteme: die Datenbankmanagementsysteme (DBMS, *database management system*), die Modellmanagementsysteme (MMS, *model management system*), die wissensbasierten Subsysteme (KBS, *knowledge based system*) und den Subsystemen zur Benutzerinteraktion (UIMS, *user interface management system*).

Das DBMS ist für die Verwaltung, die Organisation und den Zugriff der im Rahmen des Systems verwendeten Daten zuständig. Darin enthalten ist auch die Kooperation mit externen Systemen.

Das MMS verwaltet und organisiert die im Rahmen des Systems eingesetzten Modelle, gegebenenfalls auch in Kooperation mit externen Systemen. Zudem sorgt das MMS für die Ausführung der Modelle.

Das KBS organisiert und verarbeitet die Erkenntnisse (Wissen) aus Daten und Modellen aus dem Einsatz des entscheidungsunterstützenden Systems und aus externen Quellen. Wird das KBS organisationsglobal konzipiert, fungiert es als organisatorisches Gedächtnis beziehungsweise als „künstliches" Gehirn der Organisation. Die Berücksichtigung des KBS wird im weiteren ausgeklammert, da es nicht direkt in bezug zu dem hiesigen Thema steht.

Das UIMS steht im Dienst der anderen computerbezogenen Subsysteme und regelt die Kommunikation mit dem Nutzer. Das UIMS bestimmt die Art und den Umfang, in dem das gesamte Computersystem vom Nutzer wahrgenommen und genutzt werden kann.

Der nachfolgende Abschnitt und die Abschnitte 4.1.3 bis 4.1.6 orientieren sich, in leichter Abwandlung, an den Übersichten und entsprechenden Abschnitten in den Lehrbüchern von Turban und Aronson (2001, S. 98–110) sowie Marakas (2003, S. 8–21) und stellen übersichtgebend Kernaufgaben der computerbezogenen Subsysteme sowie Typen von Nutzern vor.

4.1.1. Vereinfachtes Grundkonzept eines integrierten entscheidungsunterstützenden Systems

Die Abbildung 4.1 auf der nächsten Seite zeigt das Grundkonzept eines entscheidungsunterstützenden Systems ohne KBS.

Im Gegensatz zu der gängigen Trennung des Daten- und Modellmanagements bei DBMS und MMS, bei der es aus Datensicht zur Überlappung von Aufgaben und damit zur funktionalen Verdopplung kommt, wird jegliches Datenmanagement als komponentenspezifische Aufgabe des DBMS verstanden.

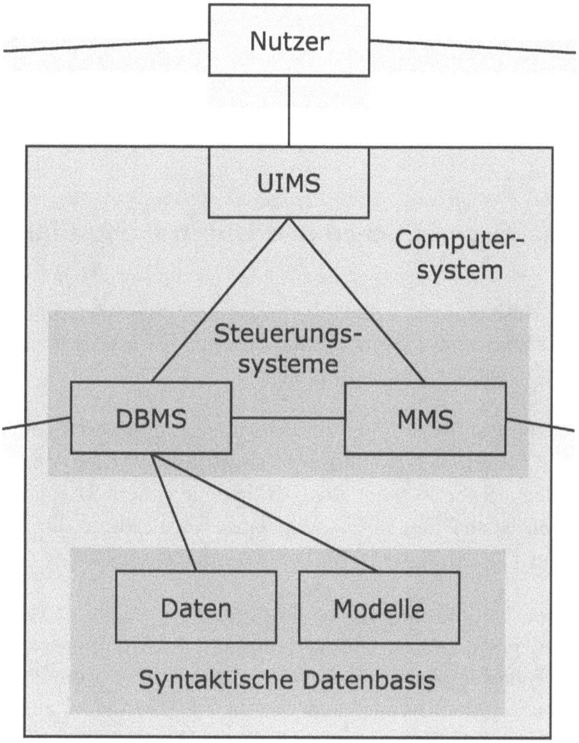

Abbildung 4.1.: Grundkonzept für ein offenes entscheidungsunterstützendes System ohne Wissenskomponente

Die Funktionalität zum Datenmanagement aus Datensicht wird daher, auch bei modellorientierten Gesamtsystemen, dem DBMS alleine zugeschrieben, so daß dieses als die Zugriffsschnittstelle auf jegliche Art der Daten für die anderen Komponenten fungiert. Diese Betrachtungsweise unterstützt das integrierte Verständnis von funktional abgekoppelten, bei offener Architektur jeweils variierbaren Komponenten in einem Gesamtsystem.

Die strikte, funktionale Trennung von DBMS und MMS bei syntaktischer Gleichbehandlung von Daten und Modellen steht in direkter Verbindung mit der Implementierung von $\mathrm{MOOS}_{\mathrm{Y}}^{\mathrm{SIM}}$. Die verwendete Programmiersprache Scheme basiert auf dieser Gleichbehandlung, so daß eine eigenständige Modellverwaltung durch das MMS *de facto* zu einer unnötigen, funktionalen Redundanz führen würde. Das MMS und das UIMS werden von dem DBMS mit allen erforderlichen Daten, Modellen und Steuerungsinformationen versorgt.

4.1.2. Semantische Ebenen und Übertragungsfunktionen

Semantisch resultieren aus einem komponentenbasierten Konzept für ein entscheidungsunterstützendes System drei Ebenen: die Komponentensemantik, die Systemsemantik und die Kontextsemantik.

Grundsätzlich besitzt jede Komponente eine eigene, innere Semantik und in Bezug auf die Umgebung der Komponente einen individuellen Verwendungskontext im System. Beispielsweise trägt das DBMS eine innere Datensemantik, die unabhängig davon ist, ob dies im Kontext einer Verwendung durch das MMS oder durch eine über die UIMS geregelte Benutzerinteraktion steht.

Das ganze entscheidungsunterstützende System selbst besitzt eine innere Semantik, die aus der Kombination und Verknüpfung der Komponenten besteht. Diese Semantik regelt den semantischen Bezug und die Übertragung der einzelnen Komponenten untereinander, beispielsweise welche Datensemantik aus einer aus Datensicht umzusetzenden Modellsemantik resultiert. Die innere Semantik des gesamten Systems ist ebenfalls unabhängig von einem spezifischen Anwendungskontext, in dem das System zum Einsatz kommt.

Dem Benutzer kommt in dieser semantischen Betrachtung und in seiner Rolle als Anwender des Computersystems eine Übertragungsfunktion zu. Ausgehend von einem spezifischen Anwendungskontext, ist seine Aufgabe die Kontextsemantik in die des Systems zu übertragen, damit das System seinen kontextbezogenen Betrag leisten kann. Das Ergebnis der Beitragsleistung des entscheidungsunterstützenden Computersystems muß wiederum durch den Nutzer in den Kontext rückübertragen und interpretiert werden.

Der Gestalter eines entscheidungsunterstützenden Computersystems hat bei dessen Konstruktion die Übertragung zwischen komponenteninterner und gesamtsystemischer Semantik umzusetzen.

4.1.3. DBMS

Das DBMS besitzt die Zuständigkeit für alle Aufgaben des Datenmanagements, von denen nachfolgend einige nach Bereichen gruppiert aufgeführt werden.

Entscheidend ist in diesem Zusammenhang die strikte Betrachtung aus Datensicht, also frei von Anwendungskontext und Verwendungssemantik (in Entsprechung mit der semiotischen Unterscheidung der Begriffe Information und Daten, vgl. beispielsweise bei Turban und Aronson, 2001, S. 131).

Datendefinition: Das DBMS muß die Möglichkeit zur Definition der logischen und physikalischen Struktur von Daten, Datensätzen, Dateien und Datenbanken besitzen. Auf logischer Ebene findet in diesem Zusammenhang das semantische Datenmodell Ausdruck.

Datenmanipulation: Mit der Datenmanipulation bietet das DBMS die Möglichkeit, die bestehenden Daten und Datenstrukturen zu ändern, zu löschen oder neue einzufügen.

Datenabfrage: Die Datenabfrage erlaubt es, mit Hilfe geeigneter Mechanismen (beispielsweise der SELECT–Klausel der Datenbanksprache SQL auf relationalen Datenbanken) umfassende und flexible Extrakte aus der Datenbank zu erhalten.

Bei der Extraktion sollte die Möglichkeit gegeben sein, sowohl Daten selbst als auch die generelle Definition der Datenstrukturen zu erhalten.

Datenunabhängigkeit: Mit der Datenunabhängigkeit garantiert das DBMS, daß Daten unabhängig von ihrer physikalischen Repräsentation und Herkunft (systemintern oder –extern) sowie der externen Darbietung (Außensichten auf das DBMS) gemäß der Repräsentation im logischen Datenmodell verarbeitet werden.

Datenkonsistenz: Das DBMS muß Mechanismen besitzen, um die definitionsgemäße Konsistenz der Datenbank im Rahmen der Datenmanipulation und –definition zu erhalten.

Datenschutz und –sicherheit: Das DBMS hat für die physikalische Sicherheit der Daten und den geregelten Zugriff hinsichtlich Art und Umfang zu sorgen und physikalisch umzusetzen.

Datendokumentation: Das DBMS muß die Möglichkeit bieten, Definitionen und Abläufe so zu dokumentieren, daß daraus für den Nutzer verständliche Informationen generiert werden können. Dies schließt sowohl die automatische Dokumentation als auch die Verwendung von Informationen, die durch Benutzer beispielsweise hinsichtlich eines Anwendungskontextes gegeben sind, ein.

Da das DBMS aus Sicht der anderen Komponenten als Schnittstelle für den Zugriff auf die syntaktische Datenbasis fungiert, kann dieses als Basis eines entscheidungsunterstützenden Computersystems verstanden werden. Es sei an dieser Stelle noch einmal darauf hingewiesen, daß der Begriff der Datenbasis nicht physikalisch, sondern rein logisch zu verstehen ist.

4.1.4. MMS

Das MMS besitzt die Zuständigkeit für die Organisation und die Ausführung von Modellen.

Die Betrachtung erfolgt funktional auf das Modellmanagement im engeren Sinn und nicht auf die Darbietung (UIMS) oder physikalische Speicherung (DBMS) bezogen.

Erstellung: Zur Erstellung von Modellen muß das MMS eine Möglichkeit zur operationalisierenden Formulierung von Modellen, beispielsweise über eine eigene Programmier- oder Skriptsprache, besitzen.

Organisation und Wiederverwendbarkeit: Die Organisation der Modellbasis ist aus modellsyntaktischer Sicht in Verbindung mit dem DBMS zu lösen. Modellsemantisch hat das MMS eine Organisationsform von Modellen anzubieten, die eine umfassende und flexible Wiederverwendung durch die Veränderung eines Modells oder die Kombination mehrerer Modelle durch Verschmelzung oder Reihung (vgl. Dolk und Kottemann, 1993, S. 54f oder Tsai, 1998, S. 355f) erlaubt. Die Objektorientierung bietet insbesondere aufgrund des Vererbungsprinzips hierfür eine aussichtsreiche Basis (vgl. Ma, 1995 und 1997 sowie einige Ansätze zur Umsetzung, beispielsweise Kwon und Park, 1996, Ninios *et al.*, 1995 oder Gagliardi und Spera, 1997).

Ausführung: Das MMS muß Modelle im Rahmen der Implementierung ausführen können. Dies kann entweder über das MMS selbst erfolgen oder über die

Steuerung externer Ausführungssysteme (beispielsweise externe Solver) durch das MMS.

Dokumentation: Das MMS muß die Möglichkeit bieten, Modelle, die semantische Organisation von Modellen und Modellausführungen so zu dokumentieren, daß für den Nutzer daraus verständliche Informationen generiert werden können. Dies schließt sowohl die automatische, semantisch gehaltvolle Dokumentation als auch die Verwendung von Informationen, die durch Benutzer zum Beispiel hinsichtlich eines Anwendungskontextes gegeben sind, ein.

Ein Seiteneffekt der Dokumentation kann eine durch das MMS geleistete semantische Unterstützung bei der Kombination von Modellen sein (vgl. in Bezug auf die Verletzung der Namenseindeutigkeit Bhargava *et al.*, 1991, S. 119).

Im Hinblick auf den zu unterstützenden Entscheidungsprozeß (vgl. Abschnitt 2.4.2 auf Seite 31) leistet das MMS seinen Beitrag insbesondere bei der *design phase* und der *choice phase* (vgl. die grundlegenden empirischen Befunde zum kognitiven Kosten–Nutzen–Kalkül von Todd und Benbasat, 1992, S. 388–390). Das Konzept zur Organisation und Wiederverwendung im MMS ermöglicht es, die Kompetenz mehrerer Modellierer vorzuhalten und zu aggregieren. Dadurch kann ein Modellierer in der *design phase* neben seiner eigenen Modellkompetenz das *know-how* anderer ohne großen Aufwand einbringen. Die Ausführung komplexer Modelle und der Einsatz von Auswertungsmodellen kann in der *choice phase* die Qualität der Alternativenauswahl ohne negativen kognitiven Aufwandseffekt steigern.

4.1.5. UIMS

Das UIMS bildet das Bindeglied zwischen dem Benutzer und den computerbezogenen Subsystemen. Ihm kommen primär Schnittstellenaufgaben zu.

Kommunikationsschnittstelle: Das UIMS muß dem Benutzer die Möglichkeit bieten, mit den anderen computerbezogenen Subsystemen über geeignete Eingabe– und Ausgabekomponenten in Interaktion zu treten. Im Normalfall dient eine grafische Benutzeroberfläche zur Umsetzung.

Nutzungsunterstützung: Das UIMS ist für die Unterstützung des Nutzers beim Einsatz des Computersystems im ganzen sowie der einzelnen Komponenten (auch sich selbst) zuständig. Dies kann durch den Einsatz von informativen und vorschlagenden Hilfssystemen erreicht werden (vgl. Silver, 1991, S. 113, Fazlollahi *et al.*, 1997, S. 312). Die Nutzungsunterstützung fokussiert insbesondere den vom Nutzer zu leistenden Übertragungsprozeß zwischen der Semantik des Anwendungskontextes und der des entscheidungsunterstützenden Computersystems.

Berichtsgenerierung: Das UIMS hat in Verbindung mit den Dokumentationsfunktionen anderer Subsysteme ein flexibles und semantisch gehaltvolles Berichtsmanagement mit Konfigurations– und Erstellungsmöglichkeiten anzubieten. In den Bereich der Berichtsgenerierung fallen zudem Aufgaben der Visualisierung und der Kooperation und Steuerung von externen Systemen (beispielsweise Grafikprogramme), die einen Beitrag zur Berichtsgenerierung leisten.

Schnittstellenflexibilität: Das UIMS sollte möglichst viele unterschiedliche Ein– und Ausgabeformen unterstützen und dem Nutzer die Auswahl gemäß seiner Nutzungspräferenz und –befähigung weitestgehend belassen. Dies schließt Export– und Importschnittstellen zu anderen Systemen mit ein.

Nutzungsformflexibilität: Ebenfalls in Bezug auf die Nutzungspräferenz und –befähigung muß das UIMS verschiedene Formen der Benutzung unterstützen; beispielsweise einen mächtigen Expertenmodus mit weitreichender Programmierschnittstelle und einen einfachen Wenignutzermodus, beispielsweise grafisch dargebotene und dokumentierte Referenzanwendungen mit Konfigurationsassistenz. Chari und Tarun (1998, S. 118) verweisen im Kontext einer Implementierung auf die Trennung zwischen interner Sprache und grafischer Darbietung.

Die Flexibilität bei der Nutzung und die kognitiv geschickte Darbietung leisten einen wichtigen Beitrag zu der Einsatzqualität eines entscheidungsunterstützenden Systems. Sie stehen direkt in Beziehung mit der Akzeptanz und der korrekten Bedienung durch den Nutzer und gehen in sein kognitives Kosten–Nutzen–Kalkül ein (vgl., wie auch beim MMS, Todd und Benbasat, 1992 sowie Benbasat und Todd, 1996).

Die kognitiv geschickte Darbietung erleichtert das Verständnis von Modellen und Wirkungszusammenhängen (vgl. problematisierend Carlsson und Turban, 2002, S. 106). Der potentielle Abbau verständnisbedingter Inakzeptanz (vgl.

Ackoff, 1967, Ginzberg, 1981), eröffnet die Möglichkeit, ein umfassenderes und – je nach Anwendungskontext – hinsichtlich seiner entscheidungsunterstützenden Qualität höherwertiges Repertoire an Modellen erfolgreich in ein entscheidungsunterstützendes System zu integrieren.

4.1.6. Nutzerprofile

Die Nutzer lassen sich im Sinne des nicht–technischen Subsystems in einem entscheidungsunterstützenden System hinsichtlich ihrer Qualifikationen bei der Systemverwendung typisieren. Dabei bietet sich eine Differenzierung der Qualifikation bezüglich des Anwendungskontextes und der Systemkompetenz an (eine etwas andere Einteilung findet sich bei Turban und Aronson, 2001, S. 110).

Die folgenden Typen repräsentieren personenungebundene Profile. Diese Profile können sowohl Einzelpersonen oder Gruppen zugeschrieben werden. Ebenso lassen sich mehrere Profile einer einzelnen Person oder einer Gruppe zurechnen, die als Nutzer des Systems fungiert.

Führungskraft: Eine Führungskraft besitzt allgemeine Managementkompetenz und wenig IT–Erfahrung.

Führungsassistenz: Eine Führungsassistenz besitzt ebenfalls Managementkompetenz, ist aber in der Regel detaillierter fachqualifiziert und versierter im Umgang mit IT.

Fachexperte: Ein Fachexperte ist Spezialist in einer bestimmten Domäne, besitzt mäßige IT–Kompetenz und wenig allgemeines Zusammenhangswissen.

Systemexperte: Ein Systemexperte ist auf den Umgang mit dem entscheidungsunterstützenden System spezialisiert, verfügt aber über wenig anderes Domänenwissen oder allgemeines Zusammenhangswissen.

Die unterschiedlichen Profile können grundsätzlich als Entscheidungsträger auftreten; allerdings ist von Führungskräften verstärkt als Entscheidungsträger auszugehen und dabei mit dem Einsatz von einem oder mehreren Intermediären aus den anderen Profilen zu rechnen. Das Auftreten von Intermediären und Gruppenkonstellationen unterstreichen den Bedarf nach Kommunikations– und Dokumentationsfunktionalitäten im Rahmen des technischen Systems.

Unabhängig von diesen Profilen liefert die Varianz in kognitivem Stil und Entscheidungsverhalten den Bedarf nach der kognitiv flexiblen Gestaltung des UIMS, so daß eine subjektiv geeignete Nutzung möglich wird.

Neben der Systembetrachtung unter gegebenen Nutzerprofilen ist bei bestehenden Systemen und Anwendungskontexten die geeignete Nutzerkonstellation zu überlegen, beispielsweise einem strategischen Planungsstab aus einer Führungsassistenz als Teamleiter und Schnittstelle zur entscheidungstragenden Führung, einem Systemexperten als Schnittstelle zum Computersystem und den im Anwendungskontext benötigten Fachexperten.

4.2. Anwendungsbereich diskrete Simulation

Die folgenden Abschnitte befassen sich mit der Erweiterung und Spezifizierung des Grundkonzepts entscheidungsunterstützender Systeme zu einem Grundkonzept für eine universelle Simulationsumgebung in Verbindung mit dem Entscheidungsprozeß und als entscheidungsunterstützendes System.

Neben einem Grundkonzept werden aufbauend auf einem Qualitätskonzept der Simulation Gestaltungshinweise für die Umsetzung gegeben. Diese Gestaltungshinweise lassen sich in direkten Einklang mit Gestaltungshinweisen zu entscheidungsunterstützenden Systemen im allgemeinen bringen. Sie stellen kein grundsätzliches *novum* dar, sondern heben noch einmal wichtige Aspekte hervor.

4.2.1. Unterstützung des Entscheidungsprozesses durch Simulation

Die Entscheidungsunterstützung mit Hilfe von Simulation (vgl. Abschnitt 2.3.1 auf Seite 21) fokussiert bestimmte Phasen des Entscheidungsprozesses (vgl. Abschnitt 2.4.2 auf Seite 31). Die Abbildung 4.2 auf der nächsten Seite verdeutlicht den phasenbezogenen Zusammenhang und die Parallelen hinsichtlich der Rückkopplungen.

Die Simulation, eingeteilt in die Modellbildung und das Simulationsexperiment, geht im vierphasigen Entscheidungsprozeß in die *design phase* und die *choice phase* ein.

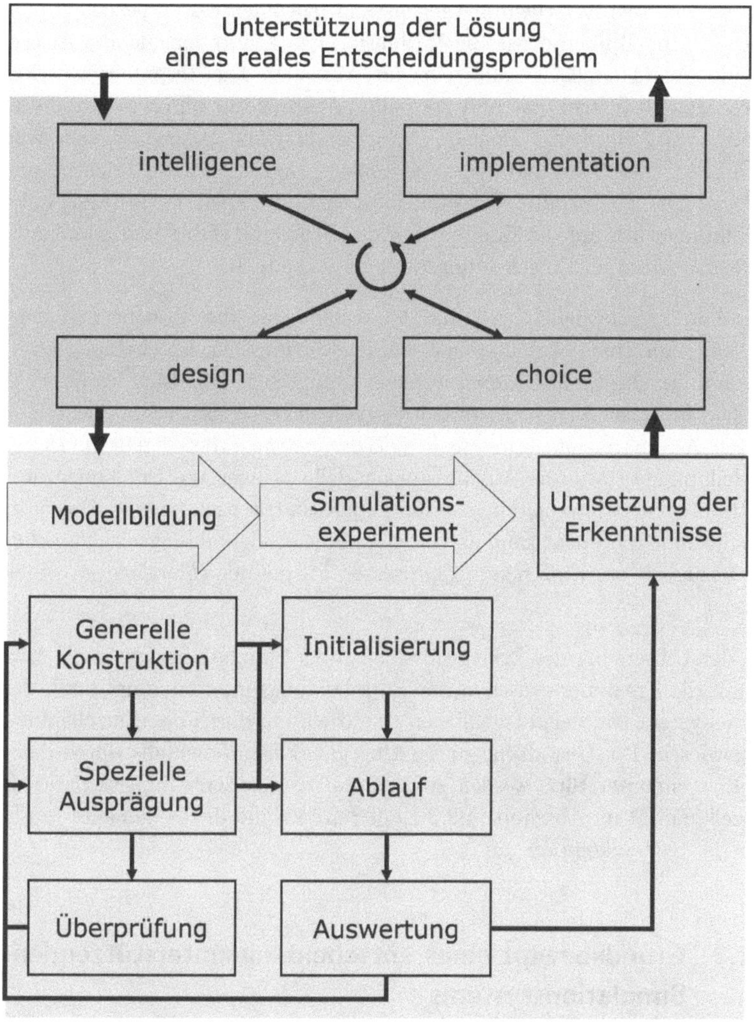

Abbildung 4.2.: Zusammenführung des Simulationskonzepts mit dem des Entscheidungsprozesses

Die *design phase* beinhaltet neben der Alternativengenerierung die Modellierung in bezug auf den Entscheidungsgegenstand. Darin enthalten ist das durchzusimulierende Modell ebenso wie die Initialisierungsaktivitäten und die Auswertungskalküle (aus Modellsicht alles einzelne Modelle). Die Trennung zwischen genereller Modellkonstruktion und spezieller Ausprägung unterstreicht die explizite Berücksichtigung beider Ebenen, der generellen und konzeptionellen Modellebene auf der einen Seite und der speziell ausgeprägten, zustandsorientierten auf der anderen. Die Überprüfung der Modellierung kann neben der Wirkung auf die Modellbildung auch auf die Eingrenzung der Problemstellung und damit auf die *intelligence phase* im Entscheidungsprozeß rückkoppeln.

Die *choice phase* befaßt sich mit der Ausführung der Modelle und deren Auswertung, um einen Anhaltspunkt zur Bewertung der Enscheidungsalternativen zu erhalten. Das Simulationsexperiment nimmt sich grundsätzlich dieser Aufgabe an. Die Initialisierung kann zudem als vorgelagerter Schritt an der operationalisierten Alternativengenerierung in der *design phase* beteiligt sein. Der oder die Modellabläufe sowie die Auswertungsmodelle bringen die Ergebnisse hervor, die im Rahmen der Entscheidungsfindung umgesetzt werden können. Das ausgeführte Simulationsexperiment kann außerdem auf die Modellbildung rückkoppeln und damit bezüglich des Entscheidungsprozesses auf die der *choice phase* vorgelagerten Phasen.

Mit der Umsetzung der Erkenntnisse aus dem Simulationsexperiment wird explizit auf die Trennung zwischen der Entscheidungsunterstützung durch das Simulationssystem und der tatsächlichen Entscheidung durch den Entscheidungsträger hingewiesen. Die Gestaltung dieses Übergangs kann ebenfalls durch das Simulationssystem unterstützt werden, sofern derartige Konzepte implementiert sind (vgl. Prozeßqualität im Abschnitt 4.2.2.1 auf Seite 98 und die Dokumentationsbestandteile der Systemkomponenten).

4.2.2. Grundkonzept eines entscheidungsunterstützenden Simulationssystems

Die Abbildung 4.3 auf der nächsten Seite schlägt eine Spezifizierung des Grundkonzepts von entscheidungsunterstützenden Systemen (vgl. Abbildung 4.1 auf Seite 87) auf den Anwendungsbereich der diskreten Simulation vor.

Die Spezifizierung führt das Subsystem zum Simulationsmanagement SMS (*simulation management system*) als weitere Komponente des Computersystems ein.

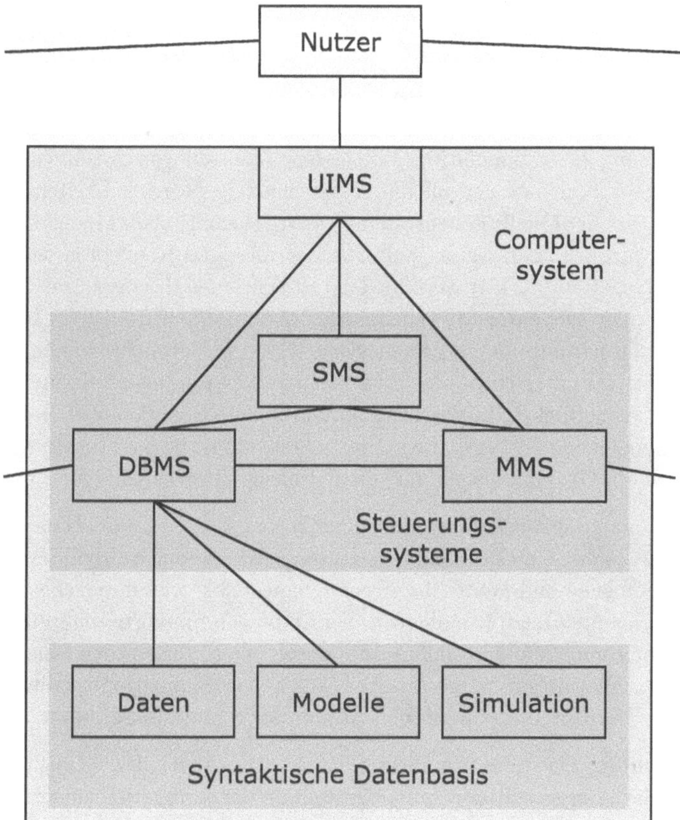

Abbildung 4.3.: Aufbau eines offenen Simulationssystems als entscheidungsunterstützendes System ohne Wissenskomponente

Dem Konzept der komponentenspezifischen Aufgabentrennung folgend besitzt das SMS die Aufgabe, das Simulationsexperiment zu organisieren und zu steuern (Simulationsuhr, Initialisierung) und in diesem Zusammenhang den Einsatz des DBMS und des MMS simulationssemantisch zu koordinieren.

Bevor auf die einzelnen Komponenten des Computersystems im Anwendungsbereich Simulation eingegangen wird, stellt der nachfolgende Abschnitt ein anwendungsbezogenes Konzept zur Qualität von Simulation vor, aus dem Gestaltungshinweise für die Systemkomponenten abgeleitet werden können.

4.2.2.1. Qualität entscheidungsunterstützender Simulation

Zur Bewertung einer Simulation gibt es eine Vielzahl von Ansätzen. Balci und Sargent (1984, S. 15) tragen alleine 16 verschiedene Begrifflichkeiten zusammen, die im Kontext der Qualitätsbeurteilung von mathematischen Modellen und Simulation gebräuchlich sind. Neben weiteren Begriffen und Konzepten wie *legitimacy* (Landry *et al.*, 1996, S. 451f, verschiedene Dimensionen der organisationalen Legitimierung) oder *warrentability* (Kleindorfer *et al.*, 1998, S. 1097f, ein Integrationsansatz von Objektivismus und Relativismus), um nur zwei zu nennen, verhindert insbesondere das unterschiedliche, teils konträre Verständnis zu ein und demselben Begriff ein einheitliches, übersichtliches und generell anerkanntes Begriffsgerüst. Auf eine eingehende Diskussion wird verzichtet, um nicht das Augenmerk von den hier relevanten Grundaussagen zur Simulationsqualität zu lenken.

Betrachtet man die Anwendung einer Simulation, können hinsichtlich des Anwenders (beispielsweise ein Entscheidungsintermediär) und der Anwendungsumgebung anwenderbezogene und kontextbezogene Qualitätsfaktoren unterschieden werden, die in die gesamte Qualität einfließen. Die empirisch fundierte, begriffliche Triologie von Robinson (2002, S. 106f) bildet im weiteren Verlauf den Ausgangspunkt für einen ganzheitlichen, pragmatischen Ansatz zur Simulationsqualität, um qualitätssteigernde Unterstützungsmöglichkeiten für Simulationssysteme abzuleiten.

Inhaltsqualität: Die Inhaltsqualität (*quality of content*) bezieht sich zum einen auf die Korrektheit der Aufgabenstellung der Simulation und zum anderen auf die Korrektheit der Umsetzung der Aufgabenstellung. Im ersten Fall wird der Frage nach der Lösung des richtigen Problems nachgegangen, im zweiten Fall der Frage nach der richtigen Lösung des Problems. Die Unterscheidung bildet eine wichtige Differenzierung bei der Suche nach Fehlern und Verbesserungsmöglichkeiten, wenn eine Simulationsstudie als korrekturbedürftig befunden wird.

Prozeßqualität: Die Prozeßqualität (*quality of process*) fokussiert bewertungsbeeinflussende Faktoren jenseits der faktisch–inhaltlichen Betrachtung. Sie geht vielmehr in einer kundenorientierten Sicht auf den Modellersteller und den Modellanwender ein. Derartige Faktoren können die Kommunikationsqualität zwischen Ersteller und Anwender und damit verbunden das Vertrauen des Anwenders in den Modellierer oder die Erwartungen des Anwenders sein.

Ergebnisqualität: Die Ergebnisqualität (*quality of outcome*) nimmt sich der Nützlichkeit der Simulationsstudie in ihrem Anwendungskontext an. Kurzfristig gilt es dabei die Bereitschaft oder Motivation zu bewerten, entsprechend den Erkenntnissen der Simulation zu handeln. Neben unmittelbar umsetzbaren Handlungsdirektiven können ein besseres Problemverständnis oder Lernen als erreichte Ziele verstanden werden. Längerfristig ist als Ergebnisqualität der tatsächliche Beitrag in bezug auf den Anwendungskontext, also das Ergebnis des motivierten Handelns, zu bewerten (beispielsweise bessere Entscheidungen).

Robinson ermittelt einen wechselseitigen Einfluß zwischen Inhaltsqualität und Prozeßqualität und einen gemeinsamen Einfluß der beiden auf die Ergebnisqualität. Er fordert bei der Gewichtung der Inhaltsqualität und Prozeßqualität hinsichtlich ihres Beitrags zur Ergebnisqualität – in Verbindung mit empirischer Evidenz über Wesenszüge von betriebswirtschaftlicher Simulation (siehe Cochran *et al.*, 1995) –, die Prozeßqualität nicht zu vernachlässigen, sondern eher verstärkt zu berücksichtigen.

Abstrahiert man das Verständnis von Ersteller und Anwender von der Vorstellung einer Einzelperson, bekommt die Prozeßqualität neben der vertikalen auch eine horizontale Dimension in bezug auf den Ersteller.

Die Betrachtung der Inhalts- und Prozeßqualität als Determinanten der Ergebnisqualität gehen differenziert in die nachfolgende Spezifizierung der Komponenten eines entscheidungsunterstützenden Simulationssystems mit ein.

4.2.2.2. DBMS eines Simulationssystems

Das DBMS eines Simulationssystems organisiert alle im Rahmen der Simulation verwendeten Daten.

Die Daten lassen sich bezüglich ihrer Semantik in Daten, Modelle und Simulation aufteilen und sollten auch aus Datensicht in logisch getrennten Datenstrukturen gehalten werden. Simulationsdaten bilden dabei eine simulationsspezifische Organisation von Daten und Modellen ab. Durch sie ist referentiell geregelt, welche Daten aus dem Bereich der Daten und der Modelle in den Phasen einer Simulation auftreten. Die Simulationsdaten tragen zudem Daten, die weder dem Daten– noch dem Modellbereich semantisch zugeordnet sind, beispielsweise den Zeithorizont der Simulation oder diverse Steuerungsdaten.

Um die Prozeßqualität der Simulation unterstützen zu können, benötigen insbesondere Datenstrukturen der Modelle und der Simulation Konstrukte zur Dokumentation. Im Hinblick auf die Inhaltsqualität sollte das DBMS dem Simulationssystem möglichst keine Restriktionen bezüglich der Strukturkomplexität und Datentypisierung auferlegen.

4.2.2.3. MMS eines Simulationssystems

Das MMS eines Simulationssystems organisiert, in Verbindung mit dem DBMS, alle im Rahmen der Simulation verwendeten Modelle und bezieht sich auf den Simulationsteil Modellbildung. Sowohl die Modellorganisation als auch die Modellausführung sollte dabei frei vom Simulationskontext sein, um einen möglichst flexiblen Einsatz zu gewährleisten.

Um die Prozeßqualität der Simulation unterstützen zu können, benötigt das MMS Möglichkeiten zur modellsemantisch umfassenden Dokumentation. Im Hinblick auf die Inhaltsqualität sollte das MMS dem Simulationssystem möglichst keine Restriktionen bezüglich der Modellformulierung und –ausführung auferlegen. In diesem Zusammenhang ist auf eine mächtige Modellierungssprache aber auch, je nach Anwenderkontext, auf darin vorgefertigte und umfangreich dokumentierte Referenzmodelle zu achten.

4.2.2.4. SMS eines Simulationssystems

Das SMS bildet eine neue Komponente im Kanon der Subsysteme eines entscheidungsunterstützenden Computersystems. Seine Aufgaben sind die Organisation, Steuerung und Dokumentation der Simulation.

Organisation: Das SMS muß Simulationen hinsichtlich ihrer Daten, Modelle und der Steuerung logisch zusammenhängend organisieren. Desweiteren sollte das

SMS Möglichkeiten zur Integration operationalisierbarer semantischer Informationen zum Kontext einer Simulation bieten.

Simulationssteuerung: Die Simulationssteuerung besitzt die Aufgabe, das DBMS und das MMS gemäß des Simulationsablaufs (Initialisierung, iterativer Modellablauf und Auswertung) zu steuern. Die Simulationsuhr bildet dabei einen wesentlichen Bestandteil. Die Ausführung eines Modell an sich obliegt dem MMS.

Die Simulationssteuerung muß, sofern vorhanden, mit dem interaktiven Teil der Experimentierschnittstelle kooperieren.

Experimentierschnittstelle: Die Experimentierschnittstelle hat Eingriffs- und Variationsmöglichkeiten zu bieten. Sie lassen sich in automatische und manuelle Variationen sowie in interaktive Eingriffe differenzieren. Variationen basieren auf einem semantisch sinnvollen Raum von Möglichkeiten, dessen Handhabung über die semantischen Kontextinformationen (beispielsweise ähnliche Modelle, Strategieparameter etc.) unterstützt wird. Bei der automatischen Variation bewegt sich die Simulationssteuerung selbständig durch den Variationsraum, wie etwa bei einer automatischen Sensitivitätsanalyse. Dadurch kann das System Erkenntnisse hervorbringen, die das kreative oder kognitive Potential des Anwenders überschreiten. Mittels manueller Variation lassen sich gezielte Variationseffekte untersuchen. Der interaktive Eingriff ermöglicht es dem Anwender, Änderungen während des Modellablaufs einzubringen und deren Auswirkungen zu beobachten.

Zusammenfassend gilt für die Experimentierschnittstelle, daß sie ein breites Spektrum an Variationsmöglichkeiten bieten sollte. Das Experiment repräsentiert einen wichtigen Ansatz zum Verständnis und Lernen über einen Anwendungskontext. Die einfache und damit anwendungsmotivierende Handhabung für den Benutzer erfolgt in Abstimmung mit dem UIMS.

Dokumentation: Das SMS muß die Möglichkeit bieten, Simulationen in Verbindung mit den eingesetzten Modellen und dem Anwendungskontext so zu dokumentieren, daß für den Nutzer daraus verständliche, entscheidungsunterstützende Informationen generiert werden können. Dies schließt sowohl die automatische, semantisch gehaltvolle Dokumentation als auch die Verwendung von Informationen, die durch Benutzer gegeben sind, ein.

4.3. Konzeption von $MOOS_Y^{SIM}$

Der folgende Abschnitt führt das Grundkonzept eines entscheidungsunterstützenden Systems zur diskreten Simulation mit dem Modellierungsparadigma $MOOS_Y$ zusammen. Diese Zusammenführung bildet die Grundlage für die Simulationsimplementierung $MOOS_Y^{SIM}$, die im nächsten Kapitel aufgebaut wird. Der Abschnitt beschreibt den konzeptionellen Aufbau für eine ganzheitliche Simulationsunterstützung, in welchem eine umfassende, akzeptanzsteigernde Entlastung des Nutzers realisiert werden kann.

Die Abbildung 4.4 zeigt, als Weiterentwicklung des $MOOS_Y$–Puzzles auf Seite 49, die Verknüpfung zwischen dem $MOOS_Y$–Paradigma und dem Konzept eines universellen, entscheidungsunterstützenden Simulationssystems.

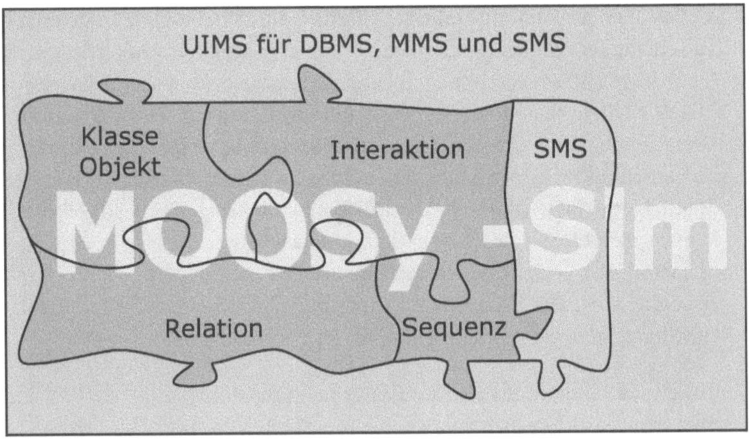

Abbildung 4.4.: Konzeptioneller Aufbau von $MOOS_Y^{SIM}$ aus Nutzersicht

Die vier $MOOS_Y$–Bausteine bilden den konzeptionellen Kern der Implementierung und die Grundlage für das MMS. Der modellorganisierende Baustein Sequenz ist dabei mit dem SMS verbunden. Diese Verknüpfung erhält die semantische Schnittstelle zwischen den $MOOS_Y$–Bausteinen im MMS und ihrer Verwendungen im SMS (vgl. Abbildung 3.7 auf Seite 81).

In bezug auf die Interaktion zwischen Nutzer und $MOOS_Y^{SIM}$ bildet das Kreislaufmodell 4.5 auf der nächsten Seite ein Schema zur ganzheitlichen Simulationsunterstützung. Das Schema baut erweiternd auf den vier Phasen Entwurf, Implementierung, Simulation und Interpretation auf (analog zu den vier Modellierungsphasen bei Schober, 1990, S. 182) und grenzt dabei die Zuständigkeit zwischen Nutzer und $MOOS_{Y}^{SIM}$ ab.

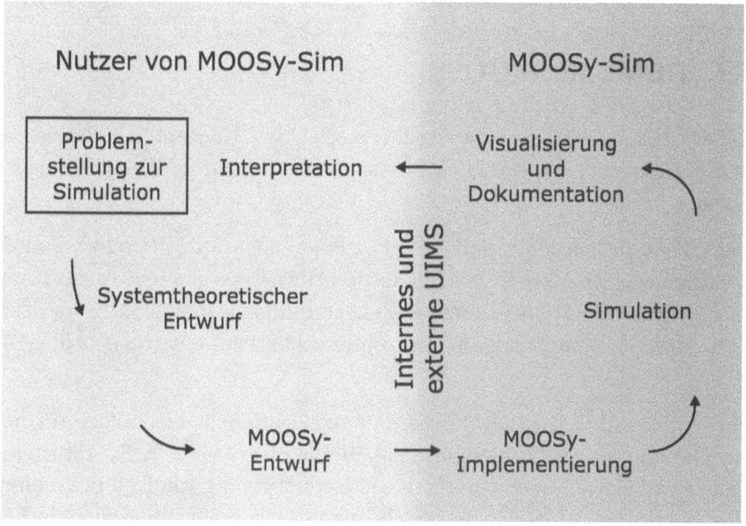

Abbildung 4.5.: Kreislaufmodell zur ganzheitlichen Simulationsunterstützung durch $MOOS_{Y}^{SIM}$

Im Sinne einer ganzheitlichen Unterstützung übernimmt das Computersystem den Übergang des $MOOS_Y$–Entwurfs zur $MOOS_Y$–Implementierung (vgl. Abbildung 3.4 auf Seite 70) bis hin zu dem abschließenden Übergang bei der Ergebnisinterpretation aus Nutzersicht. Der Nutzer wird, neben seinen kreativen Tätigkeiten bei der Modellierung und Interpretation, lediglich durch unvermeidliche Programmierung mit Spezifika des Computersystems konfrontiert. Als unvermeidlich sind beispielsweise Wirkungszusammenhänge ($MOOS_Y$–Relationen) einzustufen, die das MMS noch nicht in seinem Repertoire vorhält. Ansonsten nimmt die benutzerorientierte Interaktion des Computersystems dem Nutzer nicht–kreative Tätigkeiten weitestgehend durch Kommunikation, Dokumentation und Visualisierung ab (siehe auch Jones und Brown, 2002, S. 386, Beynon *et al.*, 2002, S. 140).

Nachfolgend werden kurz einige Spezifika für die Konzepte des DBMS, des MMS und des SMS für $MOOS_Y^{SIM}$ angesprochen. Das Konzept für das UIMS von $MOOS_Y^{SIM}$ leitet sich aus dem Konzept der anderen Komponenten des Computersystems ab, es besitzt selbst keine $MOOS_Y^{SIM}$–spezifischen Eigenschaften, die nicht schon Teil des grundlegenden UIMS–Konzepts sind (vgl. Abschnitt 4.1.5 auf Seite 91).

4.3.1. DBMS für $MOOS_Y^{SIM}$

Das DBMS muß ein aus Datensicht geschicktes Konzept zur Umsetzung der $MOOS_Y$–Bausteine sowie der MMS–spezifischen und SMS–spezifischen Daten besitzen.

Dabei gilt es zu beachten, daß die zu simulierenden Modelle selbst und die vor- und nachgelagerten Modelle der Simulation (Initialisierung und Auswertung) ohne Konzeptbruch dem $MOOS_Y$–Paradigma entstammen, so daß SMS–spezifische Daten den MMS–spezifischen Daten konzeptionell und mit Querverweis überzuordnen sind.

Darüber hinaus hat das DBMS die datenkonzeptionelle Grundlage für modellsemantische und simulationssemantische Hierarchien von $MOOS_Y$–Bausteinen und –Modellen zu legen, um eine umfassende Unterstützung von Kombination und Variation durch das MMS und das SMS aus ihrer komponentensemantischen Sicht zu ermöglichen.

4.3.2. MMS für $MOOS_Y^{SIM}$

Das MMS organisiert die $MOOS_Y$–Bausteine für die strukturelle und modellsemantische, operationalisierte Verarbeitung. Strukturbezogene Aspekte fußen in diesem Zusammenhang auf dem DBMS–Konzept, das aus Sicht des MMS die Modellsyntax trägt. Modellsemantische Aspekte bilden einen Anhaltspunkt für die konzeptionelle Verknüpfung mit dem SMS.

Das MMS hat die Möglichkeit zu bieten, strukturbezogene und modellsemantische Hierarchien mit Abstraktions–Konkretisierungs–Beziehungen für die generellen $MOOS_Y$–Bausteine Klasse, Interaktion und Relation sowie für Sequenzen (ein gesamtes generelles $MOOS_Y$–Modell) zur automatisierbaren, hierarchisch vertikalen und horizontalen Variation anlegen zu können. Hierbei ist die modellsemantische Konsistenz in den Hierarchien zu operationalisieren. Desweiteren ist die Bildung von strukturbezogenen funktionalen Hierarchien für $MOOS_Y$–Relationen und $MOOS_Y$–Sequenzen für die automatisierte und manuelle, funktionale Dekomposition und Rekombination von Verarbeitungen und Modellen zu unterstützen.

Das MMS hat in Verbindung mit der generellen Modellorganisation zudem speziell ausgeprägte Modelle ($MOOS_Y$–Objekte) modellsemantisch zu verwalten; beispielsweise mit Hilfe von Szenario–Konzepten.

4.3.3. SMS für $MOOS_Y^{SIM}$

Das SMS organisiert $MOOS_Y$–Modelle in Verbindung mit diskreter Simulation.

Mit Blick auf Variation und Rekombination hat das SMS – analog zu dem MMS – simulationssemantische Hierarchiekonzepte zum operationalisierten Experimentieren zu realisieren. Diese vererbungsbasierten oder funktionalen Hierarchiekonzepte sind auf das MMS hinsichtlich ihrer Konsistenz abzustimmen. Beispielsweise dürfen zur Simulationsvariation durch spezielle Ausprägung (spezielle Mutation) nur Szenarien verwendet werden, die dem durchzusimulierenden $MOOS_Y$–Modell zuordenbar sind.

4.3.4. Nutzerprofile im Kontext von $MOOS_Y$ und $MOOS_Y^{SIM}$

Nach der Betrachtung des technischen Simulationssystems werden nachfolgend Nutzerprofile auf ihren potentiellen Beitrag bei der Aufgabenbewältigung unter dem Einsatz von $MOOS_Y^{SIM}$ untersucht. Ziel dieses Abschnitts ist es, erste Anregungen zu der personellen Konfiguration und der Gestaltung personeller Kooperation im Rahmen des entwickelten Konzepts für $MOOS_Y^{SIM}$ zu geben.

Die Tabelle 4.1 auf der nächsten Seite differenziert die Kompetenz der Nutzerprofile hinsichtlich des Anwendungskontextes und der Anwendung von $MOOS_Y^{SIM}$ und greift die Einteilung aus Abschnitt 4.1.6 auf Seite 93 auf. Unter der Annahme, daß $MOOS_Y^{SIM}$ keine Hilfe (Referenzmodelle etc.) bei der Aufgabenbewältigung zur Verfügung stellen kann, bedarf es aus Sicht des Anwendungskontextes allgemeiner und detailspezifischer Kompetenz zur Modellierung und die Fachkompetenz des Systemexperten zur Umsetzung der Simulation in $MOOS_Y^{SIM}$.

Nutzerpofil	Kontextkompetenz	$MOOS_Y^{SIM}$–Kompetenz
Führungskraft	allgemein–grob	gering
Führungsassistenz	allgemein	eher gering
Fachexperte	spezifisch–detailliert	eher gering
Systemexperte	gering	sehr hoch

Tabelle 4.1.: Potentieller Beitrag der Nutzerprofile beim Modellentwurf und der Umsetzung in $MOOS_Y^{SIM}$

Das unterstützende Potential von $MOOS_Y^{SIM}$ wird unter der Annahme, daß $MOOS_Y^{SIM}$ im Rahmen seines Modellmanagements bereits über passende Bausteine für einen Anwendungskontext verfügt, deutlich. Die Kompetenz von Fachexperten (Klassen, Interaktionen, Relationen), Führung (Sequenzen) und Systemexperten (implementierte Form, insbesondere bei Relationen) liegt operationalisiert und dokumentiert vor. Insbesondere Führungsprofile können sich aufgrund ihrer umfassenden Kontextkompetenz derartiger Referenzmodelle und –simulationen bedienen (in Erweiterung ihrer subjektiven Filter, vgl. Wilms, 2001, S. 33) und diese bei entsprechendem UIMS–Konzept einfach und direkt nutzen.

Die Verwendung des $MOOS_Y$–Paradigmas im Rahmen von $MOOS_Y^{SIM}$ erfordert von Nutzerprofilen zusätzlich die Kompetenz, Modelle gemäß $MOOS_Y$ zu formulieren. Es liegt nahe, von dem Systemexperten diese $MOOS_Y$–Kompetenz im Hinblick auf seine ohnehin vorhandene $MOOS_Y^{SIM}$–Kompetenz zu fordern.

Nutzerpofil	Klasse	Interaktion	Relation	Sequenz
Führungskraft	allgemein–gering	allgemein–gering	allgemein–gering	allgemein–mittel
Führungsassistenz	allgemein–mittel	allgemein–mittel	allgemein–mittel	allgemein–hoch
Fachexperte	speziell–hoch	speziell–hoch	speziell–hoch	speziell–gering

Tabelle 4.2.: Potentieller Beitrag der Nutzerprofile bei der $MOOS_Y$–Modellierung im Rahmen des Modellentwurfs

Die Tabelle 4.2 beschreibt den spezifischen Beitrag, den die anderen Profile, aufbauend auf ihrer Kontextkompetenz, zur Formulierung von $MOOS_Y$–Bausteinen leisten.

5. Implementierung der Simulationsumgebung $\mathrm{MOOS}_{\mathrm{Y}}^{\mathrm{SIM}}$

Das folgende Kapitel befaßt sich, aufbauend auf dem $\mathrm{MOOS}_{\mathrm{Y}}$–Paradigma sowie den konzeptionellen Ansätzen zur Simulation und zu den entscheidungsunterstützenden Systemen, mit der Implementierung der Simulationsumgebung $\mathrm{MOOS}_{\mathrm{Y}}^{\mathrm{SIM}}$.

Nach Übertragung der Idee der offenen Systeme in den hiesigen Kontext gibt das Kapitel eine einführende Positionierung der verwendeteten Programmiersprache. Es werden einige Spezifika dieser Programmiersprache sowohl aus sprachkonzeptioneller als auch aus implementierungsbezogener Sicht erläutert und auf die daraus resultierenden Möglichkeiten bei der Programmumsetzung verwiesen.

Nach der Legung des programmierungsbezogenen Fundaments widmet sich das Kapitel der anwendungsbezogenen Konzeption und Umsetzung. Der Komponenteneinteilung entscheidungsunterstützender Systeme folgend wird $\mathrm{MOOS}_{\mathrm{Y}}^{\mathrm{SIM}}$ hinsichtlich seines DBMS, MMS, SMS und UIMS separat beleuchtet und jeweils auf das $\mathrm{MOOS}_{\mathrm{Y}}$–Paradigma und diskrete Simulation hin vertieft.

Aufgrund der Tatsache, daß es sich bei $\mathrm{MOOS}_{\mathrm{Y}}^{\mathrm{SIM}}$ um eine zur Erweiterung vorgesehenen, prototypischen Implementierung handelt, teilen sich die Ausführungen an einigen Stellen in Konzeption und Realisierung. Somit können Unvollständigkeiten in der derzeit aktuellen Fassung von $\mathrm{MOOS}_{\mathrm{Y}}^{\mathrm{SIM}}$ durch ihre konzeptionelle Grundlage und das hieraus resultierende Ausbaupotential relativiert werden.

Da die DBMS–Komponente als Basis für die anderen Bestandteile fungiert, wird deren Konzeption und Umsetzung zuerst betrachtet.

Im Weiteren wird auf das MMS, das SMS und das UIMS eingegangen, wobei gerade das MMS und das SMS nur rudimentär umgesetzt werden und das größte Potential zur zukünftigen Weiterentwicklung bieten. Das UIMS synthetisiert konzeptionell kognitive Aspekte mit dem Anwendungskontext, um die dem $MOOS_Y$–Paradigma beigelegte Intuitivität und Verständlichkeit auch in der Implementierung zu manifestieren und bietet ebenfalls Weiterentwicklungspotential hinsichtlich der Umsetzung.

5.1. Leitgedanke der Offenheit

Die Offenheit von Systemen in Verbindung mit Informations– und Kommunikationstechnik bezieht sich auf jegliche Form der standardisierten Nutzbarmachung von Daten und Diensten, einem wichtigen Faktor zur Integration eines IT–Systems (vgl. Picot *et al.*, 1998, S. 156f). In diesem Zusammenhang lassen sich zwei Aspekte herausheben:

Interoperabilität: Die Interoperabilität bezeichnet die integrierte Zusammenarbeit zwischen unterschiedlichen Systemen. Übertragen auf Computerprogramme wäre das die interaktive gegenseitige Nutzung von Schnittstellen zum Austausch von Daten und Diensten.

Portabilität: Die Portabilität bezieht sich auf die Verwendbarkeit eines aufzusetzenden Systems auf verschiedenen Basissystemen. Die Implementierung eines plattformunabhängigen Programms zur Verwendung unter verschiedenen Rechnerarchitekturen und Betriebssystemen wäre ein typisches Beispiel in Bezug auf Computerprogramme.

Mit der Umsetzung von $MOOS_Y^{SIM}$ werden Aspekte der Interoperabilität und Portabilität konzeptionell berücksichtigt und teilweise umgesetzt. Die Interoperabilität spielt gerade im allgemeinen Anwendungskontext von $MOOS_Y^{SIM}$ als entscheidungsunterstützendes System eine große Rolle, da es sich in einem Kanon von spezifischen Anwendungen befindet, die ihren Beitrag in den unternehmerischen Abläufen durch Zusammenarbeit leisten. Die Portabilität fokussiert im Zusammenhang mit $MOOS_Y^{SIM}$ die technische Flexibilität des Anwendungskontextes.

Der Interoperabilität wird in $MOOS_Y^{SIM}$ durch einen bezüglich der Anwendungssemantik konzeptionell modularen Aufbau Rechnung getragen. Es besteht die Möglichkeit einzelne Module mit mäßigem Aufwand zu substituieren und anstelle der prototypischen Lösungen standardisierte Schnittstellen zu externen Systemen zu integrieren. Desweiteren setzt $MOOS_Y^{SIM}$ ansatzweise die Idee der Verwendung geeigneter Werkzeuge um, indem $\text{MOOS}_{\text{Y}}^{\text{SIM}}$ bei speziellen Teilaufgaben mit dafür geeigneten Systemen über eine allgemeine Schnittstelle zum Datenaustausch kooperiert.

Die Portabilität drückt sich in der plattformunabhängigen Programmierung von $\text{MOOS}_{\text{Y}}^{\text{SIM}}$ aus, die weder hinsichtlich der physikalischen Daten- und Dateiverwaltung noch hinsichtlich der grafischen Benutzeroberfläche an ein bestimmtes Betriebssystem oder eine Rechnerarchitektur gebunden ist.

5.2. Implementierung in der Programmiersprache Scheme

Die Simulationsumgebung $\text{MOOS}_{\text{Y}}^{\text{SIM}}$ ist in der Programmiersprache Scheme implementiert. Der folgende Abschnitt gibt einen kurzen Einblick über das Wesen und die Möglichkeiten der Programmierung in Scheme.

Die Ausführungen vermeiden eine umfassende und tiefgehende Einführung zu Programmierprachen im allgemeinen und Scheme im speziellen, um den Kontext der Arbeit nicht zu verlassen.

5.2.1. Positionierung der Programmiersprache Scheme

Scheme gehört zur Gattung der funktionalen Sprachen (vgl. beispielsweise Ghezzi und Jazajeri, 1989, S. 33f und 375–394) und wurde erstmalig von Sussman und Steele Jr. (1975) als semantisch kompakter und klarer Dialekt mit iterativer Optimierung von Endrekursionen des auf McCarthy (1960) aufbauenden Sprachkonzepts von LISP (*list processing*) definiert.

Scheme wird im Generationenmodell der Programmiersprachen der fünften Generation zugeordnet (vgl. unter anderem bei Gebauer und Vögtle, 1999, S. 9–13). In diesem Zusammenhang wird häufig auch von einer Sprache aus dem Bereich der künstlichen Intelligenz gesprochen (vgl. beispielsweise Strube, 2001, in Verbindung mit LISP). Das Besondere an diesen Sprachen ist die konzeptionelle Abkehr von dem von-Neumann-Prinzip, einem architektonischen Grundprinzip, nach dem gängige Computer konstruiert sind. Der höhere Ressourcenverbrauch, sowohl an Speicher als auch an Rechenzeit, durch die Notwendigkeit der konzeptionellen Transformation laufender Programme kann aufgrund der Leistungsfähigkeit moderner Computer und der Anforderungen an die prototypische Implementierung vernachlässigt werden. Diesem Kritikpunkt wird deshalb im Weiteren keine Bedeutung beigemessen und die konzeptionellen Vorteile herausgehoben.

Nachfolgend werden einige Aspekte vorgestellt, die für die Wahl von Scheme zur Umsetzung von $\mathrm{MOOS}_{\mathrm{Y}}^{\mathrm{SIM}}$ geführt haben. Die weiteren Ausführungen berufen sich dabei auf den von Abelson *et al.* (1998) entwickelten Sprachstandard $\mathrm{R^5RS}$ für Scheme.

5.2.2. Gründe für die Wahl von Scheme

Das Sprachkonzept von Scheme löst sich von dem sequentiellen Ablaufschema prozeduraler Sprachen und bietet die Möglichkeit zur stufenweisen, funktionalen *bottom-up*-Programmentwicklung. Dabei bilden grundlegende Funktionalitäten die Basis, auf der höhere Funktionalitäten aufbauen. Aufgrund der konzeptionellen Freiheit von dem von-Neumann-Prinzip konzentriert sich die Gestaltung der Funktionalitäten auf die Anwendungssemantik und nicht auf den computertechnischen Ablauf. Dieses Merkmal erweist sich insbesondere bei der experimentellen und prototypischen Programmentwicklung als hilfreich (Henderson, 1986, mit Verweis auf die schnelle und einfache Prototypentwicklung), da sich konzeptionelle Umsetzungsideen (zum Beispiel Aufbau einer Datenverarbeitung, auf die wiederum eine Datenauswertung aufbaut) im Aufbau des Programm in den einzelnen Funktionalitäten widerspiegeln. Außerdem bietet die Interpreterbasierung eine schnelle und einfache Möglichkeit zur experimentellen Interaktion (direkte Codeevaluierung etc.).

Scheme besitzt syntaktisch gesehen keine Datentypen und löst sich damit datentechnisch von der direkten Bindung an den Speicher. Die Grundstruktur für Daten ist eine Liste, die sich entweder aus Atomen, wiederum Listen oder der leere Liste in der Funktion eines Nullwerts zusammensetzt. Die leere Liste ist zudem das syntaktische Endzeichen für eine Liste; auf eine genauere Darstellung anhand der *box-and-pointer*-Notation wird aus Gründen der Unzweckmäßigkeit im Kontext verzichtet. Die rekursive Schachtelung und Verarbeitung von Listen ermöglicht den einfachen Umgang mit komplexen, offenen Strukturen.

Scheme eignet sich ideal für rekursive Programmierung, einem mächtigen Programmierstil zur einfachen Verarbeitung komplexer Strukturen wie beispielsweise Baumstrukturen. Die auf iterative Optimierung endrekursiver Funktionen ausgelegte Konzeption von Scheme schwächt dadurch den Kritikpunkt der Laufzeitineffizienz von Rekursionen.

Semantisch stellen Listen Strukturen dar und die elementaren Ausdrücke Daten mit bestimmten Datentypen wie Text, Zahlen, Funktionsnamen oder Lambda–Ausdrücken. Im Hinblick auf $\mathrm{MOOS_Y}$ zeigt sich eine strukturelle Parallele zur direkten Umsetzung von $\mathrm{MOOS_Y}$–Datenstrukturen (vgl. Abschnitt 3.2.2.1 auf Seite 57). Die Ungebundenheit von rechnerbedingten Datentypen kommt der Umsetzung der Skalenniveaus entgegen.

Die Anwendbarkeit von Lambda–Ausdrücken (basierend auf der Grundlage von Church, 1941) und die Gleichbehandlung von Daten und Programmen (beispielweise durch die Scheme–Primitive `eval`), ermöglichen es, Funktionalitäten wie (aktive) Daten zu interpretieren und umzusetzen. Lambda–Ausdrücke spezifizieren mathematisch formuliert eine Abbildung unter Angabe der Übergabeparameter und der Abbildungsregel. Der Unterschied zwischen Daten und Lambda–Ausdrücken besteht bei Scheme darin, daß Daten wie Text oder Zahlen im Sinne eines trivialen Lambda–Ausdrucks zu sich selbst als Ergebnis evaluieren. Das Konzept der Lambda–Ausdrücke läßt sich zum einen direkt auf die Spezifikation einer $\mathrm{MOOS_Y}$–Relation übertragen und eröffnet zum anderen die Möglichkeit, die gesamte Mächtigkeit der Sprache, samt der im laufenden Programmbetrieb evaluierten Funktionalitäten, zu verwenden.

Der letzte Aspekt führt dazu, daß eine $\mathrm{MOOS_Y^{SIM}}$–Implementierung kein abgeschlossenes Programm bildet, sondern ein hinsichtlich seines Programmcodes dynamisches Konstrukt in einer Laufzeitumgebung für Scheme mit einem Sprachkern (Scheme–Primitiven und -Erweiterungen), dem Grundprogramm von $\mathrm{MOOS_Y^{SIM}}$ mit all seinen Komponenten (Daten und Funktionalitäten) und den $\mathrm{MOOS_Y}$–Modellen mit ihren Daten und funktional lauffähigen Relationen. Wie in Abbildung 5.1 auf der nächsten Seite dargestellt besteht für die Relationen die Möglichkeit zur funktional vollständigen Nutzung des Sprachkerns und $\mathrm{MOOS_Y^{SIM}}$ (sofern funktionale Dokumentation vorhanden), sowie in der anderen Richtung die funktionale Nutzung der Lambda–Ausdrücke der Relationen durch $\mathrm{MOOS_Y^{SIM}}$.

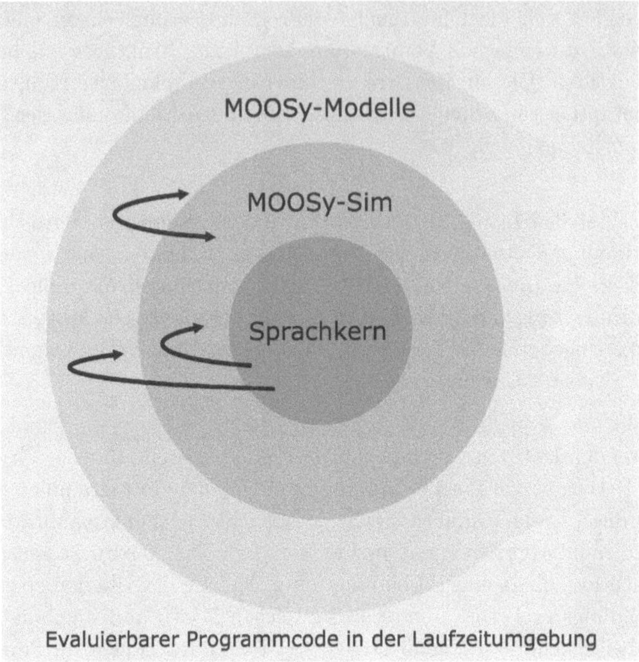

Abbildung 5.1.: Dynamischer Programmcode von MOOS$_{\mathrm{Y}}^{\mathrm{SIM}}$ im Rahmen der Laufzeitumgebung von Scheme

5.2.3. Gründe für die Wahl der Scheme–Implementierung MrEd als Laufzeitumgebung

Die Laufzeitumgebung MrEd ist eine plattformunabhängige Implementierung der auf dem Sprachstandard R^{5}RS für Scheme aufgesetzten Scheme–Implementierung MzScheme (siehe Flatt, 2000) mit einem plattformunabhängigen objektorientierten Grafiksystem zur Umsetzung grafischer Benutzeroberflächen (siehe Flatt und Findler, 2000).

DrScheme, eine auf MrEd aufgesetzte, komfortable Entwicklungsumgebung, wurde und wird zur Programmierung von MOOS$_{\mathrm{Y}}^{\mathrm{SIM}}$ verwendet.

Eine Übersicht zu der PLT–Scheme Familie, der Scheme–Implementierung MrEd und DrScheme sowie Dokumentationen und Erweiterungen finden sich unter `http://www.plt-scheme.org/`. MrEd und DrScheme wurden und werden im Rahmen dieser Arbeit in der Version 103 für das Betriebssystem Windows verwendet.

Die Scheme–Implementierung MzScheme bietet gegenüber dem Sprachstandard R^5RS neben anderen Erweiterungen einen Ausbau des Sprachkerns (diverser „syntaktischer Zucker", gängige Bezeichnung für konzeptionell nicht notwendige aber angenehme Erleichterungen), objektorientierte Programmierung, plattformunabhängige Systemsteuerung, objektmodellbasierte GUI–Programmierung und Nutzung von TCP/IP.

Die Möglichkeit zur Kombination objektorientierter und funktionaler Programmierung erweist sich bei der Umsetzung einer grafischen Benutzeroberfläche als mächtiger Programmierstil.

Mit den Möglichkeiten der Systemsteuerung und TCP/IP–Nutzung können umfassende Konzepte zur Interoperabilität realisiert werden, die allerdings im Prototyp nur beispielhaft umgesetzt sind.

Das Grafiksystem zur Implementierung grafischer Benutzeroberflächen in MrEd ermöglicht die kognitiv benutzeroptimierte, visuelle Gestaltung der Benutzerschnittstellen in $MOOS_Y^{SIM}$.

Um das relativ unvorteilhafte Laufzeitverhalten funktionaler Sprachen auszugleichen, nutzt MzScheme einen Compiler, der, beispielsweise wie bei JAVA, plattformunbhängige Prekompilate (Bytecode) für die Laufzeitumgebung oder in Verbindung mit C–Compilern und dem frei verfügbaren Quellcode von MrEd lauffähigen Objektcode herstellen kann. Bereits die Prekompilate garantieren ein adäquates Laufzeitverhalten auf gängigen Rechnern.

Neben Aspekten bezüglich der Verwendung bietet sich die PLT–Scheme Familie zur Implementierung im Rahmen eines wissenschaftlichen Forschungsprojekts an, da sie gemäß der *GNU Lesser General Public License 2.1*–Lizensierung (vgl. `http://www.gnu.org/copyleft/lesser.html`) frei kopierbar und modifizierbar bei nicht–kommerziellen Verwendung vorliegt.

5.3. DBMS bei $MOOS_Y^{SIM}$

Dieser Abschnitt befaßt sich mit der Konzeption sowie der spezifischen prototypischen Implementierung von $MOOS_Y$ und $MOOS_Y^{SIM}$ aus Datensicht. Die Einteilung in Konzeption zur Implementierung und spezifischer Implementierung verfolgt das Ziel, implementierungsbedingte Vereinfachungen im Prototypen von dem abzusetzen, was an konzeptioneller Architektur zugrunde liegt.

Die konzeptionelle Architektur folgt der Idee der Drei–Ebenen–Architektur für Datenbankmanagementsysteme (siehe Tsichritzis und Klug, 1978), welche die externe Ebene (Anwendersicht der Daten), die logische Ebene (logische, semantische Datensicht) und die interne Ebene (physikalische Sicht der Daten, Speicherung) trennt. Der Schwerpunkt der Betrachtung fällt dabei auf die logische Ebene, dem Träger der Semantik.

Im folgenden wird das logische Datenmodell für $MOOS_Y$ und $MOOS_Y^{SIM}$ aufgebaut und anschließend kurz erläutert, was im Kontext der $MOOS_Y^{SIM}$–Implementierung unter externer und interner Ebene realisiert ist.

Es gilt zu beachten, daß mit der Semantik des Datenmodells Bezug auf das Paradigma $MOOS_Y$ und auf den Anwendungskontext der Simulation von $MOOS_Y$–Modellen im Allgemeinen genommen und somit die Operationalisierung von Modell und Simulation betrachtet wird. Die Semantik spezifischer Modelle bleibt an dieser Stelle unbehandelt, sie ist in den entsprechenden $MOOS_Y$–Modellen selbst beinhaltet.

5.3.1. Logisches Datenmodell

Zur Entwicklung eines logischen Datenmodells für $MOOS_Y$ und $MOOS_Y^{SIM}$ wird, in Entsprechung zur datensemantischen Objektbasierung von $MOOS_Y$, auf ein objektbasiertes logisches Datenmodell zur einfachen und ausreichend mächtigen Darstellung, dem *entity–relationship model* (ERM) von Chen (1976), zurückgegriffen (vgl. Silberschatz *et al.*, 1996, S. 105f und Halpin, 2002, S. 29), das sich mit Hilfe des relationalen Datenmodells von Codd (1970) gut operationalisieren läßt. Auf eine vertiefende Betrachtung der Thematik Datenmodelle – wie die Kompatibilität und Übertragbarkeit zwischen verschiedenen Datenmodellen, beispielsweise die strukturelle Äquivalenz hierarchischer ERM mit Relationenmodellen der dritten Normalform – wird aus thematischen Gründen verzichtet, als grundlegend bekannt vorausgesetzt und auf gängige Lehrbücher (zum Beispiel Date, 2000) verwiesen.

Mit einem ERM lassen sich die semantischen Beziehungen zwischen verschiedenen Datenmodellklassen, den sogenannten Entitätsmengen, ausdrücken und hinsichtlich ihrer Multiplizität quantifizieren. Die Multiplizität beschreibt, wieviele Entitäten (Datenobjekte) einer Entitätsmenge mit wievielen Entitäten ihrer (rekursiv) oder anderer Entitätsmengen verknüpft sein können. Diese unidirektionale Verknüpfung, auch Assoziation genannt, wird zwischen zwei Entitätsmengen in beide Richtungen betrachtet und als x–y–Beziehung bezeichnet, wobei x und y die Multiplizitäten der Assoziationen angeben. Es sind vier Grundtypen der Multiplizität denkbar:

einfach (1): Es gibt genau eine assoziierte Entität.

multipel (m): Es gibt genau eine oder mehrere assoziierte Entitäten.

konditionell (c): Es gibt genau eine oder keine assoziierte Entität.

multipel konditionell (mc): Es gibt keine, genau eine oder mehrere assoziierte Entitäten.

Nachfolgend werden ERMs für das MOOS$_Y$–Paradigma, MOOS$_Y$ im Simulationskontext und für eine Simulationsumgebung wie MOOS$_Y^{SIM}$ vorgestellt. Die semantischen Beziehungen der ERMs erfahren keine eingehende Betrachtung. Die Fokussierung auf die Multiplizität dient dazu, Hinweise für die syntaktische und algorithmische Umsetzung des Datenmodells in der Implementierung zu erhalten.

5.3.1.1. ERM für MOOS$_Y$

Die Abbildung 5.2 auf der nächsten Seite zeigt das ERM des MOOS$_Y$–Paradigmas.

Im generellen Modell gehen in die (eine) Modellsequenz eine oder mehrere Interaktionen ein. Eine Interaktion besitzt eine oder mehrere Klassen in der Input–Auswahl und der Output–Erzeugung, wobei eine Klasse mehrfach in einer sowie in mehreren Interaktionen integriert sein kann. Relationen fließen in Klassen, Interaktionen und gegebenenfalls sich selbst ein. Dabei kann keine, eine oder mehrere Relationen in keiner, einer oder mehreren Klassen auftreten. In keiner, einer oder

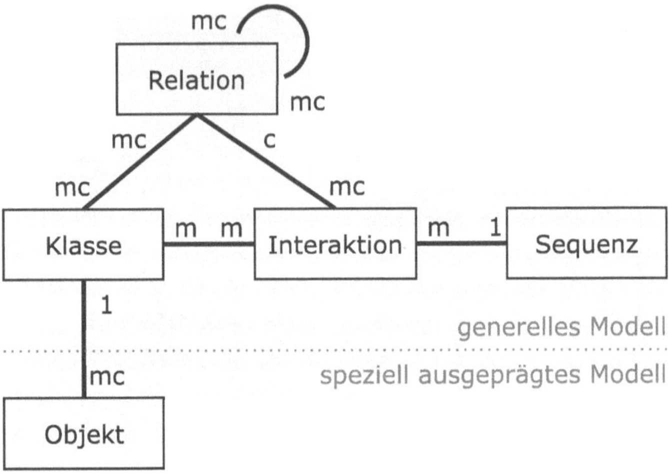

Abbildung 5.2.: ERM für $MOOS_Y$

mehreren Interaktionen geht eine oder keine Relation ein. Keine, eine oder mehrere Relationen können in keine, eine oder mehrere Relationen integriert sein. Zu jeder Klasse gibt es kein, ein oder mehrere Objekte, wobei Objekte immer nur zu genau einer Klasse gehören (Klasse–Objekt–Beziehung aus relationaler Datenmodellsicht).

5.3.1.2. ERM für $MOOS_Y$ im Simulationskontext

Die Abbildung 5.3 auf der nächsten Seite zeigt das ERM des $MOOS_Y$–Paradigmas im Kontext einer Simulation.

Die Semantik der Simulation verwendet das Konzept der $MOOS_Y$–Klasse für das Modell, die Auswertung und gegebenenfalls Hilfsklassen, die, meist in Verbindung mit Hilfsinteraktionen, nur mittelbar mit dem zu Modellierenden in Beziehnung stehen. Interaktionen können im Rahmen der Simulationsphasen der Initialisierung, des Modellablaufs und der Auswertung auftreten, die je Phase in Form von einer Sequenz geregelt werden. Ein Simulationsmodell stellt sich auch aus Datensicht als ein Gebilde dreier aufeinander folgender $MOOS_Y$–Modelle dar, was im ERM allerdings nicht quantifiziert ersichtlich ist.

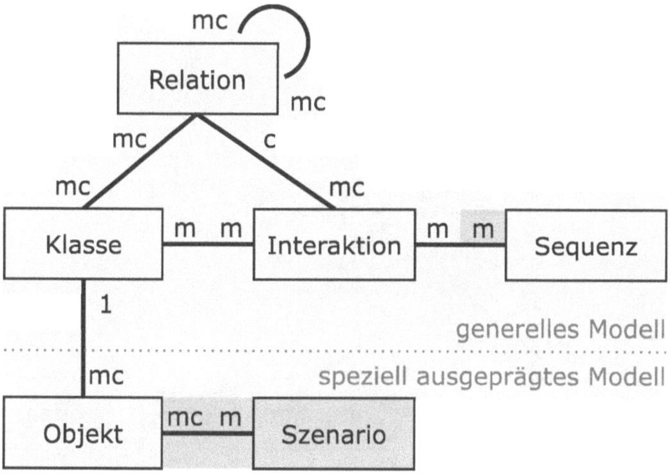

Abbildung 5.3.: ERM für $MOOS_Y$ im Simulationskontext (Erweiterungen hervorgehoben)

Um Objekte des speziell ausgeprägten Modells semantisch gruppieren zu können, wird mit dem Szenario ein weiterer Baustein für den Simulationskontext eingeführt, genauer gesagt, die Möglichkeit seiner Einführung. Die Entitätsmenge für Szenarien bezieht sich direkt und ausschließlich auf $MOOS_Y$–Objekte, also auf speziell ausgeprägte Zustandsmodelle. Gegenüber der Grundidee eines Szenarios (vgl. Abschnitt 2.3.3 auf Seite 25) erfährt der hier eingeführte Baustein für Szenarien eine Einschränkung auf den Kontext der speziellen Ausprägung.

Mit Hilfe von Szenarien lassen sich beispielsweise die im Anwendungskontext letztenendes relevanten Objekte für den Ausgangszustand oder die Auswertung klassenübergreifend organisieren. Die multipel konditionelle Assoziation zwischen Szenario und den Objekten drückt aus, daß die Verwendung des Bausteins nicht zwingend ist. Entweder kann auf eine derartige Hilfsorganisation verzichtet werden oder eine derartige Hilfsorganisation kann (auch zusätzlich) in einem $MOOS_Y$–Modell als modellsemantischer Bestandteil durch Modellierung integriert werden. Der Vorteil der expliziten Einführung in das Konzept liegt in der direkten Operationalisierbarkeit durch das Simulationsmanagementsystem, was nachfolgend genauer ersichtlich wird.

5.3.1.3. ERM für $MOOS_Y^{SIM}$

Die Abbildung 5.4 zeigt das ERM für eine $MOOS_Y$–basierte Simulationsumgebung wie $MOOS_Y^{SIM}$.

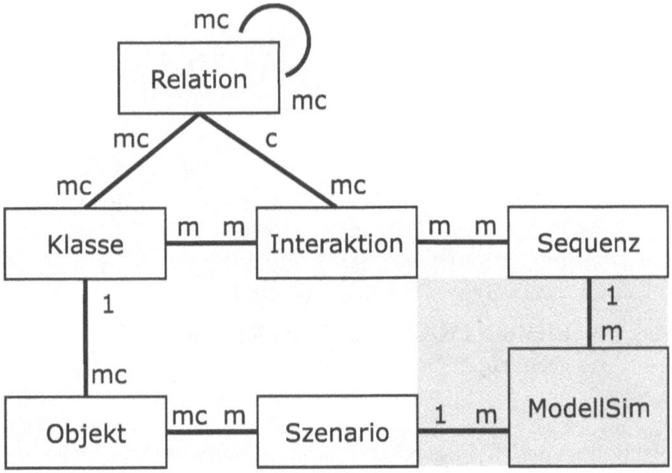

Abbildung 5.4.: ERM für eine Simulationsumgebung wie $MOOS_Y^{SIM}$ (Erweiterungen hervorgehoben)

Der Baustein ModellSim faßt dabei einen Simulationskontext unter der Annahme zusammen, daß der Baustein Szenario verwendet wird und daß der Ausgangszustand des speziell ausgeprägten Modells (Objekte) vor der Initalisierungssequenz in genau einem zuordenbaren Szenario vorliegt.

Die Implementierung eines so gearteten logischen Datenmodells für eine Simulationsumgebung unter $MOOS_Y$ besitzt zwei wesentliche Vorteile:

Die Modellierung und Simulation verwenden bei konzeptioneller Trennung zwischen $MOOS_Y$–Semantik und Simulationssemantik dennoch nur die vier $MOOS_Y$–Bausteine. Die im Rahmen der Simulationsumgebung verwendeten Organisationsbausteine Szenario und ModellSim ermöglichen den flexiblen und redundanzvermeidenden Einsatz der $MOOS_Y$–Bausteine im Rahmen verschiedener Simulationen.

Werden Szenario und ModellSim mit semantischen Informationen zu verwendeten Modellen und Simulationen (Anwendungskontext) versehen, bietet dieses Datenmodell eine geeignete Basis für automatisierte Vorgänge, beispielsweise zur Modellvariation oder Sensitivitätsanalyse, durch ein entsprechend ausgestaltetes Simulationsmanagementsystem.

5.3.1.4. Besonderheiten der Implementierung von relationalen Abfragen bei $MOOS_{Y}^{SIM}$

Gegenüber der klassischen Datenbankabfrage auf einem relationalen Datenmodell (beispielsweise mittels der SELECT–Klausel in SQL) besitzt $MOOS_{Y}^{SIM}$ zwei weitere Konzepte zur Vereinfachung von Abfragen. Diese Konzepte ermöglichen es, komplexe, zusammengesetzte Abfragen gemäß relationaler Algebra in Form einer einfachen Abfrage zu formulieren. Die beiden Konzepte stellen „syntaktischen Zucker“ auf der Basis der Relationenalgebra dar. Im Rahmen von $MOOS_{Y}^{SIM}$ ermöglichen sie die relativ weitreichende und trotzdem einfache Formulierung von Abfragen im Rahmen der realisierten Benutzerschnittstelle (vgl. Abbildung 5.9 auf Seite 145).

NEX–Wert: NEX–Wert, abkürzend für Wert der Nichtexistenz, stellt ein Konzept dar, bei dem leere Abfrageergebnisse durch einen NEX–Wert als Ergebnis substituiert werden. Die genaueren Konsequenzen werden im Rahmen der Implementierung von Interaktionen in $MOOS_{Y}^{SIM}$ im Abschnitt 5.3.3.3 auf Seite 126 erläutert. NEX–Werte zielen im Kontext von Simulationen auf das Problem des Vorhandenseins von Ausgangsobjekten oder –werten ab. Dadurch läßt sich beispielsweise der Freiheitsgrad schaffen, ausgeprägte Nullwerte in bestehenden Objekten mit der Nichtexistenz von Objekten äquivalent behandeln zu können.

Listung: Mit dem Konzept der Listung ergibt sich die Möglichkeit, Abfrageergebnisse entweder tupelweise (Normalfall, Einzelverarbeitung der Tupel–Sublisten einer Liste) oder als ganze Relation als ein aggregiertes Tupel (Liste aus Tupel–Sublisten) weiter zu verarbeiten.

Ein Beispiel für den Einsatz eines NEX–Wertes ist die Auswahl der Nachfrage der Vorperiode aus nachfolgend dargestellten Ausgangsdaten.

Zeit:	t1	t2	t3	t4
Nachfrage:	15	17	22	20

Auswahl ohne NEX–Wert (drei Tupel):

Zeit:	t1	t2	t3	t4
Auswahl:	-	15	17	22

Auswahl mit NEX–Wert (vier Tupel):

Zeit:	t1	t2	t3	t4
Auswahl:	NEX	15	17	22

Ein Beispiel für den Einsatz der Listung wäre die Auswahl der aktuellen Nachfrage kombiniert mit der gelisteten Auswahl aller Vergangenheitsnachfragen (einschließlich der aktuellen) aus den gleichen Ausgangsdaten. Die gewünschte Auswahl, die nicht mit einem einfachen Ausdruck in relationaler Algebra (im $MOOS_Y^{SIM}$ schon) formulierbar ist, lautet:

Zeit:	t1	t2	t3	t4
Abfrage:	(15,(15))	(17,(17,15))	(22,(22,17,15))	(20,(20,22,17,15))

Die beiden Konzepte NEX–Wert und Listung lassen sich in $MOOS_Y^{SIM}$ kombiniert verwenden. Ein Beispiel für den kombinierten Einsatz wäre die Auswahl der aktuellen Nachfrage kombiniert mit der Auswahl aller Vergangenheitsnachfragen (ohne die aktuelle) aus den gleichen Ausgangsdaten:

Zeit:	t1	t2	t3	t4
Abfrage:	(15,NEX)	(17,(15))	(22,(17,15))	(20,(22,17,15))

oder

Zeit:	t1	t2	t3	t4
Abfrage:	(15,(NEX))	(17,(15))	(22,(17,15))	(20,(22,17,15))

anstelle von

Zeit:	t1	t2	t3	t4
Abfrage:	-	(17,(15))	(22,(17,15))	(20,(22,17,15))

5.3.2. Externes und internes Schema des DBMS bei $MOOS_Y^{SIM}$

Das externe Schema entspricht größtenteils dem logischen Datenmodell, da der Anwender von Simulationsumgebungen wie $MOOS_Y^{SIM}$ mit dem gesamten Datenmodell (vgl. ERM 5.4 auf Seite 118) konfrontiert ist, wobei die einzelnen Benutzerdialoge immer einzelne Einheiten in der Semantik von $MOOS_Y$ und der Simulation abbilden. Aus Gründen der besseren Benutzbarkeit können in der Benutzerschnittstelle leichte Variationen aus dem logischen Datenmodell abgeleitet werden. Die Gestaltung des externen Schemas bei der $MOOS_Y^{SIM}$ fußt auf dem logischen Datenmodell und beinhaltet keine Besonderheiten, außer der Tatsache, daß die $MOOS_Y$–Sequenz und ModellSim aggregiert dargeboten werden.

Das interne Schema bei $MOOS_Y^{SIM}$ ist prototypisch als Listenstruktur in Scheme und damit Scheme-nah realisiert. Das gesamte Datenmodell wird physisch in einer einzigen, komplexen und variablen, verketteten Datenstruktur (Liste) festgehalten. Jedes Listenobjekt dieser Liste stellt eine Entität aus dem ERM ($MOOS_Y$–Objekt, $MOOS_Y$–Klasse, $MOOS_Y$–Interaktion, $MOOS_Y$–Relation, Szenario oder aggregierterweise $MOOS_Y$–Sequenz mit ModellSim) oder eine Wurzel dar.

Wurzeln bilden ein Konzept zur Organisation von Entitätsmengen. Jede Entitätsmenge, bis auf die $MOOS_Y$–Objekte, besitzt in der Datenstruktur zusätzlich eine eigene Wurzel. Wurzeln stellen eine implementierungstechnische Notwendigkeit zur Unterscheidung von Entitätsmengen dar. Die $MOOS_Y$–Objekte, die aus Datensicht gemäß der Semantik von $MOOS_Y$ als ein Tupel einer durch ihre $MOOS_Y$–Klasse spezifizierten Entitätsmenge fungieren, wurzeln jeweils direkt in ihren $MOOS_Y$–Klassen.

Um hierarchische oder endlich vernetzte Strukturen potentiell verarbeiten zu können, besitzt jedes Listenobjekt folgende, noch von $MOOS_Y$ semantisch unabhängige Grundstruktur:

```
(IDX BEZ PARENT CHILD REST1)
```

IDX: Das erste Atom trägt einen fortlaufenden Index, der als Primärschlüssel über die gesamte Liste fungiert.

BEZ: Das zweite Atom trägt einen natürlichsprachlichen Bezeichner für das Listenobjekt.

PARENT: Das dritte Atom trägt den Indexwert des Listenobjekts, das dem Listenobjekt strukturell übergeordnet werden kann. PARENT wird hier ausschließlich atomar verwendet, so daß nur ein Indexwert eingetragen werden kann (mehrfache Zuordnung für Vernetzung erfolgt über CHILD). Listenobjekte, die Wurzeln darstellen, besitzen den FALSE–Wert anstelle eines Indexwerts.

CHILD: Das vierte Element ist eine Liste aus den Indexwerten der dem Listenobjekt strukturell untergeordneten Listenobjekte. Existiert kein untergeordnetes Listenobjekt, beispielsweise bei einem $MOOS_Y$–Objekt, trägt CHILD den FALSE–Wert. Ein Indexwert kann im CHILD–Element mehrerer Listenobjekte vorkommen, so daß netzwerkartige Strukturen abbildbar sind (beispielsweise der Eintrag eines $MOOS_Y$–Objekts bei seiner Klasse und bei mehreren Szenarien).

RESTx: Ab dem fünften Element folgen dem Typ des jeweiligen Listenobjekts entsprechend weitere Atome bzw. Listen.

Wie bereits angesprochen besitzen die Entitätsmenge des generellen $MOOS_Y$–Modells sowie Szenario und ModellSim eine eigene Wurzel, die als CHILD eine Liste mit den Indexwerten aller dazu gehörenden Entitäten trägt. Alle Entitäten der Entitätsmenge $MOOS_Y$–Klasse tragen im CHILD–Element eine Liste mit den Indexwerten ihrer $MOOS_Y$–Objekte.

Die Scheme–nahe, listenbasierte Umsetzung ist sehr flexibel, universell und aufgrund der Zeigerorientierung gut in Bezug auf das Einfügen und Löschen zu pflegen. Hinsichtlich mittlerer und größerer Datenmengen erweist sie sich aufgrund des ungünstigen Laufzeitverhaltens bei der Suche als extrem uneffizient. Die Gruppe von Zugriffsfunktionen zur Datenmanipulation (Suchen, Ändern, Löschen, Einfügen) sind in $MOOS_Y^{SIM}$ so formuliert, daß sie durch eine Schnittstelle zur Anbindung an ein leistungsstarkes, relationales DBMS mit mäßigem Aufwand substituiert werden können. Bei einer derartigen Erweiterung von $MOOS_Y^{SIM}$ bleibt dennoch zu untersuchen, ob Teile der Datenverarbeitung mit einer gegebenenfalls modifizierten, internen Listenverarbeitung laufzeiteffizienter sind.

Die pysikalische und logische Datenunabhängigkeit gemäß der Drei–Ebenen–Architektur ist in der prototypischen Implementierung von $MOOS_Y^{SIM}$ aus Gründen der Laufzeit nur teilweise realisiert. Direkte Verbindungen vom internen Schema aufwärts bilden vereinzelt Brüche. Sie lassen sich durch die zuvor angesprochene Anbindung an ein professionelles DBMS laufzeiteffizient beseitigen.

5.3.3. $MOOS_Y$–Bausteine aus Datensicht

Im folgenden wird die Umsetzung der $MOOS_Y$–Bausteine aus Datensicht erläutert. Die Ausführungen gliedern sich in die Konzeption und die Besonderheiten bei der prototypischen Implementierung des Scheme–basierten DBMS von $MOOS_Y^{SIM}$.

5.3.3.1. $MOOS_Y$–Klassen

Konzeption

$MOOS_Y$–Klassen müssen aus Datensicht den Namen der Klasse sowie die Definition der Attribute tragen.

Die Definition eines Attributs muß den Namen des Attributs, sein Skalenniveau und gegebenenfalls Zusicherungen wie Wertebereiche oder Ableitungen beinhalten. Zudem muß eine Unterscheidung zwischen Klassenattributen und Attributen möglich sein.

Durch die Semantik des $MOOS_Y$–Paradigmas tragen alle Klassen die Modellzeit (mindestens ordinalskaliert), den Erzeuger (nominalskaliert) und die Wahrscheinlichkeit (verhältnisskaliert und auf das Intervall $[0;1]$ beschränkt) als Pflichtattribute. Alle weiteren Attribute resultieren aus der Semantik des eigentlich zu Modellierenden.

Besonderheiten der Implementierung von $MOOS_Y^{SIM}$

Ein Listenobjekt vom Typ $MOOS_Y$–Klasse besitzt folgende Erweiterung und Spezifizierung der Grundstruktur:

```
(IDX BEZ KLASSENWURZEL OBJIDX INFO KATT-DEFS ATT-DEF1 ...)
```

OBJIDX: Dieses Element trägt einen Liste mit den Indexwerten der zugehörigen Objekte. Besitzt eine Klasse noch keine Objekte trägt das Element anstelle der Liste den FALSE–Wert.

INFO: Dieses Atom trägt einen natürlichsprachigen Text, der die Klasse beschreibt.

KATT–DEFS: Dieses Element trägt eine Liste aus Sublisten mit jeweils dem Bezeichner und dem Wert von einem Klassenattribut. Besitzt eine Klasse keine Klassenattribute tritt anstelle der Liste mit Sublisten der FALSE–Wert. Klassenattribute werden bei MOOS$_{\text{Y}}^{\text{SIM}}$ in der Klasse und nicht in den Objekten getragen.

ATT–DEFx: Jedes ATT–DEFx Element ist eine Liste mit einer Attributsdefinition der Struktur:

```
(IDX BEZ SKALA ZUSICHERUNG INFO)
```

IDX: Das erste Atom trägt einen Index als Primärschlüssel der Attribute.

BEZ: Dieses Atom trägt den Namen des Attributs.

SKALA: Dieses Atom trägt das Skalenniveau des Attributs.

ZUSICHERUNG: Dieses Element (eigentlich drei Atome) trägt die Information, ob ein Attribut unbeschränkt ist, abgeleitet ist oder einen Wertebereich besitzt. Bei einer Ableitung wird der Bezeichner der verwendeten Relation sowie eine Struktur für die Parameterübergabe aus anderen Attributen der Klasse festgelegt. Bei Wertebereichsbeschränkungen wird eine Struktur aus Bedingungen festgelegt, die mit einem logischen Oder verknüpft verarbeitet werden. Jede einzelne Wertebereichsbeschränkung trägt zudem eine natürlichsprachliche Beschreibung. Neben Wertebereichen und Ableitungen unterstützt MOOS$_{\text{Y}}^{\text{SIM}}$ keine weiteren Formen der Zusicherung (wie dies bei OCL potentiell möglich ist).

INFO: Dieses Atom trägt eine sprachliche Attributsbeschreibung.

Aufgrund der internen linearen Verarbeitung von Klassen und Objekten müssen abgeleitete Attribute nach den Attributen definiert werden, die als Übergabeparameter fungieren, da es sonst implementierungsbedingt zu Unspezifiziertheit und zu gegebenenfalls dadurch induzierten Laufzeitfehlern kommen kann. Dies ist insbesondere zu beachten, wenn abgeleitete Attribute auf anderen abgeleiteten Attributen aufbauen.

Die Pflichtattribute werden in den ersten drei Attributen realisiert: ATT–DEF1 für die Zeit, ATT–DEF2 für den Erzeuger und ATT–DEF3 für die Wahrscheinlichkeit.

5.3.3.2. $MOOS_Y$–Objekte

Konzeption

$MOOS_Y$–Objekte tragen ausgeprägte Werte für die Attribute ihrer Klasse.

Sie tragen insbesondere die Werte für die Pflichtattribute. Für das Pflichtattribut des Erzeugers muß eindeutig auf eine Interaktion oder auf modellexogene Gegebenheiten geschlossen werden können. Für abgeleitete Attribute muß der Wert gemäß der Ableitung ermittelt werden.

Besonderheiten der Implementierung von $MOOS_Y^{SIM}$

Ein Listenobjekt vom Typ $MOOS_Y$–Objekt besitzt folgende Erweiterung und Spezifizierung der Grundstruktur:

```
(IDX #f KLASSE #f ATT-WERT1 ...)
```

$MOOS_Y$–Objekte besitzen keinen Bezeichner und keine CHILD–Objekte (jeweils der FALSE–Wert). Sie tragen neben dem IDX und dem Index ihrer Klasse ab ATT–WERTx ausgeprägte Werte für die Attribute ihrer Klasse. Die Werte für Klassenattribute werden aus Gründen der Redundanz in der Klasse selbst getragen.

Der Wert für das Pflichtattribut des Erzeugers besteht entweder aus dem Indexwert für die erzeugende Interaktion oder aus dem FALSE–Werte für modellexogene Gegebenheiten.

5.3.3.3. $MOOS_Y$–Interaktion

Konzeption

$MOOS_Y$–Interaktionen tragen aus Datensicht alle Informationen die zur Input–Auswahl, Verarbeitung und Output–Erzeugung notwendig sind. Neben gewünschten Klassen, Attributen und der Verarbeitungsrelation müssen die Objektselektionen (gemäß den Funktionalitäten und Schemata zur Datenbankabfrage des DBMS) und die zwei Übergabeschnittstellen zwischen den drei Phasen der Interaktion definiert werden.

Besonderheiten der Implementierung von $MOOS_Y^{SIM}$

Ein Listenobjekt vom Typ $MOOS_Y$–Interaktion besitzt folgende Erweiterung und Spezifizierung der Grundstruktur:

```
(IDX BEZ INT-WZL #f INFO NEX? KL-IN KL-OUT MAT-IN REL MAT-OUT)
```

INFO: Dieses Atom trägt einen natürlichsprachigen Text, der die Klasse beschreibt.

NEX?: Dieses Atom trägt einen Wahrheitswert. Anhand dieses Wertes wird unterschieden, ob die Nichtexistenz von Objekten zu einer bestimmten Auswahl gemäß der relationalen Algebra zu einer leeren Auswahl führt, oder ob die Nichtexistenz durch einen Wert für Nichtexistenz (NEX) substituiert wird und es zu einer nicht–leeren Auswahl mit NEX–Werten kommt. Durch diese Wahlmöglichkeit lassen sich durchaus benötigte Arten von Abfragen relativ einfach formulieren, die nach strenger relationaler Algebra komplex und nicht einstufig zu formulieren sind (beispielsweise: Wähle alle Objekte der Produktion und des Lagers gruppiert nach dem Produkttyp aus, sofern mindestens die Produktion oder das Lager ein Objekt zu einem Produkttyp besitzt).

KL–IN: Die Liste trägt die Indexwerte der Klassen, die in die Input–Auswahl eingehen. Jeder Eintrag bedeutet eine Inputliste. Dabei kann eine Klasse mehrfach vorkommen.

KL–OUT: Die Liste trägt die Indexwerte der Klassen, die in die Output–Erzeugung eingehen. Dabei kann eine Klasse mehrfach vorkommen.

MAT–IN: Diese komplexe Struktur trägt für jeden Eintrag in KL–IN eine Liste der folgenden Struktur, die sich auf die in dem Eintrag verwiesene Klasse bezieht:

```
(LISTED? SEL GRP AUSW INFO)
```

LISTED?: Dieses Atom trägt einen Wahrheitswert, der angibt, ob eine Auswahl mit einer Listung versehen wird oder tupelweise weiterverarbeitet wird.

SEL: Diese Liste trägt ein Sublistenkonstrukt aus Auswahlbedingungen auf Attribute.

GRP: Diese Liste trägt die Attributsindizes, nach denen über die KL–IN–Klassen hinweg gruppiert wird. Die Gruppierung entspricht in der relationalen Algebra dem Gleichheitsverbund (*equi–join*), wahlweise unter Berücksichtigung des NEX–Wert–Konzepts.

AUSW: Diese Liste trägt die Attributsindizes der Attribute, die in das Auswahltupel eingehen sollen.

INFO: Dieses Atom trägt eine texliche Beschreibung zu dem einzelnen Auswahlvorgang.

REL: Diese Liste trägt neben dem Bezeichner für die Verarbeitungrelation eine Indexliste zur Organisation der Übergabeparameter aus der Input–Auswahl und Angaben zur Listung der Übergabetupel und der Rückgabetupel. Findet keine Transformation von Übergabetupeln zu Rückgabetupeln über eine Relation statt, wird anstelle des Bezeichners der FALSE–Wert `#f` eingetragen. In diesem Fall wird das Übergabetupel direkt zum Rückgabetupel.

MAT–OUT: Diese komplexe Struktur trägt für jeden Eintrag in KL–OUT eine Liste aus Sublisten, in der die Attributsindizes der jeweiligen KL–OUT–Klasse mit Indizes der Rückgabetupel assoziiert werden und festgelegt wird, ob bei dem Verweis auf beschränkte Attribute deren Wertebereichsrestriktion eingehalten werden soll und gegebenenfalls potentielle Verletzungen des Wertebereichs zu Ersatzwerten führen oder die Objekterzeugung verhindern. Eine zusätzliche Angabe in der Struktur regelt die gegebenenfalls klassenübergreifende Verhinderung von Objekterzeugungen bei Rückgabetupeln, die Wertebereichsverletzungen tragen.

5.3.3.4. $MOOS_Y$–Relation

Konzeption

$MOOS_Y$–Relationen müssen aus Datensicht den Bezeichner und die Spezifikation der zu verarbeitenden Relationen sowie der Übergabe– und Rückgabeschnittstelle tragen.

Die Spezifikation der Relation sollte die kombinierte Umsetzung der vier folgenden Konzepte zur Art der Verarbeitung unterstützen, um implementierungsbedingt möglichst wenig einzuschränken:

Interne Verarbeitung: Bei der internen Verarbeitung erfolgt die Transformation des Übergabetupels zu dem Rückgabetupel durch die verwendete Implementierung.

Externe Verarbeitung: Bei der externen Verarbeitung erfolgt die Transformation des Übergabetupels zu dem Rückgabetupel in Verbindung mit dem Aufruf eines externen Verarbeitungssystems mit entsprechender Ergebnisrücknahme.

Benutzerinteraktion: Bei der Benutzerinteraktion erfolgt im Rahmen der Transformation des Übergabetupels zu dem Rückgabetupel die Aufnahme und Verarbeitung externer Information durch eine Benutzerdialogkomponente.

Export und Import: Bei dem Export und dem Import erfolgt im Rahmen der Transformation des Übergabetupels zu dem Rückgabetupel die Ausgabe bzw. Aufnahme von Information aus bzw. in die Implementierung. Dies kann beispielsweise über das Dateisystem oder eine TCP/IP–Verbindung erfolgen.

Besonderheiten der Implementierung von $MOOS_Y^{SIM}$

Ein Listenobjekt vom Typ $MOOS_Y$–Relation besitzt folgende Erweiterung und Spezifizierung der Grundstruktur:

```
(IDX BEZ REL-WURZEL #f INFO DEF IN OUT)
```

BEZ: Dieses Atom trägt den Bezeichner der Relation. Er muß den syntaktischen Anforderungen für Bezeichner in Scheme entsprechen (siehe Abelson *et al.*, 1998, S. 12).

INFO: Dieses Atom trägt einen natürlichsprachigen Text, der die Relation beschreibt.

DEF: Dieses Element trägt einen Scheme–primitiven Lambda–Ausdruck (siehe Abelson *et al.*, 1998, S. 20f), der die Verarbeitung ausführt (interne Verarbeitung, Benutzerschnittstelle, Export und Import) und regelt (externe Verarbeitung). Die Verarbeitung besitzt die vollständige Mächtigkeit von Scheme gemäß Abelson *et al.* (1998) samt den Erweiterungen der Scheme–Implementierung PLT MzScheme in Verbindung mit PLT MrEd in der Version 103 (vgl. Flatt, 2000 sowie Flatt und Findler, 2000).

IN: Diese Liste besteht aus Sublisten in denen für jeden Übergabeparameter die

Struktur und das Skalenniveau (vgl. Abschnitt 3.2.2.1 auf Seite 57) sowie eine textliche Beschreibung beinhaltet ist.

OUT: Diese Liste besteht aus Sublisten in denen für jeden Rückgabe–parameter die Struktur und das Skalenniveau (vgl. Abschnitt 3.2.2.1 auf Seite 57) sowie eine textliche Beschreibung beinhaltet ist.

Die grundsätzliche Besonderheit und Mächtigkeit von $MOOS_Y^{SIM}$ liegt darin, daß der Lambda–Ausdruck aus DEF mit einer globalen Bindung an den Bezeichner aus BEZ evaluiert und damit Teil des laufenden Programmcodes der Implementierung wird. Dieser Vorgang kann sich im laufenden Programmbetrieb beliebig oft vollziehen, so daß $MOOS_Y^{SIM}$ eine mutations- und erweiterungsfähige Implementierung bildet, in der das Grundprogramm mit der benutzerinteraktiven und $MOOS_Y$–semantischen Verwendung verschmilzt. Diese Verschmelzung erlaubt es, aus der – für den Benutzer interessanten – Sicht der Relationen alle global gebundenen Lambda–Ausdrücke und Variablen mit Hilfe ihrer Bezeichner beliebig zu benutzen.

Genau gesprochen besteht das laufende Programm $MOOS_Y^{SIM}$ aus seinem Grundprogramm sowie der Datenbank und den aus Sicht der Implementierung funktionsfähig evaluierten Relationen.

$MOOS_Y^{SIM}$ besitzt aufgrund der offenen und prototypischen Gestaltung die Anfälligkeit für unrobustes Laufzeitverhalten beim Simulationsablauf, sofern der Programmcode in den Relationen nicht kontextkorrekt formuliert oder verwendet wird. So kann beispielsweise die Verwendung von NEX–Werten bei der Input–Auswahl einer Interaktion zu Brüchen in der Datenkonsistenz und zu gegebenenfalls dadurch induzierten Laufzeitfehlern führen, wenn diese NEX–Werte im Rahmen der Relationsdefinition nicht gesondert behandelt werden.

5.3.3.5. $MOOS_Y$–Sequenz

Konzeption

$MOOS_Y$–Sequenzen müssen aus Datensicht eine Folge von Interaktionen und einen Zeithorizont tragen.

Die drei in einer Simulation auftretenden Sequenzen unterscheiden sich darin, daß die Initialisierungssequenz und die Auswertungssequenz normalerweise keine im Modellkontext relevante Zeit tragen und nur einmal ausgeführt werden. Grundsätzlich handelt es sich bei der Initialisierung und der Auswertung um eigene $MOOS_Y$–Modelle, was auch in dem logischen Datenmodell 5.4 auf Seite 118 zum Ausdruck kommt.

Implementiert man einen einfachen Simulationsablauf, bei dem Aspekte des Modellmanagements wie beispielsweise die Dekomposition eines Gesamtmodells nicht realisiert werden sollen, kann aufgrund der Einmaligkeit der Initialisierungs– und Auswertungssequenz ein vereinfachtes Konstrukt aus drei Sequenzen und einem Zeithorizont (für die mittlere, die Modellsequenz) verwendet werden. Diese Aggregation von der Sequenz und dem Baustein zur Organisation ist im Rahmen einer umfassenden Implementierung von Modellmanagement und Simulationsmanagement nicht empfehlenswert.

Besonderheiten der Implementierung von $MOOS_Y^{SIM}$

Die Implementierung von $MOOS_Y^{SIM}$ setzt die bereits in dem vorangegangenen Abschnitt und im Abschnitt 5.3.2 auf Seite 121 erwähnte Zusammenfassung der drei Sequenzen einer Simulation um.

Die erweiterte und spezifizierte Grundstruktur lautet:

```
(IDX BEZ SEQ-WURZEL #f INFO INIT MODELL AUSW ZEIT ANF-SZ)
```

INFO: Dieses Atom trägt eine sprachliche Beschreibung der Sequenz.

INIT: Diese Liste trägt die Indexwerte der Interaktionen der Initialisierungssequenz. Steht an Stelle einer Liste der FALSE–Wert, wird die Ausführung dieser Sequenz verhindert.

MODELL: Die Liste trägt die Indexwerte der Interaktionen der Modellsequenz. Diese Sequenz wird gemäß der Angaben in ZEIT iteriert. Steht an Stelle einer Liste der FALSE–Wert, wird die Ausführung dieser Sequenz verhindert.

AUSW: Diese Liste trägt die Indexwerte der Interaktionen der Auswertungssequenz. Steht an Stelle einer Liste der FALSE–Wert, wird die Ausführung dieser Sequenz verhindert.

ZEIT: Diese Liste trägt die Bezeichnungen für die Modellzeiten des Zeithorizonts oder Informationen für eine numerische Iteration.

Zur Abbildung unendlicher Folgen werden in der Liste Informationen zur Benutzersteuerung des Ablaufs kodiert.

ANF–SZ: Dieses Atom trägt den Indexwert des Szenarios, welches das speziell ausgeprägte Zustandsmodell vor Beginn der Initialisierungssequenz trägt.

Im Hinblick auf eine Erweiterung des Modell– und Simulationsmanagements bei $MOOS_{Y}^{SIM}$ erscheint eine Teilung gemäß des vorgeschlagenen Grundkonzepts in Sequenz und ModellSim zweckmäßig.

5.3.4. Modell– und Simulationsmanagement aus Datensicht

Im folgenden wird die Umsetzung des Modell– und Simulationsmanagements aus Datensicht erläutert. Die Ausführungen gliedern sich in Konzeption und die Besonderheiten bei der prototypischen Implementierung des Scheme–basierten DBMS von $MOOS_{Y}^{SIM}$.

5.3.4.1. Organisationsbaustein Szenario

Konzeption

Der Baustein Szenario muß aus Datensicht Verweise auf Objekte tragen. Zur Unterstützung der Simulationssteuerung empfiehlt es sich, Szenarien anzulegen, die Ausgangszustandsmodelle abbilden.

Besonderheiten der Implementierung von $MOOS_{Y}^{SIM}$

Die Implementierung von $MOOS_{Y}^{SIM}$ sieht Szenarien vor und legt diese gemäß folgender Erweiterung und Spezifizierung der Grundstruktur an:

```
(IDX BEZ SZ-WURZEL OBJEKTE INFO)
```

INFO: Dieses Atom trägt einen natürlichsprachigen Text, der das Szenario beschreibt.

Wie bei den $MOOS_{Y}$–Klassen besitzt ein Szenario eine CHILD–Liste mit den Indexwerten der assoziierten Objekte. Im Gegensatz zu den Klassen müssen die Objekte keine spezifische Klassenzugehörigkeit aufweisen.

5.3.4.2. Simulationsbaustein ModellSim

Konzeption

Der Baustein ModellSim muß aus Datensicht alle Informationen tragen, die zur Steuerung eines Simulationsablaufs notwendig sind. Diese Informationen sind insbesondere Verweise auf die generellen Modelle für die Initialisierung, den Modellablauf und die Auswertung sowie auf das speziell ausgeprägte Zustandsmodell, das vor Ablauf der Initialisierung gilt.

Bei erweiterter Konzeption (vgl. beispielsweise den nachfolgenden Abschnitt) von Modellmanagement und Simulationsmanagement können Informationen zur „intelligenten“ Ablaufsteuerung wie automatische Modellvariation und Sensitivitätsanalyse integriert werden. Im Zuge der flexibleren Wiederverwendung von Modellbausteinen sollten Informationen zur Beeinflußbarkeit (Technologie vs. Strategie, vgl. Abschnitt 3.3.1.2 auf Seite 73) von $MOOS_Y$–Bausteinen und zur Systemzugehörigkeit von $MOOS_Y$–Klassen ebenfalls im Baustein ModellSim abgelegt werden.

Besonderheiten der Implementierung von $MOOS_Y^{SIM}$

$MOOS_Y^{SIM}$ organisiert Simulationen in seiner derzeitigen Fassung im Rahmen der Sequenz–Bausteine. Die Implementierung von ModellSim–Bausteinen aus Datensicht für umfassendes Modell– und Simulationsmanagement ist konzipiert, jedoch in der derzeitigen Fassung wenig realisiert.

5.3.4.3. Hierarchiekonzepte

Konzeption

Im Rahmen der Organisation von Bausteinen, Modellen und Simulationen durch das MMS und das SMS benötigt eine Implementierung weitere Datenstrukturen zur Verwaltung von Hierarchien, die als referenzierendes Konstrukt auf das Datenmodell von $MOOS_Y^{SIM}$ aufsetzen.

Derartige Konzepte lassen sich mit der zur Hierarchiebildung geeigneten Grundstruktur (vgl. Abschnitt 5.3.2 auf Seite 121) problemlos umsetzen.

Besonderheiten der Implementierung von $MOOS_Y^{SIM}$

Die Implementierung von $MOOS_Y^{SIM}$ legt gemäß folgender Erweiterung und Spezifizierung der Grundstruktur eine allgemeine Struktur für experimentelle Zwecke zum Hierarchiekonzept an:

```
(IDX BEZ PARENT CHILD IS-HAS? MMS-SMS? INFO)
```

PARENT: Das Atom trägt den Indexwert des Listenobjekts, das dem Listenobjekt hierarchiegemäß übergeordnet wird oder den FALSE–Wert, wenn es eine Hierarchiewurzel ist.

CHILD: Das Element ist eine Liste aus den Indexwerten der dem Listenobjekt hierarchiegemäß untergeordneten Listenobjekte. Existiert kein untergeordnetes Listenobjekt trägt CHILD den FALSE–Wert.

IS–HAS?: Dieses Atom trägt einen Wahrheitswert, der kodiert, ob die vorliegende Hierarchie funktionalen Charakter hat oder auf dem Abstraktions–Konkretisierung–Prinzip aufgebaut ist. Die Ausprägung von IS–HAS? sollte zur besseren Operationalisierbarkeit über die Hierarchie hinweg einheitlich sein, muß dies aber nicht.

MMS–SMS?: Dieses Atom trägt einen Wahrheitswert, der die semantische Zugehörigkeit zu entweder dem MMS oder dem SMS kodiert.

INFO: Dieses Atom trägt einen natürlichsprachigen Text, der das Hierarchiekonzept beschreibt.

5.3.5. Verweis auf konzeptionelle Anforderungen

Nachfolgend wird der Entwicklungsstand von $MOOS_Y^{SIM}$ hinsichtlich der einzelnen, konzeptionell geforderten Funktionalitäten eines DBMS kurz dargelegt. Dabei sei erneut auf den prototypischen Charakter insbesondere des DBMS hinwiesen.

Die vorangegangenen Abschnitte bilden die datenmäßig implementierte Grundlage und Grundstruktur von $MOOS_Y^{SIM}$ detailreich und dem logischen Datenmodell getreu ab. Eine explizite Möglichkeit zur Datendefinition wird, bis auf die bereits vollständig unterstützte Definition von $MOOS_Y$–Klassen nicht benötigt. Die konzeptionellen Anforderungen an die Datenmanipulation und Datenabfrage sind im

DBMS in ausreichendem Maß für den vollständigen Einsatz der anderen Subsysteme MMS, SMS und UIMS realisiert. Das DBMS verursacht diesbezüglich keinen Engpaß. Die datenmäßige Dokumentationsgrundlage findet sich in jeder Datenstruktur von $MOOS_Y^{SIM}$ wieder, so daß hier ebenfalls kein Engpaß vorliegt.

Die Aspekte Datenunabhängigkeit und Datenkonsistenz finden wenig Beachtung im derzeitigen DBMS von $MOOS_Y^{SIM}$. Datenschutz und Datensicherheit werden völlig ausgeklammert.

5.4. MMS bei $MOOS_Y^{SIM}$ mit Verweis auf konzeptionelle Anforderungen

Das MMS von $MOOS_Y^{SIM}$ ist in der derzeit aktuellen Fassung nur in eingeschränktem Rahmen funktionsfähig. Es unterstützt alle zur Modell- und Simulationsausführung notwendigen Funktionalitäten und verfügt über einige experimentelle Ansätze für weiterführendere Funktionalitäten.

Nachfolgend wird der Entwicklungsstand von $MOOS_Y^{SIM}$ hinsichtlich der einzelnen, konzeptionell geforderten Funktionalitäten eines MMS kurz dargelegt.

$MOOS_Y^{SIM}$ besitzt für die Erstellung von $MOOS_Y$–Relationen eine direkte Programmierschnittstelle in Scheme. Die gebundenen Relationen erweitern den Programmcode der Laufzeitumgebung und stehen somit modellsemantisch voll zur Verfügung. Bei der Programmierung von $MOOS_Y$–Relationen, die in die Verarbeitung von $MOOS_Y$–Interaktionen eingehen, können NEX–Werte über einen in der Laufzeitumgebung global gebundenen Ausdruck mit dem Bezeichner `non-ex` identifiziert werden.

non–ex: Der Bezeichner `non-ex` verweist auf den NEX–Wert. Der allgemein vergleichende Scheme–Ausdruck `(equal? non-ex vgl-wert)` evaluiert zum TRUE–Wert `#t`, sofern `vgl-wert` ebenfalls der NEX–Wert ist (zum Beispiel ein Übergabeparamenter aus einem Teil einer Input–Auswahl). Die vergleichenden Scheme–Primitiven `eq?` und `eqv?` eignen sich aufgrund ihres strengeren Kalküls für diesen Vergleich nicht.

Neben den $MOOS_Y$–Relationen existieren keine in der Laufzeitumgebung aktiven Komponenten, die von dem Benutzer implementiert werden können.

Im Bereich der Organisation und Wiederverwendbarkeit besitzt MOOS$_Y^{SIM}$ neben einigen experimentellen Funktionalitäten für den Programmentwickler noch keine für den Anwender nutzbare Umsetzung.

Die Modellausführung ist in MOOS$_Y^{SIM}$ implementiert. Neben der Programmcodeerweiterung der Laufzeitumgebung besitzt MOOS$_Y^{SIM}$ die benötigten Mechanismen zur Modellausführung aus Sicht des MMS (beispielsweise Mechanismen für abgeleitete Attribute oder zur Beschränkungsüberprüfung).

Den Kern der Modellausführung bildet die mit Hilfe der MOOS$_Y$–Sequenzen iterativ gesteuerte Interaktionsausführung. Dem Aufbau im MOOS$_Y$–Paradigma folgend werden Interaktionen bei der Modellausführung dreiteilig (Input–Auswahl, Verarbeitung, Output–Erzeugung) mit Hilfe komplexer Funktionalitäten, die Besonderheiten wie die Behandlung von NEX–Werten operationalisieren, abgearbeitet.

Die Dokumentationsunterstützung ist anhand beispielhafter Funktionalitäten vorhanden, allerdings noch nicht vollständig umgesetzt. Es folgt ein Beispiel für eine automatisch generierte Klassendokumentation, in der implementierte Modellinformationen mit den durch einen Anwender eingegebenen Informationen zu einer natürlichsprachlichen Ausgabe kombiniert werden:

Dokumentation der Klasse Produktion

Die Klasse Produktion repräsentiert den Maschinenpark. Diese Klasse besitzt neben den drei Pflichtattributen 3 weitere Attribute. Dabei sind die Attribute **menge** und **typ** nicht abgeleitet und **stückkosten** abgeleitet.

Das Attribut **menge** ist verhältnisskaliert. Es besitzt keine Beschränkung. Das Attribut **menge** drückt die produzierte Menge aus.

Das Attribut **typ** ist nominalskaliert. Es besitzt folgenden Wertebereich: {Quader,Würfel,Schale,Kugel}. Das Attribut **typ** gibt den Produkttyp der Produktion an.

Das Attribut **stückkosten** ist verhältnisskaliert. Es wird über die Relation *uf-pkosten* abgeleitet. Das Attribut **stückkosten** leitet die typ- und maschinenabhängigen Stückkosten der Produktion ab ...

5.5. SMS bei $MOOS_Y^{SIM}$ mit Verweis auf konzeptionelle Anforderungen

Das SMS von $MOOS_Y^{SIM}$ ist in der derzeit aktuellen Fassung nur in eingeschränktem Rahmen funktionsfähig. Es unterstützt im wesentlichen die Simulationsausführung.

Ziel einer Weiterentwicklung in Verbindung mit dem MMS und dem UIMS ist die Umsetzung der expliziten Unterstützung bei Modellierung und Simulation. Die explizite Unterstützung erweitert das Anwendungspotential von $MOOS_Y^{SIM}$ dahingehend, daß weniger versierte Nutzer bei ihrem Umgang mit $MOOS_Y^{SIM}$ interaktiv begleitet werden. Diese semantische Begleitung besitzt gegenüber der bereits vorhandenen Möglichkeit zur impliziten Steuerung und Programmierung durch den versierten Nutzer eine geringere Mächtigkeit. Im Gegenzug vereinfacht sich der Umgang mit $MOOS_Y^{SIM}$ insbesondere beim Experimentieren.

Nachfolgend wird der Entwicklungsstand von $MOOS_Y^{SIM}$ hinsichtlich der einzelnen, konzeptionell geforderten Funktionalitäten eines SMS kurz dargelegt.

Das SMS von $MOOS_Y^{SIM}$ gewährleistet die Organisation für den Simulationsablauf.

Die Simulationssteuerung ist vollständig und lauffähig implementiert. Sie bietet dem Nutzer die Möglichkeit zur direkten Verknüpfung von $MOOS_Y$-Relationen mit dem in der Laufzeitumgebung global gebundenen Zeitzähler der Simulationssteuerung.

model-time: Der Bezeichner `model-time` verweist auf den Wert der Modellzeit im Simulationsablauf. Der Wert wird durch die Simulationssteuerung im Simulationsablauf destruktiv verändert.

Der Prototyp $MOOS_Y^{SIM}$ besitzt einige konzeptionelle Potentiale, die bereits zugrundegelegt aber noch nicht vollständig operationalisiert sind. Beispielweise unterstützt das SMS von $MOOS_Y^{SIM}$ die explizite Verarbeitung von Wahrscheinlichkeit in der derzeitigen Fassung nicht, sie muß im Rahmen der Relationen der $MOOS_Y$-Modelle erfolgen. Andere, noch nicht vollständig operationalisierte Funktionalitäten können ebenfalls vorerst nur durch den Anwender im Rahmen der Programmierung von $MOOS_Y$-Relationen aufgrund des offenen und dynamischen Programmcodes umgesetzt werden.

Im Bereich der Experimentierschnittstelle bietet $MOOS_Y^{SIM}$ den interaktiven Eingriff über $MOOS_Y$–Relationen, in denen Benutzerinteraktionen vom Benutzer selbst programmiert werden. Zudem besteht die Möglichkeit zur einfachen manuellen Variation von $MOOS_Y$–Objekten, die als Ausgangsdaten der Simulation fungieren.

Die Dokumentationsmöglichkeiten sind beim SMS noch nicht operationalisiert.

5.6. UIMS bei $MOOS_Y^{SIM}$

Das UIMS bei $MOOS_Y^{SIM}$ besitzt seinen Schwerpunkt in der Gestaltung der Benutzerinteraktion.

In diesem Zusammenhang wird der arbeitswissenschaftliche Begriff der Ergonomie (vgl. Luczak und Rohmert, 1980, S. 15) im Zusammenhang mit Software verwendet, um das Eignungsverhältnis zwischen einem arbeitsausführenden, menschlichen Anwender und einem Computerprogramm im Sinne eines Arbeitsmittels zu beschreiben. Der Dreiteilung der Software–Ergonomie von Oppermann *et al.* (1992, S. 2–4) in Korrektheits–Ergonomie (der Fehlerfreiheit des Programms), Funktionalitäts–Ergonomie (der Adäquanz der Programmfunktionalitäten in Bezug auf den Einsatzbereich) und Schnittstellen–Ergonomie folgend, wird letzterer Punkt fokussiert. Schnittstellen–Ergonomie bezeichnet die benutzergerechte Gestaltung der Kommunikations- und Interaktionsschnittstelle zwischen Anwender und Programm und tritt in Verbindung mit kognitiven Aspekten in den Mittelpunkt der weiteren Betrachtung der UIMS–Umsetzung. Ansätze zur Umsetzung von Schnittstellen–Ergonomie mit Blickwinkel auf kognitive Aspekte werden im Folgenden als kognitiv ergonomisch bezeichnet.

Unter Berücksichtigung kognitionswissenschaftlicher und wissenspsychologischer Erkenntnisse beschreibt der folgende Abschnitt Ideen zur kognitiv ergonomischen Gestaltung der Benutzerinteraktion, bevor die nachfolgenden Abschnitte die Realisierung einzelner Benutzerdialoge aus der prototypischen Implementierung vorstellen. Die Strukturierung der Benutzerdialoge orientiert sich an den $MOOS_Y$–Bausteinen.

Es wird an dieser Stelle darauf hingewiesen, daß aufgrund der im Prototyp unvollständig realisierten physischen und logischen Datenunabhängigkeit, keine

Konzepte zur visuell-logischen Datenorganisation wie Sortierung umgesetzt sind. Desweiteren entbehrt der Prototyp eine intensive, Hilfestellung gebende Benutzerführung zur robusten und, soweit überprüfbar, semantisch korrekten Bedienung. Der Schwerpunkt des UIMS im Prototyp liegt auf der Umsetzung kognitiv ergonomischer Gestaltung adaptiver Benutzerdialoge. Diese Gestaltungskonzepte fungieren als Basis der Benutzerinteraktion, so daß sich die zuvor angesprochenen Ausbaumöglichkeiten des Prototypen als konsistente Erweiterungen direkt aufsetzen lassen.

Bildhafte Visualisierungen, wie beispielweise $MOOS_Y$–Graphen, sind im Prototypen nicht implementiert und bieten einen interessanten Ansatzpunkt zur Erweiterung von $MOOS_Y^{SIM}$.

5.6.1. Konzept zur Gestaltung kognitiv ergonomischer Dialogkomponenten

Um für einen Benutzer das Potential für eine effektive Nutzung zu bieten, gilt es bei der Gestaltung einer grafischen Benutzeroberfläche Aspekte der mentalen Verarbeitung zu berücksichtigen und die kognitive Komplexität so gering wie möglich zu halten. Für die Implementierung eines Konzepts folgt, daß sich das Konzept im Rahmen der Benutzeroberfläche so widerspiegelt, daß diese mit geringem kognitiven Aufwand direkt als semantisch äquivalente Visualisierung dieses Konzepts verstanden werden kann – beispielsweise ohne mentale Uminterpretation und Restrukturierung.

Zur Gestaltung von kognitiv ergonomischen Benutzerdialogen werden die syntaktische Homogenität, die Klarheit des Modus, die semantische Separation und hierarchische Dekomposition, die kongruente Strukturierung und die adaptive Interaktion vorgeschlagen.

Syntaktische Homogenität: Syntaktische Homogenität bezeichnet die einheitliche Darbietung gleicher Sachverhalte. Dies erfolgt beispielsweise über die Verwendung gleicher Zeichensätze und Arten der Beschriftung von Funktionselementen. Die Wahl unterschiedlicher Darbietungsoptiken, zum Beispiel verschiedene Zeichensätze für Beschriftungen und Inhalt, muß in jedem Fall semantisch konsistent sein, da der Benutzer visuelle Ähnlichkeit und Unähnlichkeit grundsätzlich auch semantisch interpretiert.

Klarheit des Modus: Die Klarheit des Modus fordert, daß der Benutzer nie im Unklaren über das jeweilig aktuelle Verarbeitungsverhalten des Systems gelassen wird, um vermeidbare Fehlbedienung zu verhindern. Sie stellt eine grundlegende Anforderung dar, die auch in der Umsetzung der anderen Aspekte realisiert wird.

In Bezug auf das Zustandekommen von Modusänderungen lassen sich nutzerverursachte und automatische unterscheiden. Eine nutzerverursachte Änderung wäre beispielsweise die Eingabe in einer Eingabemaske, die eine vorübergehende Inkonsistenz zwischen interner Datenbasis und Dialogkomponente verursacht und das System vom Anzeigemodus in den Aktualisierungsmodus überführt (vgl. analog Monk, 1986, S. 313f). Durch visuelle Hinweise kann dem Nutzer Orientierung über den aktuellen Modus samt Besonderheiten zu dessen Nutzung gegeben werden, damit es zu keinen Fehlinterpretationen kommt. Automatische Änderungen des Modus kann neben einer grundlegend falschen Vorstellung auch aufgrund der Unklarheit über den jeweils aktuellen Systemstatus seitens des Benutzer zur Fehlbedienung führen (vgl. zum Beispiel Sarter und Woods, 1995, S. 12). Derartige Unklarheit kann durch statusbezogene Visualisierung und kontextgebende Kommunikation seitens des Systems vermieden werden.

Semantische Separation und hierarchische Dekomposition: Die Umsetzung der Separation und hierarchischen Dekomposition der Anwendungssemantik erlaubt es, ein Konzept der Benutzerinteraktion zu realisieren, das eine direkte Entsprechung zum Anwendungskontext repräsentiert. Dabei teilt man unabhängige Bereiche in eigenständige Benutzerinteraktionen auf und visualisiert die Dekomposition innerhalb eines Bereichs. Bezogen auf das $MOOS_Y$–Paradigma bedeutet das beispielsweise die Einteilung in eine Dialogkomponente je $MOOS_Y$–Baustein und die strukturkonsistente Dekomposition von Hierarchien wie `(Klasse (Attribut (Beschränkung)))` oder `(Interaktion (Input-Auswahl (Input (Selektion ...)) ...))`. Ein $MOOS_Y$–geübter Nutzer kann dadurch $MOOS_Y$–Modelle in $MOOS_Y^{SIM}$ ohne weiteres, konzeptionelles Erlernen direkt übertragen. Die hierarchische Dekomposition ist stets in Verbindung mit kongruenter Strukturierung umzusetzen.

Kongruente Strukturierung: Mit kongruenter Strukturierung wird die visuell geschlossene Darbietung semantisch zusammenhängender Aspekte bezeichnet.

Zusammenhängende Dialogteile, beispielsweise die Eingabefelder zu einem Strukturelement, werden visuell in geschlossenen rechteckigen Formen angeordnet, damit die Sinnzugehörigkeit direkt über das visuelle Bild assoziiert werden kann. Semantisch gleichwertige, aber nicht zusammengehörige Teile sind optisch gleichwertig zu ordnen, nicht gleichwertige als ebensolche darzubieten (gegebenenfalls unter Berücksichtigung semantischer Hierarchien).

Die visuelle Ordnung sollte qualitativ abstrahiert hinsichtlich vertikaler und horizontaler Überlappung betrachtet (vgl. Schlieder und Hagen, 2000, S. 202) und möglichst ohne semantisch komplexe Überschneidungen strukturiert werden (siehe vertiefend Schlieder, 1998, S. 58 mit Verweis auf Knauff *et al.*, 1995).

Im Weiteren wird eine Ausrichtung vertikal von oben nach unten und horizontal von links nach rechts angewandt. Diese Ausrichtung entspricht der kognitiven Konditionierung des potentiellen Nutzerkreises von MOOS$_{\mathrm{Y}}^{\mathrm{SIM}}$.

Adaptive Interaktion: Die adaptive Interaktion bietet die Möglichkeit der kognitiven Vereinfachung durch kontextbezogene Darbietung. Sie stellt beispielsweise ein geeignetes Konzept zur modusspezifischen Benutzerführung dar. Bezogen auf Dialogkomponenten läßt sich die Adaptivität hinsichtlich der Struktur und der Funktionalität unterscheiden. Die Strukturadaptivität ändert, erweitert oder reduziert die Dialogkomponente kontextbezogen, so daß der Nutzer immer nur mit den Dialogbestandteilen konfrontiert ist, die Teil des jeweiligen semantischen Anwendungskontextes sind. Die Funktionalitätsadaption beläßt die Struktur der Dialogkomponente, ändert jedoch kontextbezogen das Verhalten von Dialogbestandteilen. Eine klassische Form der Funktionalitätsadaption ist das Aktivieren oder Deaktivieren von Schaltflächen. Gegenüber der Strukturadaption werden unter Umständen Dialogbestandteilen dargeboten, die nicht im jeweils aktuellen semantischen Anwendungskontext enthalten sind (zum Beispiel deaktivierte Schaltflächen). Diese Eigenschaft kann gezielt genutzt werden, um auf potentielle Funktionalitäten und deren momentane Deaktivierung hinzuweisen.

Zur Umsetzung der grafischen Benutzerschnittstellen von MOOS$_{\mathrm{Y}}^{\mathrm{SIM}}$ werden zwei qualitativ abstrahierte Referenzkonzepte bei der Dialoggestaltung verwendet, die in den Abbildungen 5.5 auf der nächsten Seite und 5.6 auf der nächsten Seite skizziert sind.

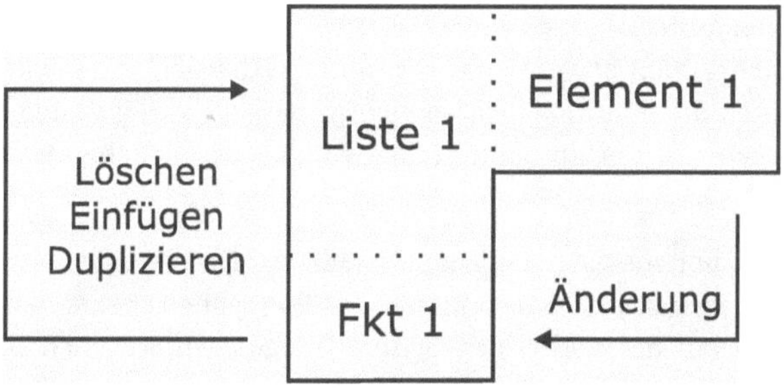

Abbildung 5.5.: Gekippte L–Struktur einer semantischen Einheit mit Auswahlliste im Benutzerdialog

Eine semantische Einheit (Element 1) – beispielsweise alles, was zu einer $MOOS_Y$–Klasse im Allgemeinen vorliegt – wird in einer gekippten L–Form umgesetzt. Der Dialog ist, oben anfangend, von links nach rechts zu lesen (horizontaler L–Schenkel). Der vertikale L-Schenkel realisiert, sofern Multiplizität der semantischen Einheit vorliegt, eine Auswahlliste (Liste 1) mit auswahlfunktionalen Schaltflächen (Fkt 1).

Dieses Referenzkonzept sieht organisatorische Funktionalitäten für Ändern, Löschen, Einfügen und Duplizieren vor (auf die Sortierung und Reorganisation wird im Prototyp verzichtet).

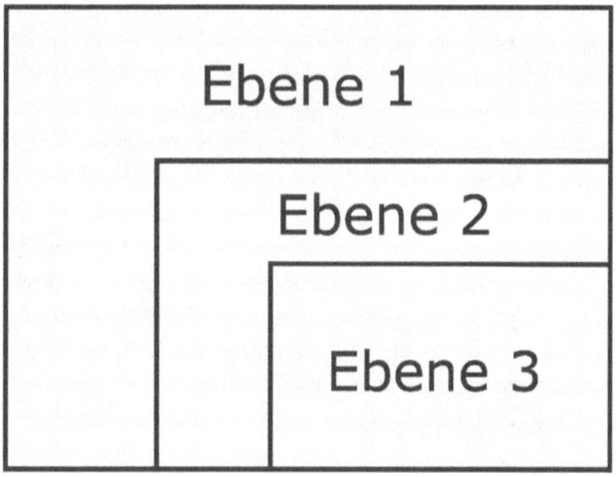

Abbildung 5.6.: Hierarchische Struktur bei semantisch untergeordneten Einheiten im Benutzerdialog

Zur kognitiven Unterstützung des Benutzers wird die Umsetzung dieser Funktionalitäten in Form von adaptiv aktivierten Schaltflächen vorgeschlagen. Aus Sicht der Daten lösen die Funktionalitäten eine Anpassung des internen Schemas an die externen Begebenheiten aus und stellen somit von oben herab Datenkonsistenz her.

Unterhalb des horizontalen L–Schenkels bietet sich Platz, um weitere Strukturen, die in der semantischen Hierarchie des Elements 1 stehen, aufzuführen (vgl. Abbildung 5.6 auf der vorherigen Seite). Hängen Unterebenen bedingt ab, also abhängig von Ausprägungen der übergeordneten Ebene, wird vorgeschlagen, diese zur kognitiven Entlastung über Strukturadaption kontextbedingt in den Dialog einzubringen. Die adaptiven Komponenten müssen über alle abhängigen Ebenen hinweg gesteuert werden, so daß beispielsweise die Änderungsaktivierung in einer Unterebene zur Änderungsaktivierung der darüberliegenden führt, um die strukturelle Reichweite semantisch korrekt zu visualisieren.

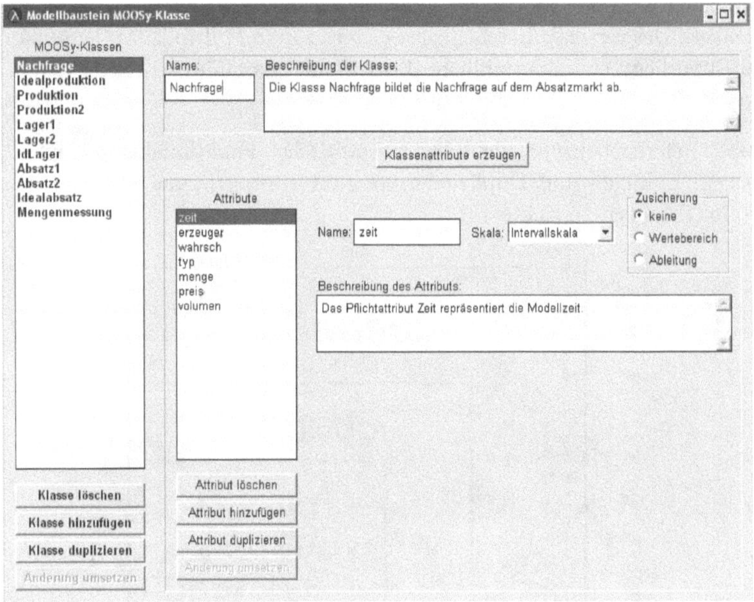

Abbildung 5.7.: Einfaches Attribut einer $MOOS_Y$–Klasse ohne Klassenattribute im Benutzerdialog

5.6.2. GUI für MOOS$_Y$–Klassen

Die Abbildungen 5.7 auf der vorherigen Seite und 5.8 zeigen beispielhaft den Benutzerdialog zur Verwaltung von MOOS$_Y$–Klassen.

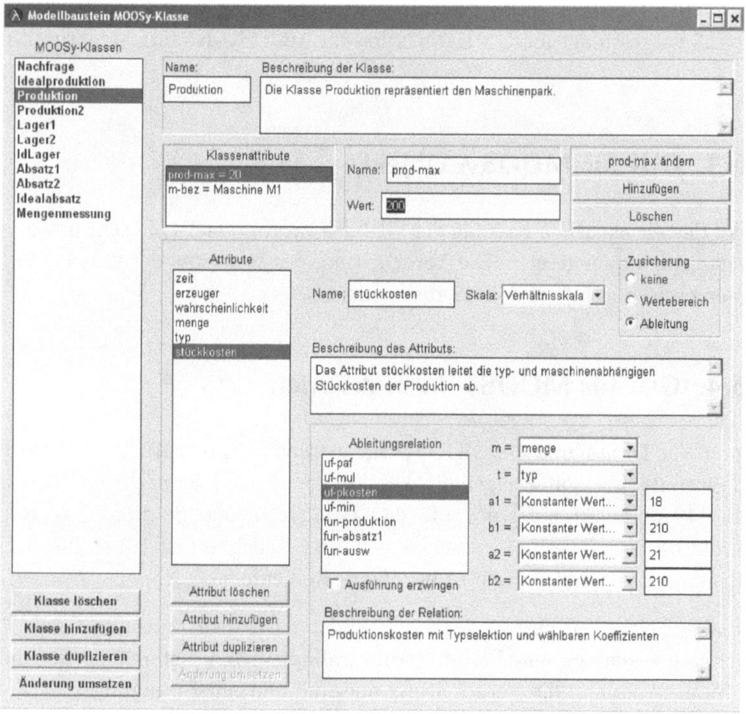

Abbildung 5.8.: Abgeleitetes Attribut einer MOOS$_Y$–Klasse mit Klassenattributen (nach Änderung im Benutzerdialog auf Klassenebene)

Die Hauptebene besteht aus allen allgemein zur Klasse gehörenden Bestandteilen. Der Bereich für die Klassenattribute bildet dabei ein struktur– und funktionalitätsadaptives Konstrukt.

Der allgemeine Attributsteil folgt vertikal als eine statische Unterebene. In Abhängigkeit des Skalenniveaus und der Zusicherung besitzt diese Unterebene strukturadaptiv keine oder eine weitere aus drei alternativen Unterebenen (nominalskaliert mit Wertebereich, nicht–nominalskaliert mit Wertebereich und abgeleitet; letzteres ist in Abbildung 5.8 beispielhaft dargestellt). Die Unterebene für abgeleitete Attribute mutiert strukturadaptiv bezüglich der referenzierten Relation.

Der Benutzerdialog ist unter abstrahierter Betrachtung der im Abschnitt 3.2.1.2 auf Seite 53 vorgeschlagenen UML–Notation für $MOOS_Y$–Klassen strukturell nachgelagert.

5.6.3. GUI für $MOOS_Y$–Objekte

In der derzeit aktuellen Fassung der GUI des Prototypen ist ein sehr prototypischer Benutzerdialog umgesetzt. Die Verarbeitung des Konzepts der Objekte ist jedoch implementierungsintern vollständig realisiert.

5.6.4. GUI für $MOOS_Y$–Interaktionen

Gemäß der Dreiteilung der $MOOS_Y$–Interaktion in Input–Auswahl, Verarbeitung und Output–Erzeugung zeigen die Abbildungen 5.9 auf der nächsten Seite, 5.10 auf Seite 146 und 5.11 auf Seite 147 den Benutzerdialog für diese drei Teile einer Interaktion. Der Wechsel zwischen den drei Teilen erfolgt über die funktionalitätsadaptiven Schaltflächen in beliebiger Reihenfolge.

Der allgemeine Teil einer Interaktion bildet nach dem L–Konzept den Rahmen des Benutzerdialogs und besitzt strukturadaptiv eine Unterebene für wahlweise die Input–Auswahl, die Verarbeitung oder die Output–Erzeugung.

5.6.4.1. GUI für die Input–Auswahl

Der Benutzerdialogteil für die Input–Auswahl organisiert die einzelnen Inputs.

Neben den allgemeinen Angaben eines Inputs besitzt diese Ebene in Abhängigkeit der Spezifikation von Selektionskriterien strukturadaptiv entweder keine oder eine Erweiterung mit einem Dialogbestandteil für Selektionsspezifikation. Diese strukturadaptive Umsetzung eines ebenengleichen Bestandteils reduziert die kognitive Komplexität des ohnehin komplexen Benutzerdialogs. Ein Strukturwechsel wird

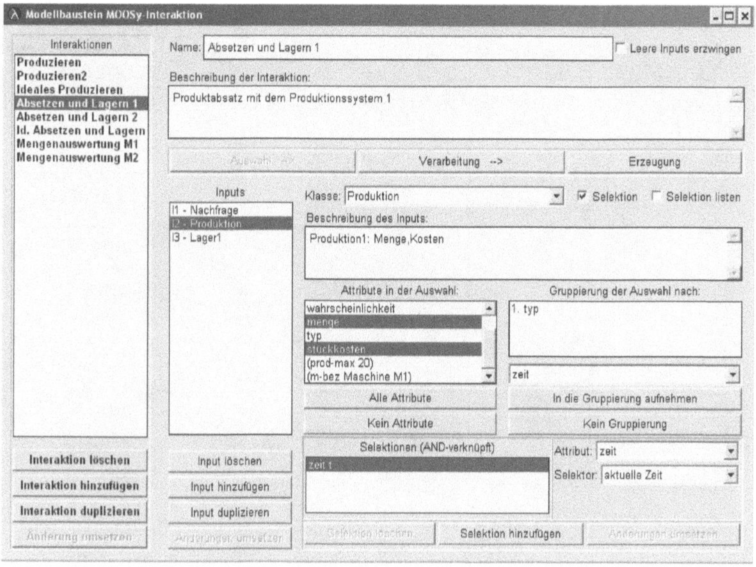

Abbildung 5.9.: Input–Auswahl einer $MOOS_Y$–Interaktion im Benutzerdialog mit Selektionskriterium

dem Benutzer durch das System hinsichtlich seiner Auswirkungen interaktiv mitgeteilt.

In der derzeit aktuellen Fassung dieses Benutzerdialogs besitzt der Selektionsteil noch keine ganzheitliche natürlichsprachliche Umsetzung und strukturelle Vollständigkeit. Das Gros an struktur– und funktionalitätsadaptiver semantischer Unterstützung ist jedoch realisiert.

5.6.4.2. GUI für die Verarbeitung

Der Benutzerdialogteil für die Verarbeitung bildet die Schnittstelle zu der zur Verarbeitung vorgesehenen $MOOS_Y$–Relation.

Der strukturadaptive Dialogteil zur Spezifikation der Übergabeparameter visualisiert adaptiv die Synthese aus der Struktur der Input–Auswahl der Interaktion und der Spezifikation der Übergabeschnittstelle der gewählten Relation. An dieser

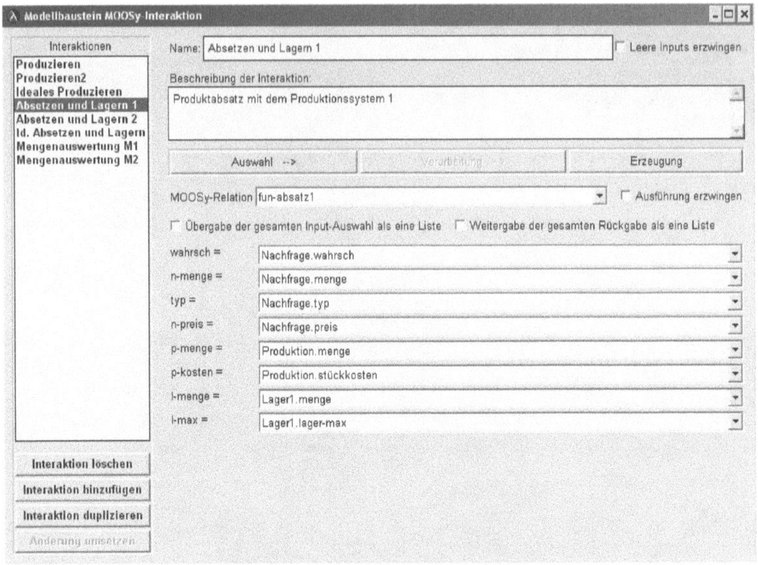

Abbildung 5.10.: Verarbeitung einer $MOOS_Y$–Interaktion im Benutzerdialog

Stelle wird die Nutzbarkeit von $MOOS_Y^{SIM}$ durch einen Implementierungsunkundigen deutlich, sofern dieser vorgefertigte $MOOS_Y$–Relationen einsetzt. Die Nutzung dieser Relationen erfolgt lediglich durch die sprachlich und visuell unterstützte Gestaltung der Übergabeschnittstelle.

5.6.4.3. GUI für die Output–Erzeugung

Der Benutzerdialogteil für die Output–Erzeugung bildet die Schnittstelle von der zur Verarbeitung verwendeten $MOOS_Y$–Relation und den potentiell im Simulationsablauf zu erzeugenden Objekten.

Der struktur– und funktionalitätsadaptive Dialogteil ermöglicht die flexible Assoziation der Rückgabeschnittstelle mit den zu erzeugenden $MOOS_Y$–Klassen. Er synthetisiert adaptiv die Spezifikation der Rückgabe der in der Verarbeitung verwendeten $MOOS_Y$–Relation und die der $MOOS_Y$–Klassen.

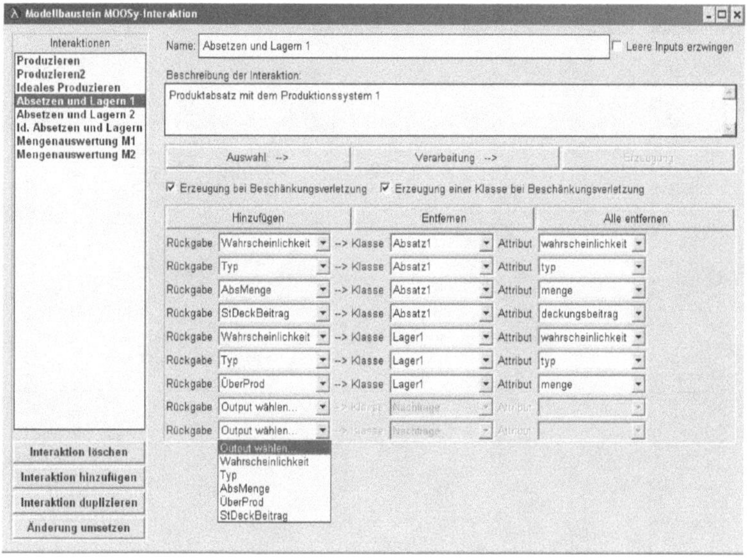

Abbildung 5.11.: Output–Erzeugung einer $MOOS_Y$–Interaktion im Benutzerdialog

5.6.5. GUI für $MOOS_Y$–Relationen

Die Abbildung 5.12 auf der nächsten Seite zeigt den funktionsfähigen aber unvollständigen Benutzerdialog für $MOOS_Y$-Relationen.

Die Scheme–spezifische Unterstützung der Benutzerinteraktion ist teilweise realisiert. So wird der Benutzer bei der Definition von Lambda–Ausdrücken interaktiv über die syntaktische Konsistenz und Evaluierbarkeit der Eingaben informiert.

Die Schaltfläche zur Evaluation und Bindung der Lambda–Ausdrücke bewirkt die dynamische Änderung und Erweiterung des in der Laufzeitumgebung laufenden Programmcodes, indem jeder Lambda–Ausdruck laufzeitglobal als ausführbarer Ausdruck an seinen Bezeichner gebunden wird.

In der derzeit aktuellen Fassung der GUI des Prototypen fehlt die semantische Spezifikationsmöglichkeit für die Übergabe– und Rückgabeparameter bei $MOOS_Y$–Relationen im Benutzerdialog. Dieser Punkt ist jedoch implementierungsintern realisiert und wird beispielsweise von den Dialogbestandteilen Verarbeitung und

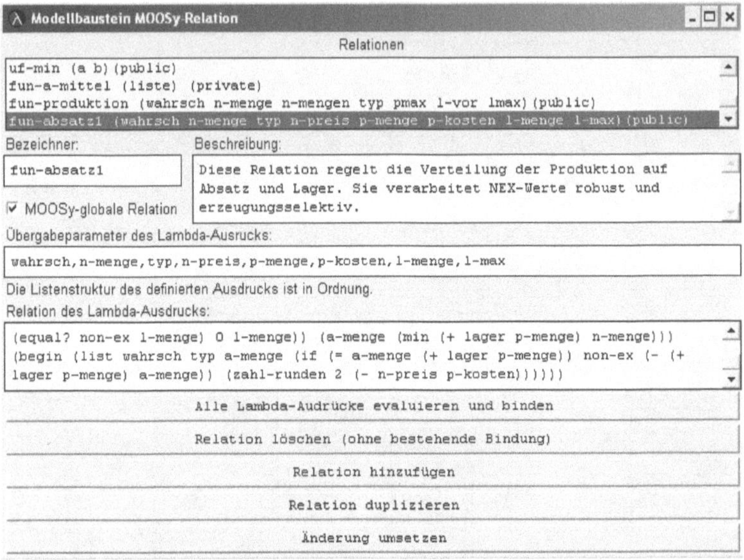

Abbildung 5.12.: Prototypischer Benutzerdialog für $MOOS_Y$–Relationen

Output–Erzeugung der $MOOS_Y$–Interaktionen bereits verwendet.

5.6.6. GUI für den Organisationsbaustein Szenario

In der derzeit aktuellen Fassung der GUI des Prototypen fehlt der entsprechende eigene Benutzerdialog. Die Verarbeitung des Konzepts des Szenarios ist jedoch implementierungsintern lauffähig realisiert.

5.6.7. GUI für $MOOS_Y$–Sequenzen und den Simulationsbaustein ModellSim

Die Abbildung 5.13 auf der nächsten Seite zeigt den funktionsfähigen aber unvollständigen, aggregierten Benutzerdialog für $MOOS_Y$–Sequenzen und die Simulationsorganisation.

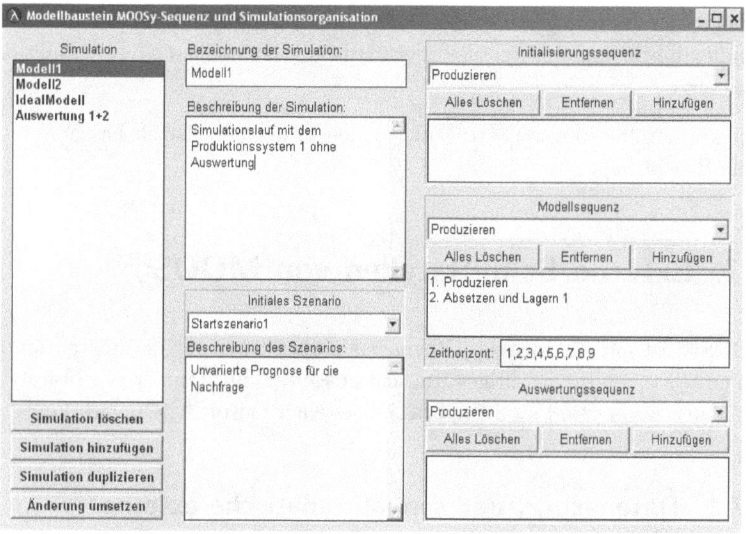

Abbildung 5.13.: Prototypischer Benutzerdialog für MOOS$_Y$–Sequenzen und die Simulationsorganisation

In der derzeit aktuellen Fassung der GUI des Prototypen fehlt die Zuordnung der MOOS$_Y$–Klassen als System– oder Umweltkomponente im Modellkontext. Dieser Punkt ist jedoch implementierungsintern lauffähig realisiert.

Für die Weiterentwicklung von MOOS$_Y^{SIM}$, insbesondere der Komponenten für Modellmanagement und Simulationsmanagement, ist die GUI strukturadäquat mit zu entwickeln und beispielsweise die Trennung zwischen MOOS$_Y$–Sequenz und ModellSim umzusetzen.

5.6.8. Verweis auf konzeptionelle Anforderungen

Nachfolgend wird der Entwicklungsstand von MOOS$_Y^{SIM}$ hinsichtlich der einzelnen, konzeptionell geforderten Funktionalitäten eines UIMS kurz dargelegt.

Das UIMS besitzt seinen Schwerpunkt in der Gestaltung einer kognitiv ergonomischen Kommunikationsschnittstelle.

Aspekte der Berichtsgenerierung, der Schnittstellenflexibilität und der Nutzungsformflexibilität sind ansatzweise, meist auf experimentellem Niveau, funktionsfähig umgesetzt.

Aspekte der Nutzungsunterstützung finden in der derzeitigen Fassung des UIMS keine Beachtung.

5.7. Externe Schnittstellen von $MOOS_Y^{SIM}$

$MOOS_Y^{SIM}$ ist auf der Idee der Offenheit aufgebaut und für die Interaktion mit externen Systemen in vielfältiger Hinsicht ausgelegt. Im Rahmen der prototypischen Implementierung sind zwei Exportschnittstellen beispielhaft umgesetzt.

5.7.1. Datenexport und semiautomatische externe Visualisierung

In der derzeit aktuellen Fassung von $MOOS_Y^{SIM}$ ist beispielhaft für Portabilität eine klassenweise Exportmöglichkeit für Modellobjekte implementiert. Unter Angabe einer Klasse werden die Objekte einer Klasse in der tabellarischen Form einer Datenrelation in eine standardisierte Textdatei übertragen. Die Textdatei verwendet das Semikolon–Zeichen als Spaltentrennzeichen und den Zeilenumbruch als Zeilentrennzeichen. Die erste Zeile einer Exportdatei trägt die Attributsbezeichnungen, die nachfolgenden Zeilen die jeweiligen Attributswerte.

```
Attribut1;Attribut2;...
Attributswert1_1;Attributswert2_1;...
Attributswert1_2;Attributswert2_2;...
...
```

Beispielsweise:

```
"zeit";"erzeuger";"wahrsch";"typ";"menge";
1;#f;1;"Quader";19;
2;#f;1;"Quader";24;
3;#f;1;"Quader";27;
...
```

Exporte, die nach diesem Konzept erzeugt werden, eignen sich insbesondere für den Import und die Weiterverarbeitung in gängigen Tabellenkalkulationsprogrammen.

Neben der Portabilität wird auch Interoperabilität gewährleistet, um beispielhaft zu zeigen, wie MOOS$_{\mathrm{Y}}^{\mathrm{SIM}}$ mit gängigen und zweckmäßigen Werkzeugen zur Datenvisualisierung kooperieren kann.

Das Tabellenkalkulationsprogramm Microsoft Excel (Version 2000) eignet sich als Werkzeug zur diagrammhaften graphischen Darstellung von Datentabellen. Mit Hilfe der aktiven Importfunktionalität mittels Dateiverknüpfung werden MOOS$_{\mathrm{Y}}^{\mathrm{SIM}}$-Exporte in Excel-Tabellen importiert. Diese Excel-Tabellen dienen ihrerseits wiederum als Verknüpfungspunkt für Excel-Diagramme. Die Verknüpfungskette aus dem MOOS$_{\mathrm{Y}}^{\mathrm{SIM}}$-Export und der Excel-internen Verknüpfung erzeugt semiautomatische Interoperabilität, bei der MOOS$_{\mathrm{Y}}^{\mathrm{SIM}}$ zur Simulation und Excel zur Ergebnisvisualisierung eingesetzt wird. Die semiautomatische Interoperabilität vollzieht sich aus der Sicht des Anwenders durch Betätigen einer Schaltfläche zum Export in MOOS$_{\mathrm{Y}}^{\mathrm{SIM}}$ und der anschließenden Betätigung einer Schaltfläche zur Verknüpfungsaktualisierung in Excel.

Betriebliche Systeme zur Erzeugung von visualisierenden Berichten für Endnutzer (beispielsweise Entscheidungsträger) sind *in praxi* oft in Excel und in Verbindung mit anderen betrieblichen Programmen implementiert. Die hier beispielhaft umgesetzte Möglichkeit zur Portabilität und Interoperabilität in MOOS$_{\mathrm{Y}}^{\mathrm{SIM}}$ eröffnet bereits die Perspektive, MOOS$_{\mathrm{Y}}^{\mathrm{SIM}}$ als Ergänzung in bereits vorhandene Berichtsstrukturen zu integrieren, um damit das Berichtswesen ohne großen Aufwand informativ zu bereichern.

5.7.2. Flexible, automatische Dokumentation mit LaTeX

In der derzeit aktuellen Fassung von MOOS$_{\mathrm{Y}}^{\mathrm{SIM}}$ ist ein vollständig interoperables, flexibles Dokumentationssystem konzipiert und ansatzweise implementiert.

LaTeX (hier in der Version LaTeX2ε) ist ein an das SGML-Konzept angelehntes, plattformunabhängiges System zur Dokumentenerzeugung (vgl. beispielsweise Möhr, 2000 sowie Goosens *et al.*, 1994, S. 1–9 mit Verweis auf Knuth, 1979 zu TeX und Lamport, 1994 zu LaTeX). LaTeX setzt die konzeptionelle Trennung zwischen Inhalt, Struktur und Layout beziehungsweise Dokumentenformat (beispielsweise HTML oder PDF) um.

Die in MOOS$_{\mathrm{Y}}^{\mathrm{SIM}}$ erzeugten natürlichsprachlichen Dokumentationen (vgl. Abschnitt 5.4 auf Seite 135) werden in die Auszeichnungssprache von LaTeX übertragen und wunschgemäß in verschiedene Ausgabeformate kompiliert. Dabei steuert MOOS$_{\mathrm{Y}}^{\mathrm{SIM}}$ die benötigten LaTeX-Anwendungen automatisch. Aufgrund der freien und kostenfreien Verfügbarkeit für den nicht-kommerziellen Bereich und der Plattformunabhängigkeit stellt die Einbindung von LaTeX im hiesigen Kontext kein einschränkendes Problem dar.

Teil III.

Beispielhafte Anwendung von $MOOS_Y^{SIM}$

6. Flexibilitätsmessung mit $\mathrm{MOOS}_{\mathrm{Y}}^{\mathrm{SIM}}$

Dieses Kapitel befaßt sich mit dem beispielhaften Einsatz von $\mathrm{MOOS}_{\mathrm{Y}}^{\mathrm{SIM}}$.

Es widmet sich zuerst der Problematik der Flexibilität im betriebswirtschaftlichen Kontext. Der folgende Abschnitt stellt ein universelles Begriffsgerüst zur Flexibilität auf. Er differenziert verschiedene Aspekte der Flexibilität und integriert dabei verschiedene in der Literatur verwendete Begriffe.

Der weitere Verlauf des Kapitels befaßt sich mit der Modellierung, Simulation und Flexibilitätsuntersuchung eines fiktiven Beispiels für eine strategische Planungsentscheidung unter dem unterstützenden Einsatz von $\mathrm{MOOS}_{\mathrm{Y}}^{\mathrm{SIM}}$.

Ziel dieser Abschnitte ist die Umsetzung des Beispiels schrittweise zu begleiten und dabei die Verwendung von $\mathrm{MOOS}_{\mathrm{Y}}$ und $\mathrm{MOOS}_{\mathrm{Y}}^{\mathrm{SIM}}$ in den einzelnen Schritten aufzuzeigen. Um die fokussierte Vorgehensweise nicht mittels inhaltlicher Anforderungen durch das Anwendungsbeispiel zu überfrachten, besitzt das Beispiel einen recht geringen Komplexitätsgrad und nicht die Fülle an Details und Gegebenheiten, die das vollständige Potential von $\mathrm{MOOS}_{\mathrm{Y}}$ und $\mathrm{MOOS}_{\mathrm{Y}}^{\mathrm{SIM}}$ auszureizen vermögen.

6.1. Systemtheoretische Betrachtung von Flexibilität

Mit Blick auf sich verändernde Umweltszenarien und Fluktuation wird Flexibilität oft als strategisches Potential diskutiert. Im Rahmen der vielseitigen Diskussion um Flexibilität ist keine einheitliche Terminologie und Ausrichtung zu finden. Dies ist insbesondere darauf zurückzuführen, daß Flexibilität ein relatives Phänomen darstellt, das es in jedweder Hinsicht kontextsensitiv zu betrachten und zu formulieren gilt.

Um den Begriff Flexibilität allgemein nutzbar zu machen, muß eine Beschreibungsmöglichkeit gefunden werden, die unterschiedliche Aspekte von Flexibilität einfängt und Operationalisierungsansätze zuläßt. Aus diesem Grund wird Flexibilität hier als ein systemtheoretisches Phänomen im betriebswirtschaftlichen Kontext modelliert (vgl. Wilms, 2001, S. 52). Das systemtheoretische Fundament ermöglicht den einheitlichen Aufbau eines Spektrums von Operationalisierungsansätzen, die von qualitativ deskriptiven Flexibilitätsbetrachtungen bis hin zu Optimierungskalkülen reichen.

6.1.1. Systemtheoretisches Begriffsgerüst der Flexibilität

Aufbauend auf ein systemtheoretisches Verständnis wird, wie in der Abbildung 6.1 auf der nächsten Seite veranschaulicht, eine Begriffsbestimmung für das Phänomen der Flexibilität entwickelt. Dabei werden zuerst notwendige Komponenten für die grobe Begriffsverwendung eingeführt und anschließend weitergehende Ansätze zur Erreichung höherer Operationalisierungsniveaus vorgestellt. Das Operationalisierungsspektrum wird sich von rein qualitativ deskriptiven Flexibilitätsaussagen bis hin zu optimierungsgeeigneten Flexibilitätskalkülen erstrecken.

Das Begriffsgerüst basiert auf vier Komponenten: der statischen Komponente, der dynamischen Komponente, der Zweckkomponente und der Interaktionskomponente.

In einem ersten Schritt der Begriffsbestimmung wird ein System an sich, also nicht in bezug auf seine Umwelt, betrachtet. Ein an sich betrachtetes System läßt den Freiraum, alle erdenklichen Ausprägungen und Möglichkeiten des Systems zu beschreiben. Diese Beschreibung wird in zwei Aspekte aufgeteilt, die Beschreibung der Statik und die Beschreibung der Dynamik. Die verwendeten Literaturverweise stammen aus unterschiedlichen Ansätzen, so daß deren Begriffsbestimmungen teils eingeschränkter zu interpretieren sind.

Statische Komponente: Mit der Beschreibung der Statik werden, ungeachtet zeitlicher Determinanten, die möglichen Ausprägungen eines Systems ausgedrückt. In der betriebswirtschaftlichen Fachliteratur finden sich verschiedene Bezeichnungen, die mehr oder weniger spezifisch dem allgemein als statische Beschreibung bezeichneten Sachverhalt nahekommen: Aktionsvolumen

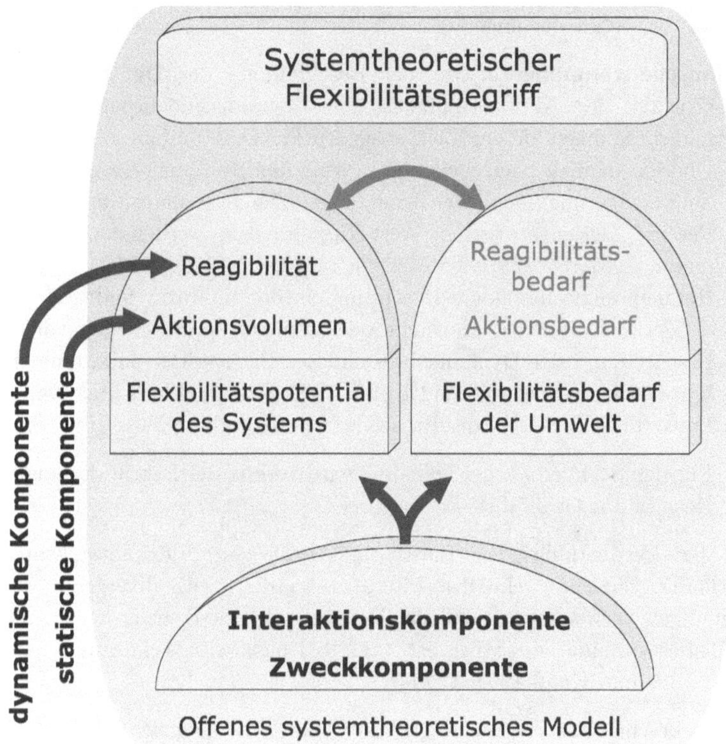

Abbildung 6.1.: Konzeptioneller Aufbau eines systemtheoretischen Begriffsgerüsts der Flexibilität

(vgl. Schneeweiß und Kühn, 1990, S. 379), Varietät (vgl. Schwaninger, 1994, S. 18), zeitlich–horizontale Bestandsflexibilität (vgl. Jacob, 1974, S. 322), Handlungsspielraum (vgl. Pfau, 1997, S. 80) oder Aktionsflexibilität (vgl. Meffert, 1985, S. 126).

Für den Sachverhalt der Statik wird vorerst der Begriff des ungerichteten Aktionsvolumens eingeführt.

Dynamische Komponente: Mit der Beschreibung der Dynamik werden, ungeachtet des Aktionsvolumens, die Übergangsmöglichkeiten von Systemausprägungen in der Zeit ausgedrückt. Dies umfaßt die grundsätzliche Übergangsmöglichkeit zwischen bestimmten Systemausprägungen sowie die Zeitverzögerung möglicher Übergänge. Die Systemausprägung der ersten Periode, der strategischer Wert zugesprochen werden kann (vgl. Hanssmann, 1987, S. 228 oder Mellwig, 1972, S. 727f), findet im allgemeinen Rahmen keine besondere Beachtung. In der Literatur finden sich verschiedene Bezeichnungen, die mehr oder weniger spezifisch dem allgemein als Beschreibung der Dynamik bezeichneten Sachverhalt nahekommen: Reagibilität (vgl. Schneeweiß und Kühn, 1990, S. 379), Elastizität (vgl. Hax und Laux, 1972, S. 322f) oder Prozeßflexibilität (vgl. Meffert, 1985, S. 129).

Für den Sachverhalt der Dynamik wird vorerst der Begriff der ungerichteten Reagibilität eingeführt.

Auf die Verwendung des Elastizitätsbegriffs im Flexibilitätskontext wird vollständig verzichtet. In der Literatur werden teils divergente Begriffsbestimmungen verwendet, so daß die Verwendung des Begriffs der strukturierten Begriffsbestimmung abträglich ist (vgl. beispielsweise Schneeweiß und Kühn, 1990, S. 382 und Knof, 1992, S. 144).

Der hier beschrittene Weg zur Begriffsentwicklung bedient sich des Systems an sich als Ausgangspunkt und vernachlässigt vorerst den systemtheoretischen Kontext, die Umwelt. Zieht man diese hinzu, gewinnt die Betrachtung systemtheoretischen Charakter.

In einem zweiten Schritt wird das System im Kontext seiner Umwelt untersucht. Aufgrund der systemtheoretischen Perspektive löst sich die unzweckmäßige Ungerichtetheit des Aktionsvolumens und der Reagibilität auf. Basierend auf dieser Zweckorientiertheit können Flexibilitätspotential und Flexibilitätsbedarf als Phänomen offener systemtheoretischer Modelle eingeführt werden.

Zweckkomponente: Die systemtheoretische Beschreibung des Systems impliziert Gerichtetheit der statischen und dynamischen Komponente, so daß Aktionsvolumen und Reagibilität zu Modellbegriffen werden. Das Aktionsvolumen und die Reagibilität bilden das Flexibilitätspotential eines Systems. Das Gegenstück zum Flexibilitätspotential stellt der Flexibilitätsbedarf dar, der sich aus der Umweltbeschreibung ableitet.

Im weiteren werden zur Beschreibung von Flexibilität in offenen systemtheoretischen Modellen die Begriffe des Aktionsvolumens des Systems, der Reagibilität des Systems, des daraus resultierenden Flexibilitätspotentials des Systems und des Flexibilitätsbedarfs der Systemumwelt verwendet.

Interaktionskomponente: Die Interaktion in offenen systemtheoretischen Modellen bildet die Schnittstelle, anhand derer Flexibilitätspotential und Flexibilitätsbedarf abgestimmt werden. Dabei kann einerseits die unidirektionale Abstimmung des Systems auf seine Umwelt fokussiert und andererseits die Wechselwirkungen in der dynamischen Entwicklung untersucht werden. Eine derart differenzierte Betrachtung kann Aufschluß darüber geben, inwiefern der Flexibilitätsbedarf der Umwelt das Aktionsvolumen und die Reagibilität eines Systems be- oder überanspruch und inwieweit der Flexibilitätsbedarf rückkoppelnd Änderungen durch das entgegengebrachte Flexibilitätspotential erfährt.

Unter Berücksichtigung der Zweck- und der Interaktionskomponente läßt sich Flexibilität als systemtheoretisches Phänomen definieren:

Flexibilität: Flexibilität ist die Fähigkeit eines Systems in seiner Umwelt zielgerichtet angepaßt zu sein und sich zielgerichtet verändern zu können.

Es wird angenommen, daß das Flexibilitätspotential von Systemen gemäß der Interaktionskomponente vollständig genutzt wird. Einschränkungen zu dessen Nutzung, wie beispielsweise eine beschränkte Handlungsbereitschaft bei der Realisierung zulässiger Möglichkeiten (vgl. Strukturflexibilität bei Meffert, 1985, S. 130ff), müssen explizit in der Modellierung enthalten und damit Teil der Interaktionskomponente sein.

6.1.2. Systemtheoretische Flexibilitätsmaße

Systemtheoretische Flexibilitätsmaße bilden definitionsgemäß Aussagen über die Angepaßtheit und Anpassungsfähigkeit von Systemen bezüglich ihrer Umwelt.

Die Meßbarkeit der Flexibilität basiert auf dem Abgleich innerhalb eines speziell ausgeprägten Modells oder dem Vergleich unterschiedlicher Modelle. Aus dem modellinternen Abgleich werden Informationen über die Flexibilität eines Systems in seiner Umwelt gewonnen. Der Vergleich unterschiedlicher, speziell ausgeprägter Modelle im Rahmen eines generellen oder zwischen ähnlichen generellen Modellen ermöglicht relative, vergleichende Aussagen über die Flexibilität von Systemen. Variiert man experimentell sowohl das System als auch die Umwelt, ergibt sich aus der Simulation der Permutationen eine Matrix, aus der ersichtlich wird, welche Systemvarianten in welchen Umwelten unter Flexibilitätsgesichtspunkten relativ besser oder gleich geeignet sind.

6.1.2.1. Flexibilitätsmaße $\mathfrak{F}$ und Robustheitsmaße $\mathfrak{R}$

Zum Zweck der Messung wird ein offenes systemtheoretisches Modell unter objektbasierter Betrachtung mengenalgebraisch formalisiert.

Ein generelles Modell $\mathcal{M}_{gen}$ wird vereinfachend in die Menge $\mathcal{M}$ aus den Modellklassen $\mathcal{K}$ und einer Menge anderer, im Kontext dieser Betrachtung nicht zu berücksichtigende Bestandteile $\mathcal{X}$ zerlegt.

$$\begin{aligned} \mathcal{M}_{gen} &= (\mathcal{M}, \mathcal{X}) \\ \mathcal{M} &= \{\mathcal{K}_1, .., \mathcal{K}_n\} \end{aligned}$$

Die Menge der n Modellklassen zerfällt gemäß der Modellsemantik disjunkt in p Systemklassen und (n-p) Umweltklassen.

$$\begin{aligned} \mathcal{M} &= \{\mathcal{S}, \mathcal{U}\} \\ &= \{\mathcal{K}_1, .., \mathcal{K}_p, \mathcal{K}_{p+1}, .., \mathcal{K}_n\} \end{aligned}$$

Ein speziell ausgeprägtes Modell besitzt eine Menge $\overline{\mathcal{M}}$ von Objekten $\overline{\mathcal{O}}$, die Spezialisierungen ihrer Klassen aus $\mathcal{M}$ darstellen.

$$\overline{\mathcal{M}} = \{\overline{\mathcal{O}}_1, .., \overline{\mathcal{O}}_m\}$$

Der semantischen Klassenteilung in System und Umwelt folgend zerfällt ein speziell ausgeprägtes Modell disjunkt in eine Menge von x Objekten aus Systemklassen $\overline{\mathcal{S}}$ und eine Menge von (m-x) Objekten aus Umweltklassen $\overline{\mathcal{U}}$.

$$\begin{aligned} \overline{\mathcal{M}} &= \{\overline{\mathcal{S}}, \overline{\mathcal{U}}\} \\ &= \{\overline{\mathcal{O}}_1, .., \overline{\mathcal{O}}_x, \overline{\mathcal{O}}_{x+1}, .., \overline{\mathcal{O}}_m\} \end{aligned}$$

Ein Flexibilitätsmaß $\mathfrak{F}$ sei nun allgemein als Resultat einer Meßfunktion $\mathfrak{f}$, die den Abgleich zwischen speziell gefordertem Flexibilitätsbedarf und speziell entgegengebrachtem Flexibilitätspotential operationalisiert, verstanden. Der spezielle Flexibilitätsbedarf wird dabei durch die Umweltausprägung $\overline{\mathcal{U}}$ und das spezielle Flexibilitätspotential durch die Systemausprägung $\overline{\mathcal{S}}$ ausgedrückt.

$$\mathfrak{F} = \mathfrak{f}(\overline{\mathcal{S}}, \overline{\mathcal{U}})$$

Für die Meßfunktion $\mathfrak{f}$ sind verschiedene Ansätze denkbar, von denen nachfolgend einige kurz angerissen werden. Ein universeller Ansatz, der sich bereits bei nominalen Skalen einsetzen läßt, wäre die Verwendung mengenalgebraischer Operatoren zum Abgleich. Einfache Schnittmengenkalküle können dabei allerdings zu sehr empfindlichen Maßen führen, die sehr schnell ein für Unflexibilität stehendes Meßergebnis liefern. Derartige Maße können durch Fuzzyfizierung aufgeweicht werden, indem beispielsweise *fuzzy numbers* beim Zahlenvergleich eingesetzt werden (vgl. Zimmermann, 1994, S. 57f, aufbauend auf Zadeh, 1965). Eine Möglichkeit zum Abgleich komplexere Objekte bietet die Verwendung von Ähnlichkeitsmaßen wie das *ratio model* (vgl. Tversky, 1977, S. 333). Mit steigendem Skalenniveau können entsprechende Distanz- und Verhältnismaße eingesetzt werden. Für mindestens ordinal skalierte Meßfunktionen $\mathfrak{f}$ wird strenge Monotonie (Linkseindeutigkeit) angenommen.

Liegt bei der Flexibilitätsmessung eine Hierarchie der Maße vor, sind übergeordnete Maße aus den jeweils einfließenden, direkt untergeordneten Maßen (gegebenenfalls rekursiv) über Aggregationsfunktionen $\mathfrak{agg}$ zu aggregieren – nachfolgend für den Übergang einer Hierarchieebene ausgedrückt, bei dem die Maße $\mathfrak{F}_1$ bis $\mathfrak{F}_F$ in das übergeordnete Maß $\mathfrak{F}$ eingehen:

$$\mathfrak{F} = \mathfrak{agg}(\mathfrak{F}_1, .., \mathfrak{F}_F)$$

Im Zusammenhang mit der Aggregation bilden sich drei, bezüglich der Modellanalyse interessante Spezialfälle heraus: die Aggregation unterschiedlicher Maße über ein speziell ausgeprägtes Modell, die Aggregation eines Maßes über verschiedene speziell ausgeprägte Systeme und die Aggregation eines Maßes über verschiedene speziell ausgeprägte Umwelten bezüglich eines Systems. Der letztere Speziallfall gibt Auskunft über die Ausprägung der zu aggregierenden Flexibilitätsmaße $\mathfrak{f}$ eines Systems gegenüber – *ceteris paribus* – verschiedenen Umwelten.

$$\mathfrak{F} = \mathfrak{agg}(\mathfrak{f}_1(\overline{\mathcal{S}},\overline{\mathcal{U}}),..,\mathfrak{f}_n(\overline{\mathcal{S}},\overline{\mathcal{U}}))$$
$$\mathfrak{F} = \mathfrak{agg}(\mathfrak{f}(\overline{\mathcal{S}}_1,\overline{\mathcal{U}}),..,\mathfrak{f}(\overline{\mathcal{S}}_m,\overline{\mathcal{U}}))$$
$$\mathfrak{F} = \mathfrak{agg}(\mathfrak{f}(\overline{\mathcal{S}},\overline{\mathcal{U}}_1),..,\mathfrak{f}(\overline{\mathcal{S}},\overline{\mathcal{U}}_q))$$

Robustheit drückt, gemessen durch eine Meßfunktion $\mathfrak{r}$, die Unempfindlichkeit bzw. die Schwankungsfreiheit eines Systems gegenüber verschiedenen speziell ausgeprägten Umwelten aus (vgl. Schneeweiß und Kühn, 1990, oder auch Hanssmann, 1987).

$$\mathfrak{R} = \mathfrak{r}(\overline{\mathcal{S}},\overline{\mathcal{U}}_1,..,\overline{\mathcal{U}}_n)$$

Unter der Annahme einer streng monotonen Meßfunktion $\mathfrak{f}$ läßt sich die Robustheit mit dem vorangegangenen dritten Spezialfall der Aggregation gleichsetzen.

$$\mathfrak{R} = \mathfrak{agg}(\mathfrak{f}(\overline{\mathcal{S}},\overline{\mathcal{U}}_1),..,\mathfrak{f}(\overline{\mathcal{S}},\overline{\mathcal{U}}_n)) = \mathfrak{r}(\overline{\mathcal{S}},\overline{\mathcal{U}}_1,..,\overline{\mathcal{U}}_n)$$

Die Aussagekraft und Quantifizierbarkeit eines Flexibilitätsmaßes $\mathfrak{F}$ resultiert aus dem semantischen Gehalt der in das Maß einfließenden Größen und Kalküle. Das Spektrum reicht von qualitativen, bewertungsfreien bis hin zu quantitativen, bewertenden Maßen. Ein Beispiel für eine qualitative, bewertungsfreie Messung, wäre das Meßergebnis, daß ein System keine vollständig Flexibilität besitzt. Ein Beispiel für eine quantitative, bewertende Messung, wäre das Meßergebnis, daß ein System einen monetären Flexibilitätsschaden von 56.000,- Euro verursacht.

Neben dem semantischen Gehalt der Modelle sind die verwendeten Meßfunktionen $\mathfrak{f}$ und gegebenenfalls Aggregatsfunktionen $\mathfrak{agg}$ hinsichtlich ihrer Ergebniswirkung zu berücksichtigen.

6.1.2.2. Skalenniveaubedingte Quantifizierbarkeit

Je nach Skalenniveau der in die Flexibilitätsmessung einfließenden Modellattribute ergeben sich unterschiedliche Quantifizierungsmöglichkeiten mit unterschiedlichem modellsemantischen Gehalt bei der Messung.

Fließen in eine Flexibilitätsmessung mit der Meßfunktion $\mathfrak{f}$ auf der Seite des Flexibilitätspotentials die Attribute aus den Attributsmengen von Systemklassen s_1 bis s_n und auf der Seite des Flexibilitätsbedarfs die Attribute aus den Attributsmengen von Umweltklassen u_1 bis u_m ein und mißt eine Funktion $\mathfrak{S}$ das Skalenniveau aus modellsemantischer Sicht, so gilt für den tatsächlichen semantischen Gehalt eines Flexibilitätsmaßes $\mathfrak{F}$:

$$\mathfrak{S}(\mathfrak{F}) = h(\mathfrak{S}(\mathfrak{f}), \mathfrak{S}(s_1), .., \mathfrak{S}(s_n), \mathfrak{S}(u_1), .., \mathfrak{S}(u_m))$$

Der Hinweis auf die semantische Sicht soll verdeutlichen, daß beispielsweise Meßwerte mit vermeintlich intervallskaliertem Aussehen nur nominale Aussagekraft besitzen, wenn nominale Größen und Kalküle in die Messung eingehen.

Mißt eine Funktion $\mathfrak{s}$ das Skalenniveau aus syntaktischer Sicht (ohne modellsemantischen Bezug) so gilt für die semantische Aussagekraft:

$$\mathfrak{S}(\mathfrak{F}) \preceq \mathfrak{s}(\mathfrak{F})$$

Erweitert man die vorangegangene Betrachtung auf aggregierte Maße unter Verwendung der Meßfunktionen $\mathfrak{f}_1$ bis $\mathfrak{f}_q$ und die Aggregationsfunktionen $\mathfrak{agg}_1$ bis $\mathfrak{agg}_g$ so gilt für Flexibilitätsmaße $\mathfrak{F}$:

$$\begin{aligned}\mathfrak{S}(\mathfrak{F}) = h(&\mathfrak{S}(\mathfrak{agg}_1), .., \mathfrak{S}(\mathfrak{agg}_g),\\ &\mathfrak{S}(\mathfrak{f}_1), .., \mathfrak{S}(\mathfrak{f}_q),\\ &\mathfrak{S}(s_1), .., \mathfrak{S}(s_n),\\ &\mathfrak{S}(u_1), .., \mathfrak{S}(u_m))\end{aligned}$$

Im Hinblick auf die modellsemantische Aussagekraft von Flexibilitätsmaßen werden, ihrer Aussagekraft nach geordnet, vier verschiedene Arten von Maßen betrachtet.

Qualitative Flexibilitätsmaße: $\mathfrak{S}(\mathfrak{F}) = nominal$

Qualitative Flexibilitätsmaße lassen sich immer bilden, sie besitzen den geringsten Anspruch an die Meßobjekte. Im Gegenzug erlauben sie lediglich Aussagen darüber, ob ein System ausreichend, über- oder unterflexibel ist. Als Meßfunktion $\mathfrak{f}$ eignen sich einfache Verknüpfungen aus mengenalgebraischen und booleschen Funktionen. Bei der Messung höherskalierter Objekte muß gegebenenfalls der Verzerrungseffekt durch den ausschließlich identischen, mengenalgebraischen Vergleich auf nominaler Ebene berücksichtigt werden.

Unter zeitlich differenzierter Betrachtung kann beispielsweise der Frage nachgegangen werden, ob ein System aufgrund seines Aktionsvolumens unterflexibel oder ob es unterreagibel ist.

Qualitative, relative Flexibilitätsmaße: $\mathfrak{S}(\mathfrak{F}) = ordinal$
Qualitative, relative Flexibilitätsmaße bilden eine Erweiterung der einfachen qualitativen Flexibilitätsmaße aufgrund der ordinalen Aussagekraft. Neben den booleschen Maßen lassen sich mit Hilfe von ordinalen Distanzkalkülen relative Aussagen beim Vergleich mehrerer Modelle bilden. Auf der Basis qualitativer, relativer Flexibilitätsmaße lassen sich bereits vergleichsbasierte Optimierungskalküle einsetzen.

Ein Beispiel wäre die Erkenntnis aus einer Messung, daß bei zwei Systemen, die bezüglich einer speziellen Umwelt miteinander verglichen werden, beide Systeme unterflexibel sind, aber ein System dabei flexibler als das andere ist.

Pseudo–quantitative Flexibilitätsmaße: $\mathfrak{S}(\mathfrak{F}) \preceq ordinal$
Pseudo–quantitative Flexibilitätsmaße besitzen die gleiche Aussagekraft wie qualitative oder qualitative, relative Flexibilitätsmaße mit dem Unterschied, daß die Meßwerte in einem höheren Skalenniveau $\mathfrak{s}(\mathfrak{F}) \succ ordinal$ abgebildet werden (beispielsweise durch Verwendung von Kalkülen mit höherem Skalenniveau, die keine Modellsemantik besitzen). Der Aussagewert derartiger Maße darf bei deren Interpretation nicht überschätzt werden.

Ein typischer Anwendungsfall von pseudo–quantitativen Flexibilitätsmaßen sind Auswertungen, bei denen einem zu untersuchenden System ein fiktives Idealsystem als Referenzpunkt (beispielsweise im Sinne von 100 Prozent) bei der Berechnung von Meßwerten gegenübergestellt wird.

Quantitative Flexibilitätsmaße: $\mathfrak{S}(\mathfrak{F}) \succ ordinal$
Quantitative Flexibilitätsmaße besitzen die höchste Aussagekraft. Im Gegenzug stellen sie die höchsten Anforderungen an das Skalen– und semantische Niveau der Meßobjekte. In Verbindung mit semantisch hochwertigen Bewertungskalkülen eignen sie sich zur Optimierung.

6.1.2.3. Systemvergleichende Messung anhand idealisierter Systeme

Bei der systemvergleichenden Flexibilitätsmessung können neben modellierten Realsystemen auch fiktive oder real existente Idealsysteme als Referenzpunkt gesetzt werden. Die hauptsächliche Problematik bei der Verwendung von Idealsystemen liegt in einer dem Anwendungskontext entsprechenden Definition des Idealen und der damit verbundenen Interpretationsproblematik von Vergleichsergebnissen. Ohne Vertiefung der Diskussion um das, was idealerweise als ideal anzusehen ist – dies ist ohnehin kontextrelativ –, werden zwei Arten von Idealsystemen abgegrenzt. Die Abgrenzung bezieht sich auf die Absolutheit des Idealsystems und der damit verbundenen Allgemeingültigkeit und Aussagekraft beim Vergleich verschiedener Vergleichsergebnisse.

Gesetzte Idealsysteme: Gesetzte Idealsysteme sind Systeme, die unabhängig von den in Vergleich zu setzenden Sytemen als Referenzpunkt absolut definiert werden. Maße, die aus dem Vergleich mit gesetzten Idealsystemen aufbauen, besitzen eine allgemeingültige Vergleichbarkeit.

Relative Idealsysteme: Relative Idealsysteme sind fiktive Systeme, die aus einem Idealkalkül heraus aus den zum Vergleich herangezogenen Systemen abgeleitet werden. Aufgrund dieser Ableitung entspricht immer eines der Vergleichssysteme dem Idealsystem bezüglich eines Vergleichszustands.

Relative Idealsysteme besitzen keine Allgemeingültigkeit und bieten damit auch keine Vergleichsmöglichkeit für verschiedene Vergleichsergebnisse.

Relative Idealsysteme geben zudem einen weiteren Anlaß zur Kritik, weil Sie als fiktives Mischgebilde meist jeglichen Realitätsbezug entbehren.

Beim Einsatz von Idealsystemen gilt es zu beachten, daß auch eine Mischform aus gesetztem und relativem Idealsystem auftreten kann. In einem solchen Fall sind bei der Auswertung und Interpretation die gesetzten Aspekte getrennt von den relativen zu betrachten.

6.1.2.4. Messung hinsichtlich des systemischen Aktionsvolumens und der Reagibilität

Um einer Differenzierung zwischen statischen und dynamischen Aspekten Rechnung zu tragen, wird ein System durch Abstraktion der Zeit in zweierlei Hinsicht auf Flexibilität untersucht. Die differenzierte Betrachtung ermöglicht bei unzureichender Systemflexibilität eine erste grobe Spezifizierung von Ursachen.

Die zeitabstrahierte Flexibilitätsmessung gibt Aufschluß darüber, inwieweit ein System in der Lage ist, geforderte Zustände auszuprägen. Derartige Untersuchungen führen zu statischen, das Aktionsvolumen betreffenden Flexibiliätsmaßen. Die zeitberücksichtigende Flexibilitätsmessung gibt Aufschluß darüber, inwieweit ein System in der Lage ist, geforderte Zustände zeitgerecht auszuprägen. Derartige Untersuchungen führen zu Flexibiliätsmaßen, die das Aktionsvolumen und die Reagibilität eines Systems, also das gesamte Flexibilitätspotential, berücksichtigen. Aus der funktionalen Verknüpfung $\mathfrak{g}$ von statischer und ganzheitlicher Flexibilitätsmessung läßt sich ein Maß für die Reagibilität indirekt ableiten.

$$
\begin{aligned}
\text{Ganzheitliches Flexibilitätsmaß } \mathfrak{F} &= \mathfrak{f}(\overline{\mathcal{S}},\overline{\mathcal{U}}) \\
\text{Statisches Flexibilitätsmaß } \mathfrak{F}^{A} &= \mathfrak{f}(\mathfrak{a}(\overline{\mathcal{S}},\text{Zeit}),\mathfrak{a}(\overline{\mathcal{U}},\text{Zeit}))) \\
\text{Reagibilitätsmaß } \mathfrak{F}^{R} &= \mathfrak{f}(\mathfrak{g}(\mathfrak{F},\mathfrak{F}^{A}))
\end{aligned}
$$

In einem offenen systemtheoretischen Modell besitzt jede Modellklasse $\mathcal{K}$ definitionsgemäß die Zeit als Attribut ihrer Attributsmenge $\mathcal{K} = \{Zeit, ...\}$. Jedes Modellobjekt $\overline{\mathcal{O}}$ besitzt definitionsgemäß einen Zeitwert in seiner Menge von ausgeprägten Attributswerten $\overline{\mathcal{O}} = \{Zeitwert, ...\}$. Die Zeitabstraktion kann als generelle Modellvariation interpretiert werden. Das zeitabstrahierte, generelle Modell resultiert aus der um die Zeit reduzierten Klassen des Ausgangsmodells (vgl. komponentenreduzierende Abstraktion aus Abschnitt 3.3.2.3 auf Seite 80).

$$
\begin{aligned}
\text{Ausgangsmodell} \quad \mathcal{M} &= \{\mathcal{K}_1, .., \mathcal{K}_n\} \\
\overline{\mathcal{M}} &= \{\overline{\mathcal{O}}_1, .., \overline{\mathcal{O}}_m\} \\
\text{Zeitabstraktion} \quad \mathcal{M}' &= \mathfrak{a}(\mathcal{M}, \text{Zeit}) \\
&= \{\mathcal{K}_1 \setminus \{Zeit\}, .., \mathcal{K}_n \setminus \{Zeit\}\} \\
\text{entsprechend} \quad \overline{\mathcal{M}}' &= \mathfrak{a}(\overline{\mathcal{M}}, \text{Zeitwert}) \\
&= \{\overline{\mathcal{O}}_1 \setminus \{Zeitwert\}, .., \overline{\mathcal{O}}_m \setminus \{Zeitwert\}\}
\end{aligned}
$$

An dieser Stelle wird lediglich die Reduktion der Klassen– und Objektstrukturen betrachtet.

Bei der Reduktion der Objekte kann es zu einer Verdichtung anderer Objektattribute kommen. Die Art und Weise der Verdichtung wird hier nicht betrachtet. Sie ist dem Anwendungskontext entsprechend durch Verdichtungsfunktionen wie Extremwertbildung, Mittelwertbildung oder Addition durchzuführen. Reduziert man zum Beispiel Objekte mit Nachfragemengen um die Zeit, bietet es sich an, die entsprechenden Mengen für das Mengenattribut der zeitabstrahierten Objekte zu addieren.

6.1.2.5. Detailmessung mittels Attributsreduktion

Die zeitliche Differenzierung besitzt semantisch eine besondere Bedeutung, stellt allerdings aus der Sicht der Modellvariation einen Spezialfall der Attributsreduktion durch Abstraktion dar.

Die Attributsreduktion durch Abstraktion bedeutet formal die Reduktion *red* von Attributsmengen einzelner Modellklassen und entsprechende Reduktion *redwert* der ausgeprägten Objekte gemäß ihrer Klassenreduktion.

$$
\begin{aligned}
\text{Ausgangsmodell} \quad & \mathcal{M} = \{\mathcal{K}_1, .., \mathcal{K}_n\} \\
& \overline{\mathcal{M}} = \{\overline{\mathcal{O}}_1, .., \overline{\mathcal{O}}_m\} \\
\text{Attributsreduktion} \quad & \mathcal{M}' = \{\mathcal{K}_1 \setminus red_1, .., \mathcal{K}_n \setminus red_n\} \\
& \quad \text{mit } red_i \subseteq \mathcal{K}_i \text{ und } \bigcup_{i=1}^{n} red_i \neq \emptyset \\
\text{entsprechend} \quad & \overline{\mathcal{M}}' = \{\overline{\mathcal{O}}_1 \setminus redwert_1, .., \overline{\mathcal{O}}_m \setminus redwert_m\} \\
& \quad \text{mit } redwert_j \subseteq \overline{\mathcal{O}}_j \text{ und } \bigcup_{j=1}^{m} redwert_j \neq \emptyset
\end{aligned}
$$

Hierbei gilt es ebenfalls, notwendige Verdichtungen bei anderen Attributen zweckmäßig umzusetzen.

Hinsichtlich der Flexibilitätsmessung ist darauf zu achten, daß gemäß der Schnittstelle zum Abgleich von Flexibilitätsbedarf und Flexibilitätspotential immer paarweise die entsprechenden Attribute und Attributswerte aus dem System und der Umwelt entfernt werden.

Die Attributsreduktion durch Abstraktion spannt einen Raum von semantisch vereinfachten Submodellen eines Ausgangsmodells auf (analog zu der Bildung aller echten, nicht–leeren Teilmengen einer Menge). Dieser Raum läßt sich operationalisiert erzeugen, so daß sich die Attributsreduktion zur automatisierten vertiefenden Flexibilitätsmessung eignet. Die Erzeugung und Messung des auf die Flexibilitätsschnittstelle ausgerichteten Teilraums an Submodellen bringt Hinweise auf flexibilitätskritische Faktoren hervor, nach denen *ex ante* nicht explizit gesucht wird. Ein derartiges Prozedere kann im Rahmen eines entscheidungsunterstützenden Systems einen Teil der automatischen Modelluntersuchung bilden, mit dessen Hilfe implizites Modellwissen externalisiert wird. Ein Beispiel wäre die Attributsreduktion auf einzelne Attributspaare aus System und Umwelt zur Suche nach engpaßgebenden Attributen.

6.1.3. Integration in $MOOS_Y^{SIM}$

Das entscheidungsunterstützende Simulationssystem $MOOS_Y^{SIM}$ fußt hinsichtlich seines Modellierungsparadigmas $MOOS_Y$ auf der objektbasierten, offenen Systemtheorie. Dadurch ist eine direkte Integration von Flexibilitätsmessungen in zweierlei Hinsicht möglich.

Zum einen läßt sich über modellsemantische Integration ein Repertoire an Klassen, Relationen und Interaktionen zur Flexibilitätsmessung zur Weiterverarbeitung bereitstellen. Der Modellierer erhält somit fertige Bausteine, die er im Kontext seiner Anwendung einbinden kann.

Zum anderen bietet sich eine über das zur Verfügung stellen von vorgefertigten Flexibilitätsbausteinen im MMS hinausgehende anwendungssemantische Integration an.

Eine anwendungssemantische Integration der Flexibilitätsmessungen erscheint vor dem Hintergrund der Wissensgenerierung durch automatische Modell– und Simulationsanalyse als sinnvolle Erweiterung im betriebswirtschaftlichen Anwendungskontext. Die Verarbeitung anwendungssemantischer Informationen (modellimmantene sowie zusätzlich gegebene) aus dem MMS und SMS können genutzt werden, um eine ungerichtete Flexibilitätsanalyse mit einem semantisch mehrstufigen Aussagesystem zu implementieren. Dabei bietet sich eine Aufteilung in Systemanalyse und Systemvergleich mit entsprechender Berichtsgenerierung an. Versehen mit einer eigenen grafischen Benutzerschnittstelle und einem Berichtssystem können wenig versierte Nutzer verwendbare Informationen ohne eigenes Zutun aus Modellen und Simulationen isolieren.

6.2. Beispielhafter Einsatz von $MOOS_Y^{SIM}$

Die folgenden Abschnitte beschreiben beispielhaft eine fiktive strategische Planungsentscheidung eines Betriebs, zu deren Unterstützung ein Planungsmodell für die Simulation mit $MOOS_Y^{SIM}$ entwickelt und eingesetzt werden soll.

Die beispielhafte Aufgabenstellung beinhaltet die Untersuchung zweier alternativ zu kaufender Maschinensysteme für den Produktionseinsatz im zukünftigen betrieblichen Kontext. Ziel der Untersuchung sind die Absatz- und Gewinnmöglichkeiten unter geschätzten Nachfragedaten sowie die Auswirkungen von Schwankungen auf die verschiedenen untersuchten Zielgrößen (Sensitivitätsanalyse).

Die Beschreibung des Planungsmodells, bestehend aus einem Betriebsmodell und einem Bewertungsmodell, orientiert sich an den fiktiven Gegebenheiten, wie sie zu beobachten vorstellbar sind. Dabei werden noch keine Ansätze zur Strukturierung im Hinblick auf die $MOOS_Y$-Modellierung oder zur Operationalisierung hinsichtlich den durchzuführenden Simulationen berücksichtigt. Die erste Beschreibung bleibt rein verbal und aus betrieblicher Sicht formuliert.

Es sei angenommen, daß die *intelligence phase* des Entscheidungsprozesses bereits vollzogen ist und die zur Modellierung notwendigen Sachverhalte zweckmäßig isoliert sind. Die Beschreibung drückt demnach ein im Anwendungskontext passendes Modell aus, das hinsichtlich seiner Eignung nicht näher validiert werden muß.

6.2.1. Betriebsmodell

Der fiktive Betrieb wird nachfolgend anhand seiner Aufbauorganisation, seiner Ablauforganisation und den für die Untersuchung zugrundeliegenden Ausgangsdaten modellhaft beschrieben.

Der Betriebszweck, und damit die Modellperspektive, besteht aus der Produktion und dem Absatz von nachgefragten Produkten, um Marktanteile und Gewinne zu erzielen. Außerdem soll aufgrund möglicher Schwankungen auf dem Absatzmarkt das Flexibilitätspotential und die Robustheit der Alternativen untersucht werden.

6.2.1.1. Aufbauorganisation

In einem vereinfachten Schema setzt sich der Modellbetrieb aus drei Organisationseinheiten zusammen: der Produktion, dem Lager und dem Absatz.

Die Produktion besteht aus einem System von Maschinen zur Herstellung von verschiedenen Produkten. Die strategische Planungsentscheidung eröffnet dabei zwei Alternativen.

Die eine Alternative besteht aus einem Maschinensystem, das in der Lage ist, vier Produkte herzustellen. Die vier Produkte, gegeben durch Würfel, Quader, Schalen und Kugeln, können mit einer maximalen Ausbringungsmenge von je 20 Einheiten pro Produkttyp in einer Periode hergestellt werden. Auf der Kostenseite werden diesem Produktionssystem Fixkosten in Höhe von 210 GE pro Periode zugerechnet. Die variablen Kosten der Produktion variieren zwischen den eckigen und runden Formen. Würfel und Quader erzeugen 18 GE je produzierter Einheit, Schalen und Kugeln 21 GE.

Die andere Alternative besteht aus einem Maschinensystem, das in der Lage ist, drei Produkte herzustellen. Die drei Produkte, gegeben durch Würfel, Quader und Schalen, können mit einer maximalen Ausbringungsmenge von je 30 Einheiten pro Produkttyp in einer Periode hergestellt werden. Auf der Kostenseite werden diesem Produktionssystem Fixkosten in Höhe von 260 GE pro Periode zugerechnet. Die variablen Kosten der Produktion variieren ebenfalls zwischen den eckigen und runden Formen. Würfel und Quader erzeugen 15 GE je produzierter Einheit, Schalen 19 GE.

Der Vergleich des ungerichteten Aktionsvolumens der beiden Alternativen weist typische Züge einer Entscheidung zwischen einer universellen, schwächeren und einer spezialisierteren, leistungsstärkeren Maschine auf. In der Modellierung wird aus Gründen der Einfachheit lediglich das Aktionsvolumen betrachtet und Aspekte der Reagibilität ausgeklammert.

Das Lager bietet die Möglichkeit, je Produkttyp 10 Einheiten zu lagern. Dabei fallen pro Periode lagerfixe Kosten in Höhe von 50 GE und unabhängig vom Produkttyp 4 GE je eingelagerter Produkteinheit an.

Der Absatz repräsentiert die Schnittstelle zum Verkauf der Produkte an die Nachfrage.

Die Umwelt, in der das Betriebsmodell als System fungiert, wird durch die Nachfrage abgebildet. Es wird angenommen, daß die vier Produkttypen Würfel, Quader, Schale und Kugel nachgefragt werden können. Im Rahmen der Modellierung der monetären Aspekte werden zwei in der Zeit konstante, inverse Preis–Absatz–Funktionen für eckige und runde Produkte unterstellt:

$$
\begin{aligned}
p(m)_{\text{Würfel}} &= 145 - 2m \\
p(m)_{\text{Quader}} &= 145 - 2m \\
p(m)_{\text{Schale}} &= 223 - 3m \\
p(m)_{\text{Kugel}} &= 223 - 3m
\end{aligned}
$$

Aufgrund der Preis–Absatz–Funktionen läßt sich für jeden Produkttyp das priodenspezifische Marktvolumen (aus betrieblicher Sicht das Umsatzpotential) ermitteln.

6.2.1.2. Ablauforganisation

Die Ablauforganisation beschreibt den betrieblichen Transformationsprozeß im Kontext seiner Umwelt. Es wird angenommen, daß die Ablauforganisation periodenbezogen ist und sich in der Zeit nicht verändert. Aufgrund der Produktbeschaffenheit wird davon ausgegangen, daß produzierte Produkte eine Periode eingelagert werden können und anschließend aus Modellsicht wirkungsneutral verfallen (erfolgsneutrale Entsorgung alter Lagerbestände), sofern sie nicht abgesetzt werden.

Bei dem einfachen Modell zerfällt der Betriebsprozeß in zwei Teile.

Das Produzieren stellt den ersten Ablauf einer Periode dar. Beim Produzieren wird anhand der aktuellen Nachfrage, der Lagerbestände (sofern vorhanden) und einer Nachfrageprognose die Produktion der Produkttypen mit jeweils bestimmten Mengen ausgelöst. Die Produktionsstrategie leitet sich dabei aus den verschiedenen im fiktiven Modell als beobachtbar unterstellten Strategien ab. Grundsätzlich werden bei Nachfrage nach einem Produkttyp zwei zusätzliche Einheiten als Puffer angefertigt, sofern die Produktionskapazität dies erlaubt (Pufferstrategie). Lagerbestände, sofern vorhanden, mindern die Sollmenge der Produktion, da sie aus Verfallsgründen zuerst abgesetzt werden müssen. Die Prognosestrategie basiert auf einer Schätzung anhand von Vergangenheitswerten für die Nachfragemenge eines Produkttyps. Die unterstellte Beobachtbarkeit dieser Strategie rechtfertigt die Vernachlässigung der als Schätzwert vorliegenden Zukunftswerte und drückt die Trennung zwischen Praktiziertem und Prognostiziertem aus (Eine Erkenntnis aus den Auswertungen könnte die Empfehlung zu einer Strategieänderung sein). Auf eine genaue algebraische Spezifizierung wird verzichtet. Sie wird im Rahmen der Implementierung des Beispiels in $MOOS_Y^{SIM}$ skizziert (vgl. Abschnitt 6.3.2.3 auf Seite 182).

Das Absetzen und Einlagern stellt den zweiten Ablauf einer Periode dar. Beim Absetzen und Einlagern werden die aktuell produzierten und die aus der Vorperiode auf Lager vorrätigen Produkte abgesetzt und gegebenenfalls die pufferungs- und prognosebedingten Nachfrageüberschüsse eingelagert.

Das Absetzen der Produkte repräsentiert, abstrakt gesprochen, die Schnittstelle, mit der das offene System seine durch die Umwelt induzierte Systemreaktion an die Umwelt zurück gibt.

6.2.1.3. Ausgangsdaten

Ohne die Problematik des passenden Zeithorizonts zu tangieren – er wird als passend angenommen –, wird ein Betrachtungshorizont von neun Perioden angesetzt, für den ein verteilungsfreies, auf Produktlebenszyklen ausgerichtetes Schätzprofil für die Nachfragemengen nach den vier Produkttypen vorliegt (vgl. Tabelle 6.1).

Periode (Zeit)	1	2	3	4	5	6	7	8	9
Würfel	20	32	27	22	15	4			
Quader	19	24	27	31	28	24	22	19	11
Schale			15	19	25	16	8		
Kugel					14	17	20	22	23

Tabelle 6.1.: Geschätzte Nachfragemengen nach den vier Produkttypen

Die geschätzten Nachfragemengen bilden die Grundlage für die Ausprägung der speziellen Umwelt, auf die die zwei alternativen Systeme hin untersucht werden sollen. Darüber hinaus fungieren die geschätzten Nachfragemengen als Ausgangspunkt für die Variation von Umweltszenarien.

6.2.2. Bewertungsmodell

Im Rahmen des Bewertungsmodells werden unterschiedliche Informationen über das Betriebsmodell anvisiert. Es sollen mengenmäßige und monetäre Kennzahlen sowie Meßwerte zur Flexibilität ermittelt werden.

Um neben dem direkten relativen Vergleich der beiden Alternativen pseudo–quantitative Aussagen fällen zu können, wird ein fiktives, gesetztes Idealsystem eingeführt. Das Idealsystem soll dabei ein Produktionssystem repräsentieren, das hinsichtlich seines Aktionsvolumens keine Beschränkungen gegenüber der Nachfrageausprägung darstellt und keine Pufferstrategie zur Lagerhaltung benötigt.

Das gesetzte Idealsystem soll hinsichtlich der Produktionskosten eine Durchbrechung mit relativem Charakter beinhalten. Diese Durchbrechung besteht aus dem Kalkül der jeweils geringeren Kosten der Alternativen. Es gilt bei der Auswertung zu beachten, daß dieser relativ geringere Kostenwert im Idealsystem außerhalb des Kapazitäts- und Produktionsbereichs einer der Alternativen keinerlei Aussagekraft besitzt.

Das Bewertungsmodell wird konzeptionell zweistufig aus aggregierenden Attributsreduktionen und aus Maßen zur Auswertung aufgebaut.

6.2.2.1. Auswertungen

In einem ersten konzeptionellen Schritt werden Modellabstraktionen über die Zeit, über den Produkttyp und über die Zeit in Verbindung mit dem Produkttyp durchgeführt (komponentenreduzierende Abstraktionen, vgl. Abschnitt 3.3.2.3 auf Seite 80). Dabei aggregieren Mengen und monetäre Größen additiv. Die so erzeugten Aggregatsobjekte gehen, genauso wie die Modellobjekte aus der Simulation, in die verschiedenen Messungen ein.

Ziel der Aggregation ist es, beobachtbare Gesamteffekte genauer hinsichtlich ihres Auftretens in der Zeit oder bei bestimmten Produkttypen zu analysieren.

6.2.2.2. Maße

Zur Auswertung des Modells werden verschiedene Maße verwendet, die im Einzelnen nachfolgend vorgestellt werden. Bei den Flexibilitätsmaßen fungieren der Absatz und die Nachfrage als Flexibilitätsschnittstelle.

Produktionsauslastung: Die Produktionsauslastung wird prozentual als das Verhältnis zwischen der maximal produzierbaren und der tatsächlich produzierten Produktmenge pro Betrachtungseinheit gemessen.

Gewinn: Der Gewinn mißt die Differenz zwischen Umsatz und den Kosten für Produktion und Lagerung pro Betrachtungseinheit. Es wird vereinfachend angenommen, daß keine weiteren Größen in die Berechnung eingehen, so daß von den Deckungsbeitragssummen kurzum als Gewinn gesprochen wird.

Qualitative Flexibilität: Als qualitatives Flexibilitätsmaß wird die mengenmäßige Unterflexibilität gemessen. Da in dem Modell keine Reagibilitätseffekte auftreten, entspricht das ganzheitliche Flexibilitätsmaß dem statischen Flexibilitätsmaß. Dies gilt auch für die nachfolgenden Flexibilitätsmaße.

Qualitative, relative Flexibilität: Als qualitatives, relatives Flexibilitätsmaß wird zwischen den Alternativen hinsichtlich ihrer relativen Eignung unterschieden. Als Referenzgröße wird das pseudo–quantitative Flexibilitätsmaß herangezogen.

Pseudo–quantitative Flexibilität: Als pseudo–quantitatives Flexibilitätsmaß wird prozentual die mengenmäßige Erfüllung im Vergleich zum Idealsystem gemessen. Das Idealsystem wird dabei als Referenzpunkt für vollständige Flexibilität (im Sinne von 100 Prozent) gesetzt.

Flexibilitätsbedingter Umsatzschaden: Der flexibilitätsbedingte Umsatzschaden gibt das durch Unterflexibilität hervorgerufene Umsatzdefizit an. Unter der Zielsetzung der Schadensminimierung bildet dieses Maß eine optimierungsgeeignete, quantitative Operationalisierung von Flexibilität.

6.2.2.3. Meßstrategie

Die Messungen am durchsimulierten Betriebsmodell verfolgen zwei Ziele.

Das erste Ziel ist der Systemvergleich im Hinblick auf die geschätzten Daten. Dadurch soll ein Anhalt über die relative Eignung einer der zwei Alternativen ermittelt werden.

Das zweite Ziel ist das experimentelle Lernen über die zwei Alternativen. Durch Attributsabstraktion und pauschale mengenmäßige Variation der Ausgangsdaten sollen einerseits Erkenntnisse über die Zeit– und Produktbezogenheit von Engpässen (Ursachenanalyse) und andererseits Informationen über die Robustheit der Alternativen gegenüber Schwankungen der geschätzten Ausgangsdaten (Sensitivitätsanalyse durch spezielle Mutation, vgl. Abschnitt 3.3.2.1 auf Seite 78) erlangt werden.

6.3. MOOS$_Y$–Modell des Betriebsmodells

Im folgenden wird die vorangegangene Modellbeschreibung in das MOOS$_Y$–Paradigma übertragen. Die Übertragung wird für die Simulation in die drei Teile Initialisierungsmodell, Betriebsmodell und Bewertungsmodell gegliedert. Dabei werden anstelle einer vollständigen Notation des Modells einige MOOS$_Y$–Bausteine beispielgebend notiert und andere kurz beschrieben.

6.3.1. Initialisierungsmodell

Im Hinblick auf die experimentelle Modellvariation wird ein Initialisierungsmodell eingeführt.

Das Initialisierungsmodell besteht in seiner Statik aus einer (Hilfs)klasse, die die geschätzten Ausgangsdaten für die Nachfrage als Objekte besitzt und als Klassenattribut einen Parameter trägt, der zur einfachen pauschalen Faktorisierung der Schätzwerte dient.

NachfrageBasis
mengen-faktor = 1
zeit: int
erzeuger: nom
wahrsch: int {[0; 1]}
menge: ver
typ: nom

Das Initialisierungsmodell besitzt eine Interaktion. Diese Interaktion kopiert die Objekte aus der NachfrageBasis in die Betriebsmodellklasse Nachfrage. Bei diesem Kopiervorgang vollzieht sich eine Faktorisierung der Nachfragemenge gemäß mengen-faktor. Hierfür wird eine faktorisierende Übertragungsrelation var-kopieren erstellt.

Λ–NeInitialisieren
Input–Auswahl
$inp1 = NachfrageBasis.zeit$
$inp2 = NachfrageBasis.wahrsch$
$inp3 = NachfrageBasis.menge$
$inp4 = NachfrageBasis.typ$
$inp5 = NachfrageBasis.mengen\text{-}faktor$
Input–Output–Relation
$var\text{-}kopieren(inp1, inp2, inp3, inp4, inp5)$
$OUT : (OUT.zeit, OUT.wahrsch, OUT.menge, OUT.typ)$
Output–Erzeugung
$Nachfrage.zeit = OUT.zeit$
$Nachfrage.wahrsch = OUT.wahrsch$
$Nachfrage.menge = OUT.menge$
$Nachfrage.typ = OUT.typ$

λ–var-kopieren			
		int	*zeit*
		ver	*wahrsch*
		ver	*menge*
		nom	*typ*
		ver	*faktor*
int	*/OUT.zeit*	=	*zeit*
ver	*/OUT.wahrsch*	=	*wahrsch*
ver	*/OUT.menge*	=	`(round (* menge faktor))`
nom	*/OUT.typ*	=	*typ*

Die Formulierung dieses Initialisierungsmodells stellt bei dem Klassenattribut mengen-faktor mit dem Wert 1 einen trivialen Schritt dar. In bezug auf die Modellvariation bildet dieses Modell jedoch eine konzeptionelle Grundlage (vgl. hierzu auch Abschnitt 3.4.1 auf Seite 83). Neben der einfachen Manipulierbarkeit des Schwankungsfaktors mengen-faktor können weitere Variationskalküle mit der Interaktion NeInitialisieren umgesetzt werden, so daß sich eine Trennung zwischen zugrundeliegenden Ausgangsdaten und im Betriebsmodell verwendeten Ausgangsdaten aus experimentellen Gründen empfiehlt.

Die Initialisierungssequenz besteht aus der einmaligen Ausführung der Interaktion NeInitialisieren.

6.3.2. Betriebsmodell

Das MOOS$_Y$–Betriebsmodell verteilt die im Betriebsmodell beschriebenen Sachverhalte auf die MOOS$_Y$–Bausteine.

Aufgrund des Alternativenvergleichs werden drei ähnliche Betriebsmodelle erzeugt (in der derzeit aktuellen Fassung des SMS von MOOS$_Y^{SIM}$ noch nicht automatisierbar). Bei diesen ähnlichen Betriebsmodellen variiert lediglich die Produktionstechnologie, ausgedrückt in der Ausprägung der Klasse der Produktion. Das eine Betriebsmodell repräsentiert den Betrieb mit dem Produktionssystem 1, das zweite bildet das Produktionssystem 2 ab und das dritte fungiert als fiktives Idealsystem.

Zwischen dem Produktionssystem 1 und dem Produktionssystem 2 liegt eine konzeptionelle Mutation hinsichtlich des Produktionsmaximums und des Produktrepertoires vor (vgl. Abschnitt 3.3.2.1 auf Seite 78).

6.3.2.1. $MOOS_Y$–Klassen

Das $MOOS_Y$–Betriebsmodell besitzt vier Klassen. Das System besteht aus den Klassen Produktion, Absatz und Lager, wobei die Klasse Produktion in allen drei Varianten (Produktion1, Produktion2 und IdealProduktion) beispielhaft notiert ist. Die Umwelt besteht aus der Klasse Nachfrage. Die nachfolgende Beschreibung der Klassenstrukturen basiert auf der automatisierten Klassendokumentation des MMS von $MOOS_Y^{SIM}$ (vgl. Abschnitt 5.4 auf Seite 135).

Die Klasse Produktion1 besitzt neben den drei Pflichtattributen drei weitere Attribute. Dabei sind die Attribute menge und typ nicht abgeleitet und stückkosten abgeleitet. Das Attribut menge ist verhältnisskaliert. Es besitzt keine Beschränkung. Das Attribut typ ist nominalskaliert. Es besitzt den Wertebereich {Quader,Würfel,Schale,Kugel}. Das Attribut stückkosten ist verhältnisskaliert. Es wird über die Relation pkosten abgeleitet. Zudem besitzt die Klasse ein Klassenattribut. Das Klassenattribut prod-max trägt den Wert 20.

Produktion1
prod-max = 20
zeit: int
erzeuger: nom
wahrsch: int {[0; 1]}
menge: ver
typ: nom {Würfel, Quader, Schale, Kugel}
/stückkosten: ver {*pkosten*(menge,typ,210,18,210,21)}

Die Klasse Produktion2 ähnelt der Klasse Produktion1. Sie besitzt neben den drei Pflichtattributen drei weitere Attribute. Dabei sind die Attribute menge und typ nicht abgeleitet und stückkosten abgeleitet. Das Attribut menge ist verhältnisskaliert. Es besitzt keine Beschränkung. Das Attribut typ ist nominalskaliert. Es besitzt den Wertebereich {Quader,Würfel,Schale}. Das Attribut stückkosten ist verhältnisskaliert. Es wird über die Relation pkosten abgeleitet.

Zudem besitzt die Klasse ein Klassenattribut. Das Klassenattribut prod-max trägt den Wert 30.

Produktion2
prod-max = 30
zeit: int
erzeuger: nom
wahrsch: int {[0; 1]}
menge: ver
typ: nom {Würfel, Quader, Schale}
/stückkosten: ver {*pkosten*(menge,typ,260,15,250,19)}

Die Klasse IdealProduktion besitzt neben den drei Pflichtattributen fünf weitere Attribute. Dabei sind die Attribute menge und typ nicht abgeleitet und stückkosten1, stückkosten2 und min stückkosten abgeleitet. Das Attribut menge ist verhältnisskaliert. Es besitzt keine Beschränkung. Das Attribut typ ist nominalskaliert. Es besitzt keine Beschränkung. Das Attribut stückkosten1 ist verhältnisskaliert. Es wird über die Relation kosten abgeleitet. Das Attribut stückkosten2 ist verhältnisskaliert. Es wird über die Relation pkosten abgeleitet. Das Attribut stückkosten ist verhältnisskaliert. Es wird über die Relation min abgeleitet. Zudem besitzt die Klasse ein Klassenattribut. Das Klassenattribut prod-max trägt den FALSE–Wert #f.

IdealProduktion
prod-max = #f
zeit: int
erzeuger: nom
wahrsch: int {[0; 1]}
menge: ver
typ: nom {Würfel, Quader, Schale}
/stückkosten1: ver {*pkosten*(menge,typ,210,18,210,21)}
/stückkosten2: ver {*pkosten*(menge,typ,260,15,250,19)}
/stückkosten: ver {*min*(stückkosten1,stückkosten2)}

Die Klasse Absatz besitzt neben den drei Pflichtattributen vier weitere Attribute. Dabei sind die Attribute typ, menge, umsatz und deckungsbeitrag alle nicht abgeleitet. Das Attribut typ ist nominalskaliert. Es besitzt keine Beschränkung. Das Attribut menge ist verhältnisskaliert. Es besitzt keine Beschränkung. Das Attribut umsatz ist verhältnisskaliert. Es besitzt keine Beschränkung. Das Attribut deckungsbeitrag ist verhältnisskaliert. Es besitzt keine Beschränkung.

Die Klasse Lager besitzt neben den drei Pflichtattributen zwei weitere Attribute. Dabei sind die Attribute menge und typ alle nicht abgeleitet. Das Attribut menge ist verhältnisskaliert. Es besitzt keine Beschränkung. Das Attribut typ ist nominalskaliert. Es besitzt keine Beschränkung. Zudem besitzt die Klasse ein Klassenattribut. Das Klassenattribut lager-max trägt den Wert 10.

Diese Klasse Nachfrage besitzt neben den drei Pflichtattributen vier weitere Attribute. Dabei sind die Attribute typ und menge nicht abgeleitet und preis und volumen abgeleitet. Das Attribut typ ist nominalskaliert. Es besitzt keine Beschränkung. Das Attribut menge ist verhältnisskaliert. Es besitzt keine Beschränkung. Das Attribut preis ist verhältnisskaliert. Es wird über die Relation paf abgeleitet. Das Attribut volumen ist verhältnisskaliert. Es wird über die Relation mul abgeleitet.

6.3.2.2. $MOOS_Y$–Interaktionen

Gemäß den betrieblichen Abläufen werden für ein Betriebsmodell zwei Interaktionen definiert. Die erste Interaktion vollzieht das Produzieren gemäß aller beschriebenen Details zur Technologie und Strategie. Die erste Interaktion vollzieht das Absetzen mit Lagern. Auf eine ausführliche Notation wird verzichtet und auf die Implementierung des Beispiels verwiesen.

Die drei Varianten des Betriebsmodells unterscheiden sich im Hinblick auf ihre Interaktionen nur dahingehend, daß in den Input–Auswahlen auf jeweils eine der drei verschiedenen Produktionsklassen referenziert wird. Der Struktur und der Verarbeitungsrelation nach sind sie identisch.

6.3.2.3. MOOS$_Y$–Relationen

Zur Spezifizierung der Wirkungszusammenhänge im Betriebsmodell kommen einige Relationen zum Einsatz. Die Art und der Umfang der Relationen hängt davon ab, inwieweit ein Gerüst ineinander eingehender Relationen und inwieweit universelle Relationen definiert werden.

λ–pkosten
ver menge *nom typ* *ver a1* *ver b1* *ver a2* *ver b2*

/erg= `(if (member typ '(Quader Würfel))`
`(+ a1 (* menge b1))`
`(+ a2 (* menge b2)))`

ver erg

Beispielhaft für die am Betriebsmodell beteiligten Relationen sind die parametrisierte und damit universelle Relation pkosten, die in die Klassen für die Produktion eingeht, und anschließend die Verarbeitungsrelation der Interaktion Produzieren notiert.

λ–fun–produktion
ver wahrsch *ver n-menge* *ver n-mengen* *nom typ* *ver pmax* *ver l-vor* *ver lmax*
erg(wahrsch, typ, prod): */erg* = λ-Ausdruck (wahrsch, n-menge, n-mengen, typ, pmax, l-vor, lmax)

Um ein Beispiel für eine verarbeitungskomplexe Relation mit Verweis auf andere Relationen und Scheme–Funktionen zu geben, ist die Verarbeitungsrelation der Interaktion Produzieren aus Implementierungssicht dargestellt.

Der Lambda–Ausdruck dieser Relation verwendet neben dem Sprachkern von Scheme auch nicht–primitive Schemefunktionen (darunter auch die der $MOOS_Y$–Relationen λ-fun-a-mittel).

```
(lambda (wahrsch n-menge n-mengen typ pmax l-vor lmax)
  (if (equal? non-ex n-menge)
      null
      (let* ((l-v (if (equal? non-ex l-vor) 0 l-vor))
             (mw (zahl-runden 2
                              (fun-a-mittel
                                (liste-flacher n-mengen))))
             (n-prog-menge (round (+ mw (/ (- n-menge mw) 2))))
             (bedarf (- (+ 2
                           n-menge
                           (max 0 (- n-prog-menge pmax))) l-v))
             (prod (if pmax (min pmax bedarf) bedarf)))
        (list wahrsch typ prod))))
```

6.3.2.4. $MOOS_Y$–Sequenz

Die Sequenz für das Betriebsmodell besteht aus zwei Interaktionen; dem Produzieren gefolgt von dem Absetzen mit Lagern. Die Sequenz iteriert im Simulationsablauf über den Zeithorizont von neun Perioden, was dem Zeitrahmen der Ausgangsdaten entspricht.

6.3.2.5. $MOOS_Y$–Objekte

Durch die im Initialisierungsmodell verankerten Ausgangsdaten besitzt das $MOOS_Y$–Betriebsmodell vor dem Simulationsablauf keine eigenen Objekte. Die im Betriebsmodell verwendeten Nachfrageobjekte resultieren aus dem Initialisierungsmodell.

6.3.3. Bewertungsmodell

Das $MOOS_Y$–Bewertungsmodell wird für das Beispiel in kompakter Form mit Hilfe einer einzigen Interaktion (gegebenenfalls mit Variation) und einer einzigen Auswertungsklasse aufgebaut.

Eine $MOOS_Y$–Klasse trägt alle zur Auswertung erforderlichen Maße in seiner Attributsmenge. Eine Interaktion mit aggregierender Meßrelation ermittelt alle benötigten Meßwerte in einer Verarbeitung. Die Attributsreduktion wird über die Gruppierung der Input–Auswahl umgesetzt. Durch die aggregierende Meßrelation werden die gruppierten Input–Auswahlen als eine Betrachtungseinheit ausgewertet. Der Vorteil dieser Art der Umsetzung ist die Generalisierung der Attributsreduktion. Die reine Attributsreduktion stellt dabei den Spezialfall dar, daß neben der Gruppierung keine weiteren Selektionen angewendet werden. Sollen im Rahmen des Experimentierens neben der Attributsreduktion auch andere Variationen zum Einsatz kommen (beispielsweise die Berücksichtigung aller Werte bis auf extreme Randwerte, ähnlich einem durchschnittlichen Szenario), so können derartige Variationen direkt auf das bestehende Konstrukt aufgesetzt werden.

Die Sequenz der Auswertung besteht aus der einmaligen Ausführung von zwei mal drei Interaktionen. Die Zweiteilung ergibt sich aus dem Verweis auf die Klassen des einen oder anderen Systems in der Input–Auswahl bei ansonsten gleicher Interaktion. Die jeweilige Dreiteilung resultiert aus der Variation der Gruppierung in der Interaktion, um die Attributsreduktion herbeizuführen: keine Gruppierung führt zu einem aggregierten Auswertungsobjekt und ermittelt die von Zeit und Produkttyp abstrahierten Gesamtmeßwerte, die Gruppierung nach dem Produkttyp abstrahiert die Zeit und die Gruppierung nach der Zeit abstrahiert den Produkttyp.

6.4. Simulation des Betriebs– und Bewertungsmodells in $MOOS_Y^{SIM}$

Nach Ablauf der Initialisierung, bei der durch Faktorisierung eine pauschale Variation der Nachfrage möglich ist, iteriert das vollständig implementierte Betriebsmodell für die zwei alternativen Systeme und das fiktive Idealsystem über den

Zeithorizont. Anschließend wird das Bewertungsmodell für die zwei alternativen Systeme ausgeführt.

Die Tabellen 6.2 und 6.3 geben Auskunft über die Objektstruktur nach der Initialisierung und nach dem Ablauf des Betriebsmodells im Simulationsprozeß.

Objektstruktur	System 1			System 2			Idealsystem		
NachfrageBasis	25	**25**	25	25	**25**	25	25	**25**	25
Nachfrage	25	**25**	25	25	**25**	25	25	**25**	25
Produktion	-	**-**	-	-	**-**	-	-	**-**	-
Lager	-	**-**	-	-	**-**	-	-	**-**	-
Absatz	-	**-**	-	-	**-**	-	-	**-**	-

Tabelle 6.2.: Objektstruktur nach Initialisierung der Simulation

Objektstruktur	System 1			System 2			Idealsystem		
NachfrageBasis	25	**25**	25	25	**25**	25	25	**25**	25
Nachfrage	25	**25**	25	25	**25**	25	25	**25**	25
Produktion	25	**25**	25	25	**25**	25	25	**25**	25
Lager	22	**12**	4	20	**19**	13	-	**-**	-
Absatz	25	**25**	25	20	**20**	20	25	**25**	25

Tabelle 6.3.: Objektstruktur nach Ablauf des Betriebsmodells der Simulation

Die hervorgehobenen Werte in den Tabellen geben die Anzahl der Objekte der Klassen bei unveränderten Schätzwerten gemäß der Ausgangsdaten an. Die linke Objektanzahl ergibt sich bei pauschaler Mengenminderung der Ausgangsdaten um 30 Prozent (pessimistisches Szenario), die rechte Objektanzahl bei pauschaler Mengenerhöhung um 30 Prozent (optimistisches Szenario). Aufgrund der Produktionsstrategie und der Technologiebeschränkungen ergeben sich unterschiedliche Objektstrukturen in den speziell ausgeprägten Systemen.

Die Tabelle 6.4 auf der nächsten Seite zeigt die Aufteilung der Auswertungsobjekte auf die Systeme und die Attributsabstraktionen. Jedes Objekt trägt dabei eine vollständig ausgeprägte Meßstruktur.

Die Objekte der Auswertung sowie weitere Informationen werden über die interoperable Schnittstelle an Excel zur Visualisierung exportiert.

Auswertungsstruktur	System 1	System 2
zeit- und produkttypabstrahiert	1	1
zeitabstrahiert	4	4
produkttypabstrahiert	9	9

Tabelle 6.4.: Verteilung der 28 Auswertungsobjekte nach Ablauf des Bewertungsmodells der Simulation

6.4.1. Ergebnisse

Der folgende Abschnitt zeigt einige Diagramme, die aus dem interoperablen Export von $MOOS_Y^{SIM}$ automatisch generiert sind. Neben den Auswertungsdaten stammen auch Informationen wie die Szenariospezifizierung aus dem Export.

Die Auswertung der Meßergebnisse orientiert sich an den im Bewertungsmodell aufgestellten Maßen.

Produktionsauslastung (Diagramme auf Seite 188): Diese Messungen zeigen, daß das System 2 weniger ausgelastet ist, als das System 1. Das System 1 ist insbesondere in den ersten Perioden nahe oder direkt am Auslastungsmaximum.

Gewinn (Diagramme auf Seite 189): Das System 1 erzielt insgesamt wesentlich mehr Gewinn (insbesondere mit Quadern). In der ersten Periode dominiert das System 2 leicht.

Qualitative Flexibilität: Das System 1 ist mengenmäßig insgesamt, ab Periode 2 außer Periode 8 und produkttypbezogen unflexibel; in Periode 1 und 8 ist es flexibel. Das System 2 ist mengenmäßig insgesamt, ab Periode 5 und gegenüber Kugeln unflexibel; gegenüber Quadern, Würfeln und Schalen und bis Periode 4 ist es flexibel.

Qualitative, relative Flexibilität: Das System 2 ist insgesamt mengenmäßig weniger fexibel, obgleich es bei den drei Produkten in seinem Repertoire flexibler ist als System 1 (sogar vollständig flexibel). Im Zeitverlauf dominiert erst System 2 und ab Periode 5 das System 1.

Pseudo-quantitative Flexibilität (Diagramme auf Seite 190): System 1 pendelt zeitbezogen zwischen 73,21 und 100 Flexibilitätsgrad, produkttypbezogen zwischen 82,5 und 96,88 und erreicht insgesamt einen Wert von 87,7.

System 2 pendelt zeitbezogen zwischen 32,35 und 100 Flexibilitätsgrad, produkttypbezogen zwischen 0 und 100 und erreicht insgesamt einen Wert von 80,95. Ab Periode 5 nimmt der Flexibilitätsgrad von System 2 kontinuierlich ab, System 1 schwankt zeitlich in seiner schmalen Bandbreite.

Flexibilitätsbedingter Umsatzschaden (Diagramme auf Seite 191): System 1 erzeugt einen wesentlich geringeren Schaden als System 2, wobei mehr als die Hälfte des Schadens durch Quader verursacht werden. Zeitlich verteilt sich der Schaden auf 0 bis 1274 GE. Das System 2 bringt nur mit Kugeln und dementsprechend erst ab Periode 5 Schaden hervor. Der Schaden ist zweieinhalb mal so groß wie bei System 1, das zeitliche Maximum liegt bei 3542 GE in Periode 9.

6.4.2. Ergebnisse nach Modellvariation

Die Systeme werden nachfolgend unter pauschaler, mengenmäßiger Variation der Ausgangsdaten betrachtet. Die Variation erstreckt sich von plus und minus 30 Prozent als optimistisches und pessimistisches Szenario sowie auf die 10–prozentigen Zwischenschritte als anderweitig konfigurierte Szenarien (vgl. Abschnitt 2.3.3 auf Seite 25).

Beispielgebend für unterschiedliche Untersuchungen wird die Robustheit des Maßes für die mengenmäßige Flexibilität und der Gewinn betrachtet.

Die Diagramme auf Seite 192 und auf Seite 193 bilden die Robustheit über das Spektrum der sieben Szenarien ab, die Diagramme auf Seite 194 und auf Seite 195 den Gewinn bei pessimistischem und optimistischem Szenario.

Es zeigt sich deutlich, daß das System 2 insgesamt wesentlich robuster ist. In Richtung des pessimistischen Szenarios ist es fast vollständig robust und in Richtung des optimistischen Szenarios sinkt der Flexibilitätgrad insgesamt um maximal 5 Einheiten (hervorgerufen insbesondere durch Quader und Würfel in den frühen Perioden).

Das System 1 ist in beide Richtungen weniger robust. In Richtung des pessimistischen Szenarios steigt der Flexibilitätsgrad nahezu auf 100, jedoch verliert das System in Richtung des optimistischen Szenarios seine relativ höhere Flexibilität gegenüber dem System 2. Die Robustheit wird von allen Produkttypen und Zeiten beeinflußt. Der Flexibilitätsgrad sinkt in Richtung des optimistischen Szenarios dreimal stärker als beim System 2.

Trotz der geringeren Robustheit dominiert das System 1 hinsichtlich des Gewinns in allen Szenarien. Während das System 1 sein Gewinnmaximum im Bereich des Prognoseszenarios hat, steigert das System 2 seinen Gewinn in Richtung des optimistischen Szenarios (insbesondere in den ersten Perioden und durch Schalen). Beim pessimistischen Szenario verliert das System 2 seine Gewinndominanz bezüglich seines Produktrepertoires.

Als Interpretation läßt sich zusammenfassend festhalten, daß das zwar weniger robuste aber flexiblere und gewinnstabilere System 1 das System 2 in einem Spektrum von Szenarien dominiert.

Die weitergehende Untersuchung der Systeme kann insbesondere durch Modellvariation erfolgen. Beispielsweise könnte eine Veränderung der Lagerstrategie simuliert werden, um dabei die absoluten sowie systemspezifischen Effekte zu beobachten.

6.4.3. Ergebnisse nach interoperabler Visualisierung

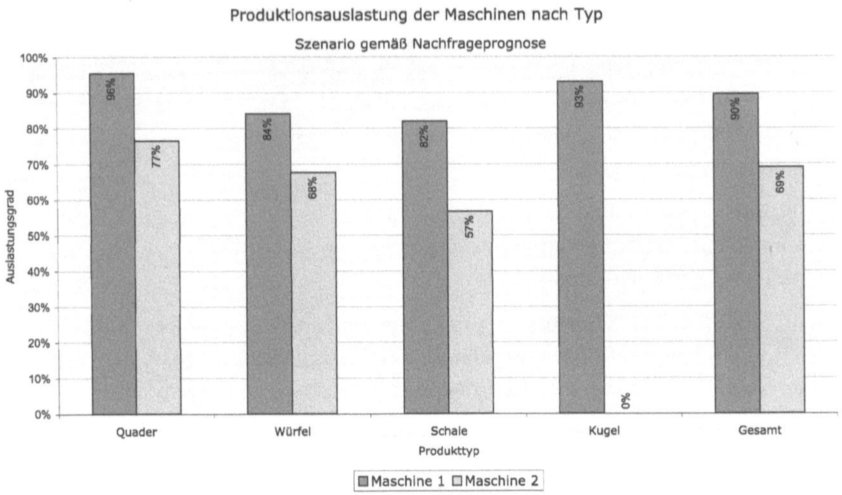

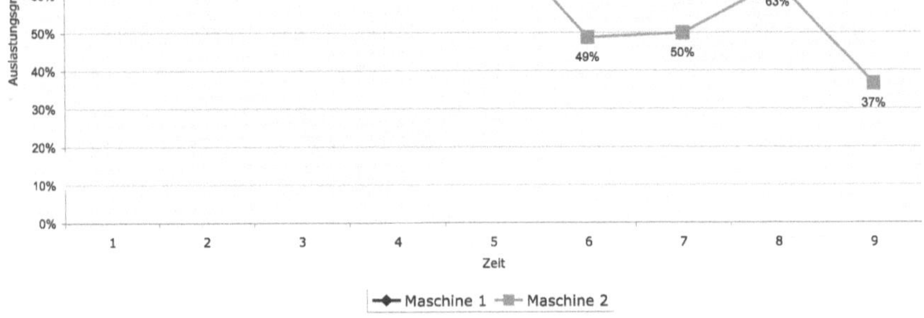

Abbildung 6.2.: Produktionsauslastung bei normalem Szenario

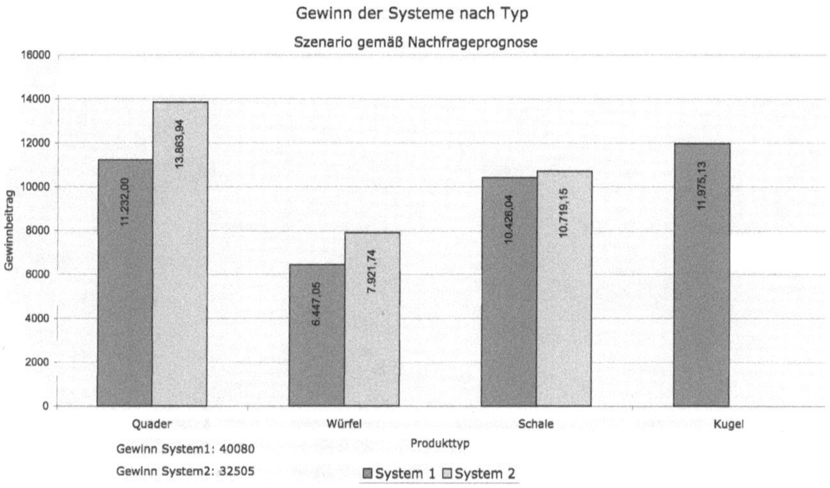

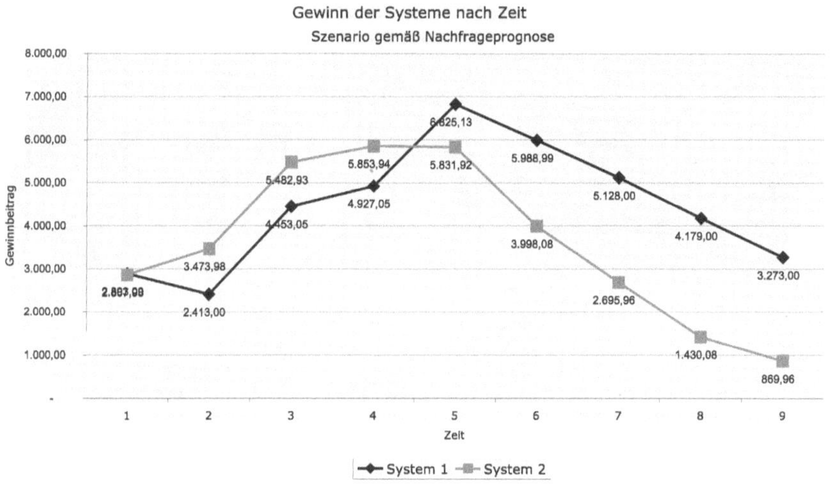

Abbildung 6.3.: Gewinn bei normalem Szenario

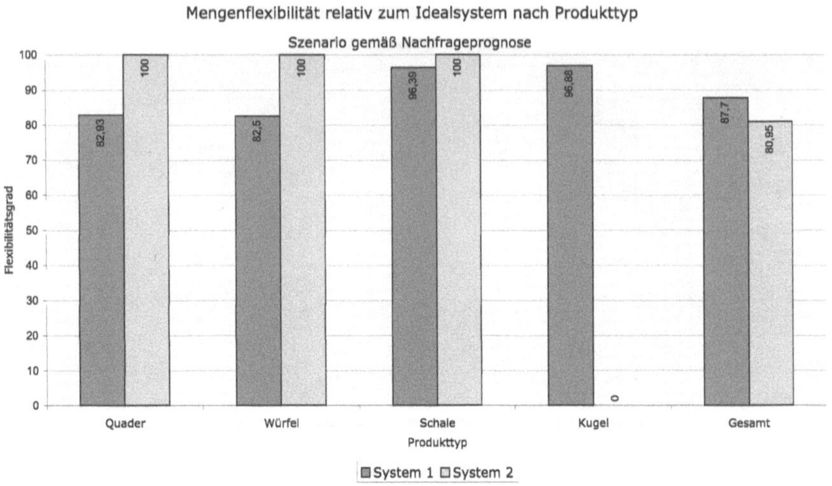

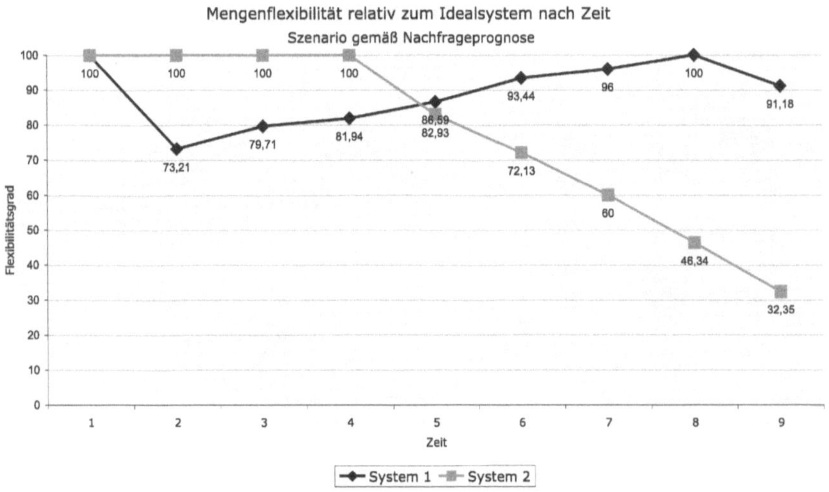

Abbildung 6.4.: Mengenmäßiger Flexibilitätsgrad gegenüber dem Idealsystem bei normalem Szenario

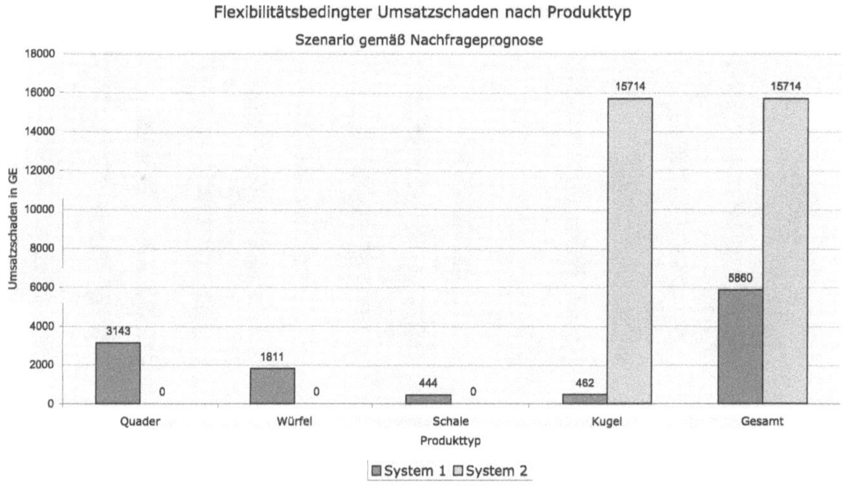

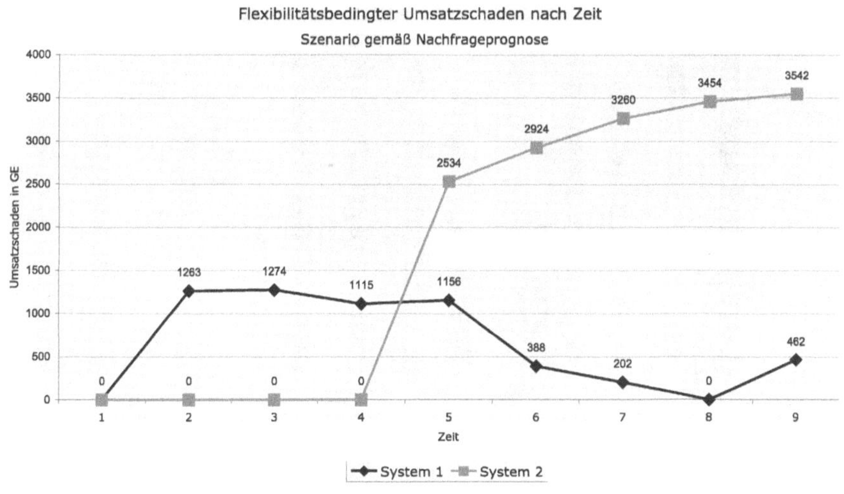

Abbildung 6.5.: Flexibilitätsbedingter Umsatzschaden bei normalem Szenario

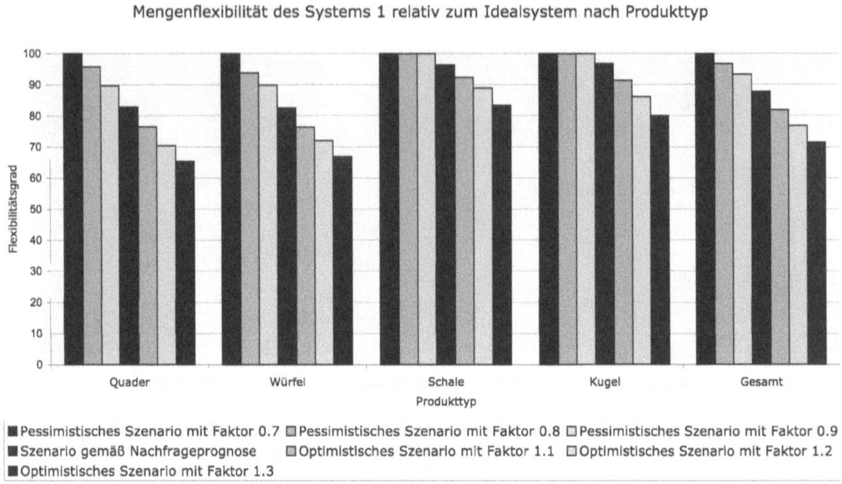

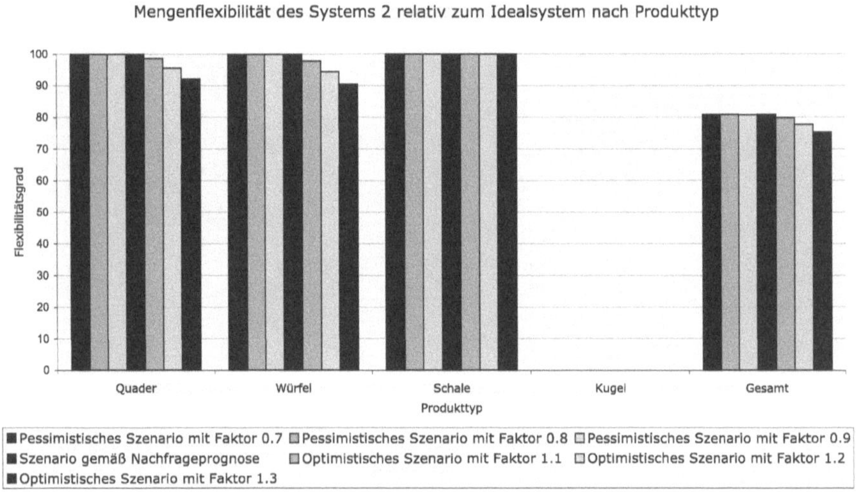

Abbildung 6.6.: Mengenmäßiger Flexibilitätsgrad der alternativen Systeme insgesamt und nach Produkttyp bei sieben Szenarien

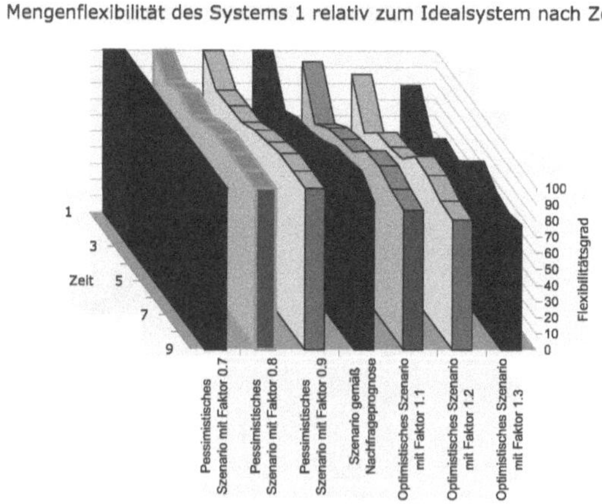

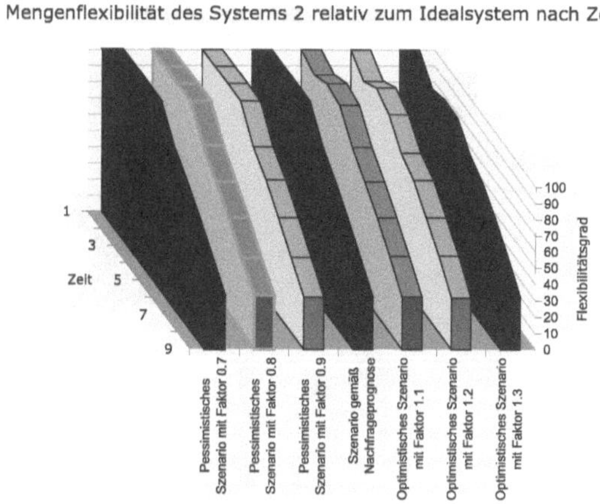

Abbildung 6.7.: Mengenmäßiger Flexibilitätsgrad der alternativen Systeme nach Zeit bei sieben Szenarien

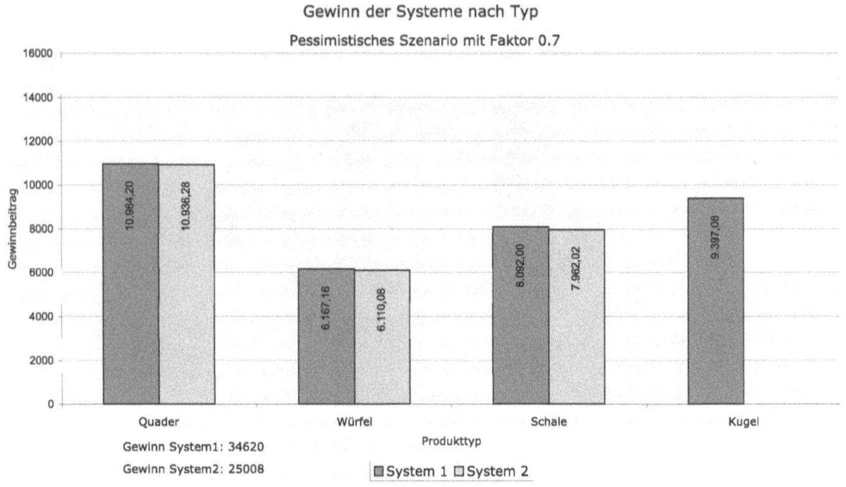

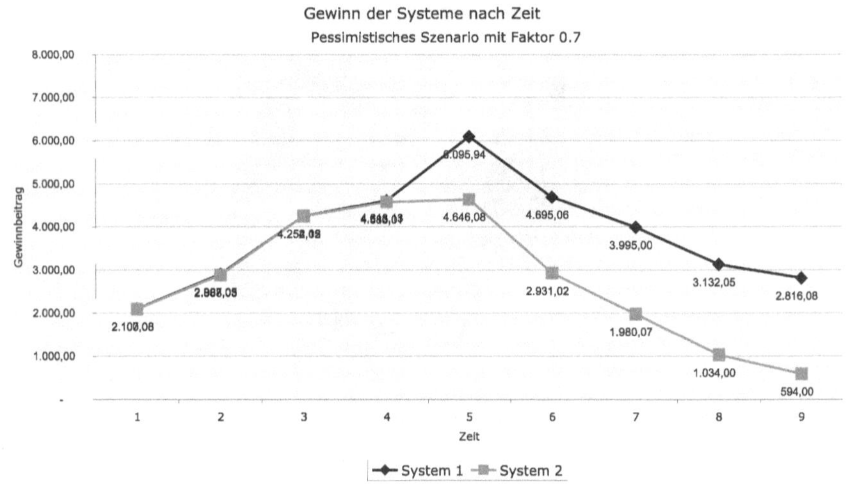

Abbildung 6.8.: Gewinn bei pessimistischem Szenario

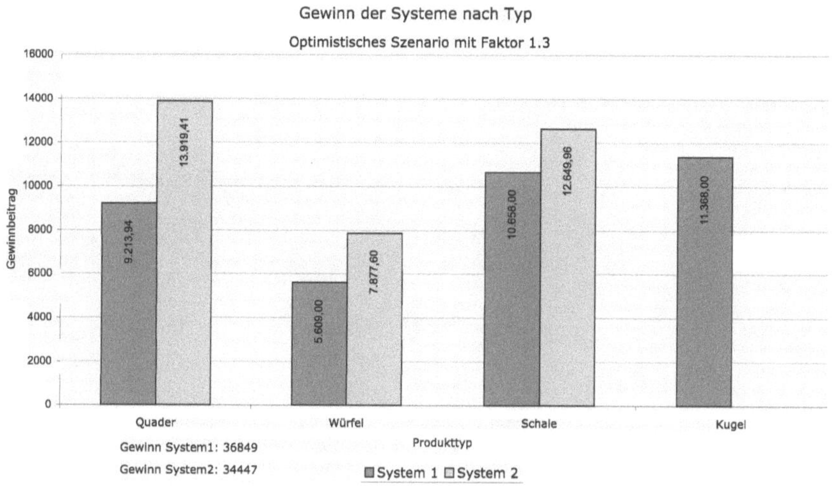

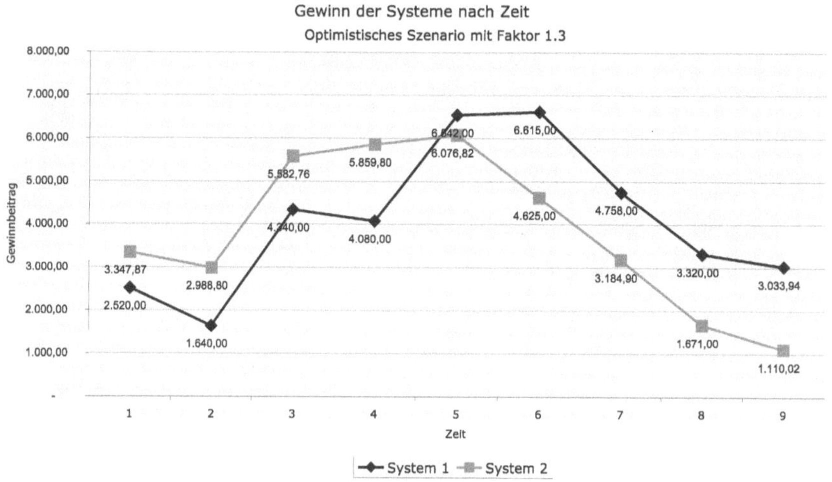

Abbildung 6.9.: Gewinn bei optimistischem Szenario

Teil IV.

Schluß

7. Abschluß und Ausblick

Die Arbeit hat mit der theoretischen Konzeption von $\mathrm{MOOS_Y}$ bis hin zur prototypischen Softwareimplementierung und beispielhaften Anwendung von $\mathrm{MOOS_Y^{SIM}}$ den ganzheitlichen Weg zur Nutzbarmachung einer Theorie beschritten.

Das ganzheitliche, zielfokussierte Vorangehen eröffnet an einigen Stellen Vertiefungs- und Ausbaumöglichkeiten, insbesondere im Bereich der Softwareimplementierung von $\mathrm{MOOS_Y^{SIM}}$.

Enormes Ausbaupotential bietet die Umsetzung des Modellmanagements und des Simulationsmanagements bei $\mathrm{MOOS_Y^{SIM}}$. Die prototypische Implementierung setzt den Kern der Simulationsumgebung, das DBMS und das UIMS, in großen Teilen um. Das MMS und das SMS sind in der derzeit aktuellen Fassung von $\mathrm{MOOS_Y^{SIM}}$ zur grundlegenden Simulationssteuerung realisiert. Die vorausblickende Konzeption aus Datensicht sowie das Gerüst zum Aufbau eines entscheidungsunterstützenden Simulationssystems regt zur weiterführenden Entwicklung von „künstlich intelligentem“ Modell- und Simulationsmanagement sowie weiteren Interoperabilitätsschnittstellen im Rahmen der Softwareimplementierung an.

Neben der konzeptionellen Umsetzung bildet die laufzeiteffizientere Implementierung der Simulationsumgebung eine Weiterentwicklungsmöglichkeit; beispielsweise die (zusätzliche) Nutzung anderer Programmiersprachen, die Verwendung eines professionellen DBMS oder die Verarbeitung von $\mathrm{MOOS_Y}$–Interaktionen einer $\mathrm{MOOS_Y}$–Sequenzphase mittels Parallelrechnerarchitektur (wie zum Beispiel im Sprachkonzept von Scheme vorgesehen).

Die verschiedenen theoretischen Konzepte sowie die Softwareimplementierung der Arbeit stellen Betrachtungsobjekte für empirische Untersuchungen dar. Insbesondere die Intuitivität und Praktikabilität bieten sich zur empirischen Überprüfung und gegebenenfalls zur Erarbeitung von dezidierten Änderungs- und Erweiterungsvorschlägen an.

Im Bereich des $MOOS_Y$–Paradigmas kann der konzeptionelle Ausbau des Modellbaukastens fokussiert werden, beispielsweise zur direkten Handhabung von Simulatan– und Optimierungsmodellen. Dabei gilt es jedoch die Einfachheit, die semantisch strukturierte Trennbarkeit und die Operationalisierbarkeit von Modellbausteinen nicht aus dem Auge zu verlieren, um die im Rahmen dieser Arbeit aufgebaute, kognitionsbasiert nutzenbringende Synthese von Intuition und Operationslisierung zu erhalten.

Literaturverzeichnis

ABELSON, H.; DYBVIG, R. K.; HEYNES, C. T.; ROZAS, G. J.; ADAMS IV, N. I.; FRIEDMAN, D. P.; KOHLBECKER, E.; STEELE JR., G. L.; BARTLEY, D. H.; HALSTEAD, R.; OXLEY, D.; SUSSMAN, G. J.; BROOKS, G.; HANSON, C.; PITMAN, K. M. und WAND, M. [1998]. *Revised^5 report on the algorithmic language Scheme. Higher-Order and Symbolic Computation*, Band 11, Nr. 1; Seiten 7–105.

ACKOFF, R. L. [1967]. *Management misinformation systems. Management Science*, Band 14, Nr. 4; Seiten 147–158.

ADAMS, J. L. [2001]. *Conceptual blockbusting: a guide to better ideas*. Cambridge: Perseus, vierte Auflage.

ALTER, S. L. [1980]. *Decision support systems: current practice and continouing challenges*. Reading, M.A.: Addison–Wesley.

ANTHONY, R. N. [1965]. *Planning and Control Systems: A Framework for Analysis*. Cambridge: Harvard University Graduate School of Business.

ARIAV, G. und GINZBERG, M. J. [1985]. *DSS design: a systematic view of decision support. Communications of the ACM*, Band 28, Nr. 10; Seiten 1045–1052.

BA, S.; KALAKOTA, R. und WHINSTON, A. B. [1997a]. *Using client-broker-server architecture for intranet decision support. Decision Support Systems*, Band 19, Nr. 3; Seiten 171–192.

BA, S.; LANG, K. R. und WHINSTON, A. B. [1997b]. *Enterprise decision support using intranet technology. Decision Support Systems*, Band 20, Nr. 2; Seiten 99–134.

BALCI, O. und SARGENT, R. G. [1984]. *A bibliography on the credibility, assessment and validation of simulation and mathematical models. Simuletter*, Band 15, Nr. 3; Seiten 15–27.

BALLWIESER, W. [1993]. *Aggregation, Komplexion und Komplexitätsreduktion.* Band 1 von Wittmann *et al.* (1993a), fünfte Auflage.

BASU, A. und BLANNING, R. W. [1994]. *Model integration using metagraphs. Information Systems Research*, Band 5, Nr. 3; Seiten 195–218.

BASU, A. und BLANNING, R. W. [1998]. *Analysis of assumptions in model bases using metagraphs. Management Science*, Band 44, Nr. 7; Seiten 982–995.

BENBASAT, I. und TODD, P. [1996]. *The effects of decision support and task contingencies on model formulation: a cognitive perspective. Decision Support Systems*, Band 17, Nr. 4; Seiten 241–252.

BERNSTEIN, P. A. [2003]. *Applying model management to classical meta data problems. Proceedings of the 2003 CIDR Conference.* Abgerufen 2003 *via* *http://www-db.cs.wisc.edu/cidr/program/p19.pdf.*

BERNSTEIN, P. A.*;* HALEVY, A. Y. *und* POTTINGER, R. A. *[2000].* A vision for management of complex models. SIGMOD Record, *Band 29, Nr. 4; Seiten 55–63.*

VON BERTALANFFY, L. *[1968].* General System Theory. *New York: Braziller.*

BEYNON, M.*;* RASMEQUAN, S. *und* RUSS, S. *[2002].* A new paradigma for computer–based decision support. Decision Support Systems, *Band 32, Nr. 2; Seiten 127–142.*

BHARGAVA, H. *und* KIMBROUGH, S. O. *[1993].* Model management: an embedded languages approach. Decision Support Systems, *Band 10, Nr. 3; Seiten 277–299.*

BHARGAVA, H. K.*;* KIMBROUGH, S. O. *und* KRISHNAN, R. *[1991].* Unique names violations, a problem for model integration or you say tomato, i say tomahto. ORSA Journal on Computing, *Band 3, Nr. 2; Seiten 107–120.*

BONCZEK, R. H.*;* HOLSAPPLE, C. W. *und* WHINSTON, A. B. *[1980].* The Evolving Roles of Models in Decision Support Systems. Decision Sciences, *Band 11, Nr. 2; Seiten 339–356.*

BOOCH, G. *[1994].* Object-Oriented Analysis And Design. *Redwood City: Benjamin Cummings, zweite Auflage.*

BORGELT, C.; TIMM, H. *und* KRUSE, R. *[2000].* Unsicheres und vages Wissen. *In: Görz (2000), dritte, vollständig überarbeitete Auflage.*

BRETON, E. *und* BEZIVIN, J. *[2001].* Process-centered model engineering. Fifth IEEE International Enterprise Distributed Object Computing Conference. *Abgerufen 2003 via http://www.sciences.univ-nantes.fr/info/lrsg/Pages_perso/Publications/edoc.pdf.*

BROOKE, A.; KENDRICK, D.; MEERAUS, A. *und* RAMAN, R. *[1998].* GAMS: a user's guide. *Abgerufen 2003 via http://www.gams.com/docs/gams/GAMSUsersGuide.pdf/.*

BRÄUERLE, R.; EGLI, U. *und* VON STECHOW, A. *(Herausgeber) [1979].* Semantics from different points of view. *Berlin: Springer.*

CARLSSON, C. *und* TURBAN, E. *[2002].* DSS: directions for the next decade. Decision Support Systems, *Band 33, Nr. 2; Seiten 105–110.*

CHARI, K. *[1999].* Model composition in a distributed environment. Working Paper, ISDS Department, University of South Florida, Tampa*; Seiten 1–34.*

CHARI, K. *[2002].* Model composition using filter spaces. Information Systems Research, *Band 13, Nr. 1; Seiten 15–35.*

CHARI, K. *[2003].* Model composition in a distributed environment. Decision Support Systems, *Band 35, Nr. 3; Seiten 399–413.*

CHARI, K. *und* TARUN, K. S. *[1998].* An implementation of a graph-based modeling system for structured modeling (GBMS/SM). Decision Support Systems, *Band 22, Nr. 4; Seiten 103–120.*

CHARI, S. *und* KRISHNAN, R. *[1993].* Toward a logical reconstruction of structured modeling. Decision Support Systems, *Band 10, Nr. 3; Seiten 301–317.*

CHEN, P. P. *[1976].* The entity-relationship model: Towards a unified view of data. ACM Transactions on Database Systems, *Band 1, Nr. 1; Seiten 9–36.*

CHURCH, A. *[1941].* The calculi of lambda conversions. *Prinston: Prinston University Press.*

CHURCHMAN, C. W. *[1971].* The Design of Inquiring Systems: Basic Concepts of Systems and Organisations. *New York: Basic Books.*

CHURCHMAN, C. W. *[1982].* Thought and Wisdom. *USA: Intersystems Publications.*

CLEMEN, R. T. *[1991].* Making hard decisions: an introduction to decision analysis. *Belmont: Duxburry Press.*

COCHRAN, J. K.; MACKULAK, G. T. *und* SAVORY, P. A. *[1995].* Simulation project characteristics in industrial settings. Interfaces, *Band 25, Nr. 4; Seiten 104–113.*

CODD, E. F. *[1970].* A relational model for large shared data banks. Communications of the ACM, *Band 13, Nr. 6; Seiten 377–387.*

CORSTEN, H. *und* REISS, M. *(Herausgeber) [1999].* Betriebswirtschaftslehre. *München: Oldenbourg, dritte, vollständig überarbeitete und wesentlich erweiterte Auflage.*

COURTNEY, J. F. *[2001].* Decision making and knowledge management in inquiring organizations: toward a new decision-making paradigm for DSS. Decision Support Systems, *Band 31, Nr. 1; Seiten 17–38.*

DATE, C. J. *[2000].* An Introduction to database systems. *Reading, M.A.: Addison-Wesley, siebte Auflage.*

DEUTSCHE FORSCHUNGSGESELLSCHAFT *(Herausgeber) [1980].* Denkschrift zur Lage der Arbeitsmedizin und der Ergonomie in der Bundesrepublik Deutschland. *Boppard: Harald Boldt.*

DOLK, D. R. *und* KOTTEMANN, J. E. *[1993].* Model integration and a theory of models. Decision Support Systems, *Band 9, Nr. 1; Seiten 51–63.*

DONOVAN, J. J. *und* MADNICK, S. E. *[1977].* Institutional and Ad Hoc DSS and Their Effective Use. Data Base, *Band 8, Nr. 3; Seiten 132–147.*

EVANS, J. B. *[1988].* Structures of discrete event simulation: an introduction to the engagement strategy. *Chichester: Ellis Horwood.*

EXECUCOM *[1992].* Interactive financial planning system: user's guide. *Austin: Execucom.*

FAZLOLLAHI, B.; PARIKH, M. A. *und* VERMA, S. *[1997]*. Adaptive decision support systems. Decision Support Systems, *Band 20, Nr. 4; Seiten 297–315.*

FISHMAN, G. S. *[1973]*. Concepts and methods in discrete event digital simulation. *New York: Wiley.*

FISHMAN, G. S. *[2001]*. Discrete–event simulation: modeling, programming, and analysis. *New York: Springer.*

FLATT, M. *[2000]*. PLT MzScheme: language manual. *Version 103, August 1998, abgerufen 2001 via* `http://www.plt-scheme.org/`.

FLATT, M. *und* FINDLER, R. B. *[2000]*. PLT MrEd: graphical toolbox manual. *Version 103, August 1998, abgerufen 2001 via* `http://www.plt-scheme.org/`.

FORRESTER, J. W. *[1961]*. Industrial Dynamics. *Cambridge: MIT Press.*

FOURER, R.; GAY, D. M. *und* KERNIGHAN, B. W. *[1990]*. A modeling language for mathematical programming. Management Science, *Band 36, Nr. 5; Seiten 519–554.*

FREKSA, C.; HABEL, C. *und* WENDER, K. F. *(Herausgeber) [2000]*. Spatial cognition II. Integrating abstract theories, empirical studies, formal methods, and practical applications. *Berlin: Springer.*

GABRIEL, R.; KNITTEL, F.; TADAY, H. *und* REIF-MOSEL, A.-K. *[2002]*. Computergestützte Informations– und Kommunikationssysteme in der Unternehmung. *Berlin: Springer, zweite, vollständig überarbeitete und erweiterte Auflage.*

GAGLIARDI, M. *und* SPERA, C. *[1997]*. BLOOMS: A prototype modeling language with object oriented features. Decision Support Systems, *Band 19, Nr. 1; Seiten 1–21.*

GEBAUER, J. *und* VÖGTLE, M. *[1999]*. Pascal für Wirtschaftswissenschaftler: Einführung in die strukturierte Programmierung. *München: Oldenbourg, zweite, unwesentlich veränderte Auflage.*

GEOFFRION, A. M. *[1987]*. An Introduction to structured modeling. Management Science, *Band 33, Nr. 5; Seiten 547–588.*

GEOFFRION, A. M. *[1991]*. FW/SM: a prototype structured modeling environment. Management Science, *Band 37, Nr. 12; Seiten 1513–1538.*

GEOFFRION, A. M. *[1992a].* The SML language for structured modeling: levels 1 and 2. Operations Research, *Band 40, Nr. 1; Seiten 38–57.*

GEOFFRION, A. M. *[1992b].* The SML language for structured modeling: levels 3 and 4. Operations Research, *Band 40, Nr. 1; Seiten 58–75.*

GÄFGEN, G. *[1974].* Theorie der wirtschaftlichen Entscheidung: Untersuchungen zur Logik und Bedeutung des rationalen Handelns. *Tübingen: Mohr, dritte, erweiterte und ergänzte Auflage.*

GHEZZI, C. *und* JAZAJERI, M. *[1989].* Konzepte der Programmiersprachen: Begriffliche Grundlagen, Analyse und Bewertung. *München: Oldenbourg.*

GINZBERG, M. *[1981].* Early diagnosis of MIS implementation failure: promising results and unanswered questions. Management Science, *Band 34, Nr. 1; Seiten 459–478.*

GLUCHOWSKI, P.; GABRIEL, R. *und* CHAMONI, P. *[1997].* Management Support Systeme, Computergestützte Informationssysteme für Führungskräfte und Entscheidungsträger. *Berlin: Springer.*

GOOSENS, M.; MITTELBACH, F. *und* SAMARIN, A. *[1994].* Der LaTeX-Begleiter. *Bonn: Addison-Wesley.*

GORRY, G. A. *und* SCOTT MORTON, M. S. *[1971].* A framework for management information systems. Sloan Management Review, *Band 13, Nr. 1; Seiten 50–70.*

GRAY, P. *[1987].* Guide to IFPS (interactive financial planning system). *New York: McGraw-Hill.*

GREENBERG, H. J. *[1993].* A computer–assisted analysis System for mathematical programming models and solutions: a user's giude for ANALYSE. *Boston: Kluwer.*

GROCHLA, E. *(Herausgeber) [1971].* Computer–gestützte Entscheidungen in Unternehmungen. *Wiesbaden: Gabler.*

GÖRZ, G. *(Herausgeber) [2000].* Handbuch der Künstlichen Intelligenz. *München: Oldenbourg, dritte, vollständig überarbeitete Auflage.*

HABEL, C.; HERWEG, M.; PRIBBENOW, S. *und* SCHLIEDER, C. *[2000].* Wissen über Raum und Zeit. *In: Görz (2000), dritte, vollständig überarbeitete Auflage.*

HACKATHORN, R. D. *und* KEEN, P. G. W. *[1981].* Organizational strategies for personal computing in decision support systems. Management Information Systems Quarterly, *Band 5, Nr. 3; Seiten 21–27.*

HALL, A. D. *und* FAGEN, R. E. *[1956].* Definition of system. General Systems*; Seiten S. 18–28.*

HALPIN, T. *[2002].* Metaschemas for ER, ORM and UML data models: a comparison. Journal of Database Management, *Band 13, Nr. 2; Seiten 20–30.*

HAMMANN, P. *und* ERICHSON, B. *[2000].* Marktforschung. *Stuttgart: Lucius und Lucius, vierte, überarbeitete und erweiterte Auflage.*

HANSEN, H. R. *und* NEUMANN, G. *[2001].* Wirtschaftsinformatik. *Stuttgart: Lucius & Lucuis, achte, völlig neubearbeitete und erweiterte Auflage.*

HANSSMANN, F. *[1987].* Einführung in die Systemforschung: Methodik der modellgestützten Entscheidungsvorbereitung. *München: Oldenbourg, dritte Auflage.*

HARRISON, E. F. *[1999].* The managerial decision-making process. *Boston: Houghton Mifflin, fünfte Auflage.*

HAUSER, S. *[1981].* Statistische Verfahren zur Datenbeschaffung und Datenanalyse. *Freiburg: Rombach und Co.*

HAX, H. *und* LAUX, H. *[1972].* Flexible Planung – Verfahrensregeln und Entscheidungsmodelle für die Planung bei Ungewißheit. Schmalenbachs Zeitschrift für betriebswirtschaftliche Forschung, *Band 24; Seiten 318–340.*

HENDERSON, P. *[1986].* Functional programming, formal specification and rapid prototyping. IEEE Transactions on Software Engineering, *Band SE-12, Nr. 2; Seiten 241–250.*

HICHERT, R. *und* MORITZ, M. *(Herausgeber) [1992].* Management-Informationssysteme. *Berlin: Springer.*

HILKE, W. *[1980].* Zur Länge des Planungszeitraumes in dynamischen Modellen. *Band 28 von Jacob (1980).*

HOLOCHER, M.*;* MICHALSKI, R.*;* SOLTE, D. *und* VICUNA, F. *[1997].* MIDA: an open systems architecture for model-oriented integration of data and algorithms. Decision Support Systems, *Band 20, Nr. 2; Seiten 135–147.*

Holsapple, C. W. *und* Whinston, A. B. *[1996].* Decision support systems: an knowledge–based approach. *Minneapolis: West Publishing Company.*

Holtham, C. *(Herausgeber) [1993].* Executive information systems and decision support. *London: Champman and Hall.*

Irle, M. *[1971].* Macht und Entscheidungen in Organisationen: Studie gegen das Linie-Stab-Prinzip. *Frankfurt am Main: Akademische Verlagsgesellschaft.*

Jacob, H. *[1974].* Unsicherheit und Flexibilität. Zur Theorie der Planung bei Unsicherheit. Zeitschrift für Betriebswirtschaft, *Band 44, Nr. 5; Seiten 299–326.*

Jacob, H. *(Herausgeber) [1980].* Schriften zur Unternehmensführung, *Band 28. Wiesbaden: Gabler.*

Jeusfeld, M. *und* Bui, T. X. *[1997].* Distributed decision support and organizational connectivity: a case study. Decision Support Systems, *Band 19, Nr. 3; Seiten 215–225.*

Jones, D. R. *und* Brown, D. *[2002].* The division of labour between human and computer in the presence of decision support system advice. Decision Support Systems, *Band 33, Nr. 4; Seiten 375–388.*

Kahle, E. *[1973].* Betriebswirtschaftliches Problemlösungsverhalten: theoretische Überlegungen zum Einfluß von Zielen und Entscheidungsmodellen auf die Lösung betriebswirtschaftlicher Probleme. *Wiesbaden: Gabler.*

Kahle, E. *[1998].* Betriebliche Entscheidung: Lehrbuch zur Einführung in die betriebswirtschaftliche Entscheidungstheorie. *München: Oldenbourg, fünfte, unwesentlich veränderte Auflage.*

Kamp, H. *[1979].* Events, instants and temporal reference. *In: Bräuerle* et al. *(1979).*

Keen, P. G. W. *und* Scott Morton, M. S. *[1978].* Decision support systems: an organizational perspective. *Reading, M.A.: Addison-Wesley.*

Kern, W. *[1993].* Zeitaspekte in der Betriebswirtschaftslehre. *Band 1 von Wittmann* et al. *(1993a), fünfte Auflage.*

Kirsch, W. *und* Klein, H. *[1977].* Management–Informationssysteme. *Stuttgart: Kohlhammer.*

KLEIN, H. K. *[1971].* Heuristische Entscheidungsmodelle: neue Techniken des Programmierens und Entscheidens für das Management. *Wiesbaden: Gabler.*

KLEINDORFER, G. B.*;* O'NEILL, L. *und* GANESHAN, R. *[1998].* Validation in simulation: various positions in the philosophy of science. Management Science, *Band 44, Nr. 8; Seiten 1087–1099.*

KLEINHANS, A.*;* RÜTTLER, M. *und* ZAHN, E. *[1992].* Management Unterstützungssysteme – Eine vielfältige Begriffswelt. *In: Hichert und Moritz (1992).*

KÄMPER, S. *[1991].* PEGROS: ein Konzept zur Entwicklung eines graphischen, objektorientierten Modellbildungs– und Simulationswerkzeugs auf der Basis von Petri–Netzen. *Hamburg: Kovac.*

KNAUFF, M.*;* RAUH, R. *und* SCHLIEDER, C. *[1995].* Preferred mental models in qualitative spatial reasoning: a cognitive assessment of Allen's calculus. *In: Proceedings of the Seventeenth Annual Conference of the Cognitive Science Society (1995).*

KNOF, H.-L. *[1992].* Identifizierung organisatorischen Flexibilitätspotentials. Wirtschaftswissenschaftliches Studium, *Band 21, Nr. 3; Seiten 143–147.*

KNUTH, D. E. *[1979].* TEX and Metafont: new directions in typesetting. *Bedford: The American Mathematical Society and Digital Press.*

KOHLAS, J. *[1976].* Simulationsmethoden. *In: Noltemeier (1976).*

KORTE, R.-J. *[1977].* Verfahren der Wertanalyse: betriebswirtschaftliche Grundlagen zum Ablauf wertanalytischer Entscheidungsprozesse. *Berlin: E. Schmidt, erste Auflage.*

KWON, O. B. *und* PARK, S. J. *[1996].* RMT: A modelling support system for model reuse. Decision Support Systems, *Band 16, Nr. 2; Seiten 131–153.*

LAKOFF, G. *und* JOHNSON, M. *[1980].* Metaphors we live by. *Chicago: University of Chicago Press.*

LAMPORT, L. *[1994].* LATEX – a document preparation system – user's guide and reference manual. *Reading: Addison–Wesley, zweite Auflage.*

LANDRY, M.; BANVILLE, C. *und* ORAL, M. *[1996]*. Model legitimisation in operational research. European Journal of Operational Research, *Band 92, Nr. 3; Seiten 443–457.*

LEWIS, D.; WADE, V. *und* CULLEN, B. *[2003]*. Towards the technology neutral modelling of management components. *Abgerufen 2003 via* ***http://www.cs.tcd.ie/publications/tech-reports /reports.03/TCD-CS-2003-02.pdf.***

LIEBL, F. *[1995]*. Simulation: problemorientierte Einführung. *München: Oldenbourg, zweite, überarbeitete Auflage.*

LUCZAK, H. *und* ROHMERT, W. *[1980]*. Ergonomie. *In: Deutsche Forschungsgesellschaft (1980).*

LUHMANN, N. *[1968]*. Zweckbegriff und Systemrationalität. *Tübingen: Mohr.*

MA, J. *[1995]*. An object-orientated framework for model management. Decision Support Systems, *Band 13, Nr. 2; Seiten 133–139.*

MA, J. *[1997]*. Type and inheritance theory for model managment. Decision Support Systems, *Band 19, Nr. 1; Seiten 53–60.*

MADHAVAN, J.; BERNSTEIN, P. A. *und* RAHM, E. *[2001]*. Generic schema matching with cupid. Proceedings of the 27th VLDB Conference; *Seiten 49–58.*

MARAKAS, G. M. *[2003]*. Decision support systems in the 21st century. *Upper Saddle River: Pearson Education, zweite Auflage.*

MARINELL, G. *[2001]*. Mathematik für Sozial- und Wirtschaftswissenschaftler. *München: Oldenbourg, siebte Auflage.*

MAYER, M. K. *[1998]*. Future trends in model management systems: parallel and distributed extensions. Decision Support Systems, *Band 22, Nr. 4; Seiten 325–335.*

MCCARTHY, J. *[1960]*. Recursive functions of symbolic expressions and their computation by machine. Communications of the ACM, *Band 3, Nr. 4; Seiten 184–195.*

MEFFERT, H. *[1969]*. Zum Problem der betriebswirtschaftlichen Flexibilität. Zeitschrift für Betriebswirtschaft, *Band 39; Seiten 779–800.*

MEFFERT, H. *[1985].* Größere Flexibilität als Unternehmenskonzept. Schmalenbachs Zeitschrift für betriebswirtschaftliche Forschung, *Band 37, Nr. 2; Seiten 121–137.*

MELLWIG, W. *[1972].* Flexibilität als Aspekt unternehmerischen Handelns. Schmalenbachs Zeitschrift für betriebswirtschaftliche Forschung, *Band 24; Seiten 724–744.*

MERTENS, P. *und* GRIESE, J. *[1972].* Integrierte Informationsverarbeitung: Planungs– und Kontrollsysteme in der Industrie, *Band 2. Wiesbaden: Gabler.*

MEYER, M. *[1993].* Systemanalyse. *Band 3 von Wittmann* et al. *(1993b), fünfte Auf lage.*

MÖHR, W. *[2000].* SGML und XML: Anwendungen und Perspektiven. *Berlin: Springer.*

MILLER, G. A. *[1956].* The magical number seven, plus or minus two: some limits on our capability for processing information. Psychology Review, *Band 63, Nr. 2; Seiten 81–97.*

MIRCHANDANI, D. *und* RAMAKRISHNAN, P. *[1999].* Four models for a decision support system. Information and Management, *Band 35; Seiten 31–42.*

MITROFF, I. I. *und* LINSTONE, H. A. *[1993].* The unbounded mind: breaking the chains of traditional business thinking. *New York: Oxford University Press.*

MONK, A. *[1986].* Mode errors: a user–centered analysis and some preventive meassures using keying–contingent sound. International Journal of Man–Machine Studies, *Band 24; Seiten 313–327.*

MOORE, J. H. *und* CHANG, M. G. *[1980].* Design of decision support systems. Data Base, *Band 12, Nr. 1 und 2; Seiten 8–14.*

MUHANNA, W. A. *[1993].* On the organization of large shared model bases. Annals of Operations Research, *Band 38; Seiten 359–398.*

MUHANNA, W. A. *[1994].* SYMMS: a model management system that supports model reuse, sharing, and integration. European Journal of Operational Research, *Band 72, Nr. 2; Seiten 214–242.*

MUHANNA, W. A. *und* PICK, R. A. *[1994].* Meta–modeling concepts and tools for model management: a systems approach. Management Science, *Band 40, Nr. 9; Seiten 1093–1123.*

MUSSHOFF, H.-J. *[1989].* Decision Support Systems (DSS). *In: Szyperski und Winand (1989).*

MURPHY, C. *[1993].* The Southern Isle Financial Service Company; amending the Gorry and Scott Morgan framework. *In: Holtham (1993).*

NINIOS, P.; VLAHOS, K. *und* BUNN, B. W. *[1995].* OO/DEVS: A platform for industry simulation and strategic modelling. Decision Support Systems, *Band 15, Nr. 3; Seiten 229–245.*

NOLTEMEIER, H. *(Herausgeber) [1976].* Computergestützte Planungssysteme. *Würzburg: Physica.*

NONAKA, I. *[1994].* A dynamic theory of organizational knowledge creation. Organization Science, *Band 5, Nr. 1; Seiten 14–37.*

OESTEREICH, B. *[2001a].* Die UML–Kurzreferenz für die Praxis: kurz, bündig, ballastfrei. *München: Oldenbourg.*

OESTEREICH, B. *[2001b].* Objektorientierte Softwareentwicklung: Analyse und Design mit der Unified Modeling Language. *München: Oldenbourg, fünfte Auflage.*

OPPERMANN, R.; MURCHNER, B.; REITERER, H. *und* KOCH, M. *[1992].* Software–ergonomische Evaluation. *Berlin: Walter de Gruyter, zweite, neu bearbeitete und erweiterte Auflage.*

OSSADNIK, W. *[1999].* Planung und Entscheidung. *In: Corsten und Reiß (1999), dritte, vollständig überarbeitete und wesentlich erweiterte Auflage.*

OWSNICKI-KLEWE, B.; VON LUCK, K. *und* NEBEL, B. *[2000].* Wissensrepräsentation und Logik – Einführung. *In: Görz (2000), dritte, vollständig überarbeitete Auflage.*

PAGE, B. *[1991].* Diskrete Simulation. *Berlin: Springer.*

PAOLUCCI, M.; SACILE, R. *und* BOCCALATTE, A. *[2002].* Allocating crude oil supply to port and refinery tanks: a simulations–based decision support system. Decision Support Systems, *Band 33, Nr. 4; Seiten 39–54.*

PEARSON, J. M. *und* SHIM, J. P. *[1995].* An empirical investigation into DSS structures and environments. Decision Support Systems, *Band 13, Nr. 2; Seiten 141–158.*

PFAU, W. *[1997].* Betriebliches Informationsmanagement: Flexibilisierung der Informationsstruktur. *Wiesbaden: Gabler.*

PICOT, A.*;* REICHWALD, R. *und* WIGAND, R. T. *[1998].* Die grenzenlose Unternehmung: Information, Organisation und Management. *Wiesbaden: Gabler, dritte, überarbeitete Auflage.*

POOLE, T. G. *und* SZYMANKIEWICZ, J. Z. *[1977].* Using simulation to solve problems. *London: McGraw-Hill.*

PROCEEDINGS OF THE SEVENTEENTH ANNUAL CONFERENCE OF THE COGNITIVE SCIENCE SOCIETY *[1995]. Mahwah: Lawrence Erlbaum Associates.*

REDDY, Y. V. *[1985].* The role of introspective simulation in managerial decision making. DSS–85 Transactions, IADSS, Austin, University of Texas*; Seiten 18–32.*

REINHARDT, F. *und* SOEDER, H. *[1998].* DTV-Atlas Mathematik: Grundlagen, Algebra und Geometrie, *Band 1. München: Deutscher Taschenbuch Verlag, elfte Auflage.*

RICHARD, H. *und* WATTS, P. *[2000].* Corporate social responsibility: making good business sense. *Geneva: World Business Council for Sustainable Development.*

RITTEL, H. W. J. *und* WEBBER, M. M. *[1973].* Dilemmas in a general theory of planning. Policy Science, *Band 4; Seiten 155–169.*

ROBINSON, S. *[2001].* Soft with a hard center: discrete–event simulation in faciliation. Journal of Operational Research Socienty, *Band 52, Nr. 8; Seiten 905–915.*

ROBINSON, S. *[2002].* General concepts of quality for discrete-event simulation. European Journal of Operational Research, *Band 138, Nr. 1; Seiten 103–117.*

RUHLAND, J. M. *und* WILDE, K. D. *(Herausgeber) [1994].* Quantitative Betriebswirtschaftslehre in der Praxis. *München: Oldenbourg.*

SAAKE, G. *und* SATTLER, K.-U. *[2002].* Algorithmen und Datenstrukturen: eine Einführung mit Java. *Heidelberg: dpunkt-Verlag.*

SALTELLI, A. *und* HOMMA, T. *[1992]*. Sensitivity analysis for model output. Computational Statistics and Data Analysis, *Band 13, Nr. 1; Seiten 73–94.*

SARTER, N. *und* WOODS, D. D. *[1995]*. How in the world did we ever get into that mode? Mode error and awareness in supervisory control. Human Factors, *Band 37, Nr. 1; Seiten 5–19.*

SCHIEMENZ, B. *[1993]*. Betriebswirtschaftliche Systemtheorie. *Band 3 von Wittmann* et al. *(1993b), fünfte Auflage.*

SCHLIEDER, C. *[1998]*. Diagrammatic transformation processes on two-dimensional relational maps. Journal of Visual Languages and Computing, *Band 9; Seiten 45–59.*

SCHLIEDER, C. *und* HAGEN, C. *[2000]*. Interactive layout generation with a diagrammatic constraint language. *In: Freksa* et al. *(2000).*

SCHNEEWEISS, C. *und* KÜHN, M. *[1990]*. Zur Definition und gegenseitigen Abgrenzung der Begriffe Flexibilität, Elastizität und Robustheit. Schmalenbachs Zeitschrift für betriebswirtschaftliche Forschung, *Band 42, Nr. 5; Seiten 378–395.*

SCHOBER, F. *[1990]*. Strukturierte Entwicklung qualitativer Unternehmensmodelle. Zeitschrift für Planung, *Band 3; Seiten 177–193.*

SCHOBER, F. *[1994]*. Entwurf und Bewertung von Bürovorgängen – eine Fallstudie zur Integration von Modellierungsmethoden aus der Systemforschung und der Wirtschaftsinformatik. *In: Ruhland und Wilde (1994).*

SCHOEMAKER, S. *(Herausgeber) [1982a]*. Computer networks and simulation II. *Amsterdam: North-Holland.*

SCHOEMAKER, S. *[1982b]*. A review of simulation. *In: Schoemaker (1982a), Seiten 79–99.*

SCHRAGE, L. *[1991]*. LINDO: an optimization modeling system. *San Francisco: Scientific Press, vierte Auflage.*

SCHWANINGER, M. *[1994]*. Managementsysteme. *Frankfurt a. M.: Campus.*

SHARDA, R. *und* STEIGER, D. M. *[1996]*. Inductive model analysis systems: enhancing model analysis in decision support systems. Information Systems Research, *Band 7, Nr. 3; Seiten 328–341.*

SHIM, J. P.; WARKENTIN, M.; COURTNEY, J. F.; POWER, D. J.; SHARDA, R. *und* CARLSSON, C. *[2002].* Past, present and future of decision support technology. Decision Support Systems, *Band 33, Nr. 2; Seiten 111–126.*

SILBERSCHATZ, A.; KORTH, F. *und* SUDARSHAN, S. *[1996].* Data models. ACM Computing Surveys, *Band 28, Nr. 1; Seiten 105–108.*

SILVER, M. S. *[1991].* Decisional guidance for computer-based decision support. MIS Quarterly, *Band 15, Nr. 1; Seiten 105–122.*

SIMON, H. A. *[1960].* The new science of management decision. *New York: Harper and Row.*

SIMON, H. A. *[1977].* The new science of management decision. *Englewood Cliffs: Prentice-Hall.*

SPRAGUE, R. *und* CARLSON, E. *[1982].* Building effective decision support systems. *New York: Englewood Cliff.*

STACHOWIAK, H. *[1983a].* Erkenntnisstufen zum Systematischen Neopragmatismus und zur Allgemeinen Modelltheorie. *In: Stachowiak (1983b).*

STACHOWIAK, H. *(Herausgeber) [1983b].* Modelle, Konstruktion der Wirklichkeit. *München: Fink.*

STAHLKNECHT, P. *und* HASENKAMP, U. *[2002].* Einführung in die Wirtschaftsinformatik. *Berlin: Springer, zehnte, überarbeitete und aktualisierte Auflage.*

STEIGER, D. M. *[1998].* Enhancing user understanding in a decision support system: a theoretical basis and framework. Journal of Management Information Systems, *Band 15, Nr. 2; Seiten 199–220.*

STEVENS, S. S. *[1946].* On the theory of scales of measurement. Science, *Band 103; Seiten 677–680.*

STRUBE, G. *(Herausgeber) [2001].* Wörterbuch der Kognitionswissenschaft. *Stuttgart: Klett-Cotta.*

SUSSMAN, G. J. *und* STEELE JR., L. G. *[1975].* Scheme: an interpreter for extended lambda calculus. MIT Artificial Intelligence Memo 349. *Dezember 1975.*

SZYPERSKI, N. *[1971].* Vorgehensweise bei der Gestaltung computergestützter Entscheidungssysteme. *In: Grochla (1971).*

SZYPERSKI, N. *und* WINAND, U. *[1974].* Entscheidungstheorie: eine Einführung unter besonderer Berücksichtigung spieltheoretischer Konzepte. *Stuttgart: Poeschel.*

SZYPERSKI, N. *und* WINAND, U. *(Herausgeber) [1989].* Handwörterbuch der Planung. *Stuttgart: Poeschel.*

THOMAS, W. I. *und* SWAINE THOMAS, D. *[1970].* The child in America: behavior problems and programs. *New York: Knopf.*

THOMPSON, J. D. *[1967].* Organizations in Action. *New York: McGraw–Hill.*

TODD, P. *und* BENBASAT, I. *[1992].* The use of information in decision making: an experimental investigation of the impact of computer–based decision aids. MIS Quarterly, *Band 16, Nr. 3; Seiten 373–393.*

TSAI, Y.-C. *[1998].* Model integration using SML. Decision Support Systems, *Band 22, Nr. 4; Seiten 355–377.*

TSICHRITZIS, D. C. *und* KLUG, A. *[1978].* The ANSI/X3/SPARC DBMS framework: report of the Study Group on Database Management Systems. Information Systems, *Band 3; Seiten 173–191.*

TURBAN, E. *und* ARONSON, J. E. *[2001].* Decision support systems and intelligent systems. *London: Prentice Hall International, sechste Auflage.*

TVERSKY, A. *[1977].* Features of similarity. Psychological Review, *Band 84, Nr. 4; Seiten 327–352.*

VAN BENTHAM, J. *[1991].* The logic of time: a model–theoretic investigation into the varieties of temporal ontology and temporal discourse. *Dordrecht: Kluwer, zweite Auflage.*

WAGNER, H. M. *[1995].* Global sensitivity analysis. Operations Research, *Band 43, Nr. 6; Seiten 948–969.*

WARMER, J. *und* KLEPPE, A. *[1999].* The Object Constraint Language, Precise Modeling with UML. *Reading, M.A.: Addison–Wesley.*

WÖHE, G. *[2002].* Einführung in die Betriebswirtschaftslehre. *München: Vahlen, einundzwanzigste, neubearbeitete Auflage.*

WIENER, N. *[1992].* Kybernetik: Regelung und Nachrichtenübertragung im Lebewesen und in der Maschine. *Düsseldorf: Econ.*

WILMS, F. E. P. *[2001].* Systemorientiertes Management. *München: Vahlen.*

WITTE, E. *[1968].* Phasen–Theorem und Organisation komplexer Entscheidungsabläufe. Schmalenbachs Zeitschrift für betriebswirtschaftliche Forschung, *Band 20; Seiten 625–643.*

WITTMANN, W.*;* KERN, W.*;* KÖHLER, R.*;* KÖPPER, H.-U. *und* VON WYSOCKI, K. *(Herausgeber) [1993a].* Handwörterbuch der Betriebswirtschaftslehre, *Band 1. Stuttgart: Schäffer–Poeschel, fünfte Auflage.*

WITTMANN, W.*;* KERN, W.*;* KÖHLER, R.*;* KÖPPER, H.-U. *und* VON WYSOCKI, K. *(Herausgeber) [1993b].* Handwörterbuch der Betriebswirtschaftslehre, *Band 3. Stuttgart: Schäffer–Poeschel, fünfte Auflage.*

ZADEH, L. A. *[1965].* Fuzzy sets. Information and control, *Band 8; Seiten 338–353.*

ZIMMERMANN, H.-J. *[1994].* Fuzzy sets in theory and its applications. *Boston: Kluwer, zweite Auflage.*

Informationsmanagement und strategische Unternehmensführung

Herausgegeben von
Prof. Dr. Franz Schober und Prof. Dr. Johannes Ruhland

Band 1 Thomas Wittmann: Wissensentdeckung in Datenbanken mit adaptiven Regelsystemen. Entwicklung eines Data Mining Methodenbaukastens auf Basis von Neuro-Fuzzy Systemen. 2000.

Band 2 Thomas Wittmann / Matthias Hunscher / Peter Kischka / Johannes Ruhland: Data Mining. Entwicklung und Einsatz robuster Verfahren für betriebswirtschaftliche Anwendungen. 2000.

Band 3 Robert Nothhelfer: Lernprozesse in Organisationen. Theorie und Praxis am Beispiel einer Wirtschaftsprüfungsgesellschaft. 2001.

Band 4 Uwe Leimstoll: Informationsmanagement in mittelständischen Unternehmen. Eine mikroökomische und empirische Untersuchung. 2001.

Band 5 Markus Raupp: Netzwerkstrategien und Informationstechnik. Eine ökonomische Analyse von Strategien in Unternehmensnetzwerken und deren Wirkungen auf die Ausgestaltung der zwischenbetrieblichen Informations- und Kommunikationssysteme. 2002.

Band 6 Franz Schober / Markus Raupp: Coordination Strategies for Interorganizational Networks. A Strategic Framework Based on Network Structure. 2003.

Band 7 Stefan-Philipp Zimmermann: Entscheidung unter MOOSy. Konzeption, prototypische Implementierung und exemplarische Anwendung eines objektorientierten Modellmanagementsystems zur Unterstützung diskreter Simulation. 2004.

FSC
www.fsc.org
MIX
Papier | Fördert gute Waldnutzung
FSC® C083411

Kolibri 360 GmbH
Ferdinand-Jühlke-Straße 7
99095 Erfurt, Deutschland
produktsicherheit@kolibri360.de

Druck:
CPI Druckdienstleistungen GmbH
im Auftrag der
Kolibri 360 GmbH
Ferdinand-Jühlke-Str. 7
99095 Erfurt